建設現場の安全点検とそのポイント

建設労務安全研究会 編

JN121344

労働新聞社

は じ め に

　労働災害はほとんどの場合、不安全状態（物）と不安全行動（人）とが結びついて発生しています。そしてこのような不安全状態や不安全行動をもたらす間接的な原因としては、管理上の欠陥があげられます。

　建設現場は刻々と変化し、昨日は安全に推移していたものが、今日は不安全な状況に変化することも、常態的に発生しています。

　災害の要因を素早く発見し、是正措置を行い、災害を未然に防止するためには、安全点検を確実に実施することが必要です。

　しかし、有効で適切な安全点検を行うためには、まず点検のポイントがどこにあるのか、不安全状態と不安全行動がどんなものであるかを十分に認識しなければなりません。

　本書は、職長・作業主任者、安全衛生責任者、管理監督者を対象に日常の安全点検を実施するために必要なポイントと、安全の基本的事項を集約したものです。また、労働基準監督署の臨検監督に伴う指導事項等も掲載しており、監督官の現場指導のポイントについても理解ができるようにしました。

　安全点検の実施、点検表の作成のみならず、安全衛生教育のテキストとしても十分に対応ができるように編集しましたので、日々の安全衛生活動の手順書としてご活用ください。

建設労務安全研究会

理事長　　　　　本多　敦郎

安全衛生委員長　小澤　重雄

ＧＰ部会長　　　渡辺　康史

法令等略称

略称	法令名称	略称	法令名称
安　法	労働安全衛生法	建　基　令	建築基準法施行令
安　令	労働安全衛生法施行令	公（土）	建設工事公衆災害防止対策要領（土木工事編）
安　則	労働安全衛生規則	公（建）	建設工事公衆災害防止対策要領（建築工事編）
クレーン則	クレーン等安全規則	消　法	消防法
ゴンドラ則	ゴンドラ安全規則	消　令	消防法施行令
構　造	構造規格	消　則	消防法施行規則
ボ　イ　ラ	ボイラー及び圧力容器安全規則	危　令	危険物の規則に関する政令
高　圧　則	高気圧作業安全衛生規則	準　則	火災予防条例準則
酸　欠　則	酸素欠乏症等防止規則	電　事　法	電気事業法
有　機　則	有機溶剤中毒予防規則	電　事　則	電気事業法施行規則
特　化　則	特定化学物質障害予防規則	電　技　基	電気設備に関する技術基準を定める省令
鉛　　則	鉛中毒予防規則	電　工　法	電気工事法
石　綿　則	石綿障害予防規則	騒　音	騒音規制法
粉じん則	粉じん障害防止規則	振　動	振動規制法
道　交　法	道路交通法	電　離　則	電離放射線障害防止規則
道　交　則	道路交通法施行規則	産　廃　法	廃棄物の処理及び清掃に関する法律
道　車　法	道路運送車両法	産　廃　令	廃棄物の処理及び清掃に関する法律施行令
道　車　則	道路運送車両法施行規則	産　廃　則	廃棄物の処理及び清掃に関する法律施行規則
貨　運　法	貨物自動車運送事業法	リサイクル	建設工事に係る資材の再資源化等に関する法律（建設リサイクル法）
貨　運　則	貨物自動車運送事業法施行規則	事務所則	事務所衛生基準規則
建　　基	建築基準法	建　災　規	建設業労働災害防止規程
労　基　法	労働基準法	建　寄　規	建設業附属寄宿舎規程

目　次

第1章　一般

1．安全点検

（安全点検の種類と実施責任者）

種類 ＼ 実施責任者		施工協力会社					元方事業者		
		作業員	作業主任者	職長	安全衛生責任者	本社支店	安全当番	元方安全衛生管理者（安全担当者）	統括安全衛生責任者
日常点検	始業時	○	○	○					
	作業中	○	○	○	○		○	○	○
	終業時	○	○	○					
定期点検				○	○	○		○	○
臨時点検				○	○	○		○	○
その他の点検		1．施工協力会合同によるもの 2．元方事業者の本支店担当者によるもの 3．外部コンサルタントによるもの							

（1）日常点検

A　作業主任者はその作業に関する材料、工具類、保護具等について点検を行い、安全に作業できるよう措置をする。

B　終業時の点検は整理・整頓を含む。

C　職長（安全衛生責任者）は、作業開始前に作業環境を確認しておく。

D　仮設や機器類は、取扱い責任者が使用前点検を行う。

（2）定期点検

A　日時を定めて行われるもので、専門的に細部の点検を行う。

B　機械・電気等については、法令により点検項目・時期等が規定されている（月例、年次等）。

C　車両系建設機械等の年次検査は、検査業者により実施させなければならない。

（3）臨時点検

A　台風、強風、地震、降雨等の際に行う点検で、作業場所等の安全状態を確認してから作業を開始する。

B　新しい設備を設置した場合、設備を改造した場合等には、点検実施後使用する。（法令による点検事項、項目は資料Ⅲ 別表（4）参照）

●作業中止の基準

強　　　　　風	10m/sec（10分間平均）以上
大　　　　　雨	50mm以上（1回の降雨量）
大　　　　　雪	25cm以上（1回の降雪量）
中震以上の地震	震度4以上（P.174 震度階級表参照）

２．どこを、どのように点検するか

（点検項目の決め方）

　　作業に関連のある、すべての不安全行動と不安全状態が災害の原因となる。

　　無限とも思われるこれらの組合せによって発生する危険な状況を予測し、あるいは発見することは非常にむずかしい。

　　そこであらかじめ設備、工種、作業に応じ、点検表を準備しておけば点検は能率的に、しかも見落としもなく実施できる。

　　点検表の作成に当たっては次の点に留意する必要がある。

（１）安全委員会、安全協議会においてなるべく多くの人の意見を採り入れて作成する。

（２）工事の進捗状況に適合した点検項目を定める。

　　　（本書「安全点検とそのポイント」等を参考にして点検項目をとりあげていく）

（３）毎月少なくとも１回以上点検項目の見直しを行い、現場の変化に応じて修正することが望ましい。

◎点検表の作成は、その作業を通じ、全員参加の意識を持たせ安全知識の向上を図る目的もあり、この意味から市販の点検表、既成の点検表をそのまま使用することは好ましくない。

3．点検の結果をどうするか

（1）点検実施責任者の段階で容易に是正できる欠陥は直ちに是正措置をとり、困難な点については速やかに上位責任者に報告し、改善措置を要請しなければならない。

（2）各責任者は、点検の結果明らかにされた欠陥に対しては適切な対策を選び、これを早急に実施しなければならない。

何の対策もとらなければ、災害要因を放置することになるばかりか、点検実施責任者の意欲を減退させることになり、安全水準の向上は期待できない。

次回の点検は、対策の実施状況の確認から始まる。

4．記録の整備、保存

（1）**安全点検結果**：点検表

（2）**是正指示事項**：是正指示書、安全日誌（工事打合せ簿）

（3）**是正方法、是正日時**：安全日誌（工事打合せ簿）

（4）**実施責任者**：安全日誌（工事打合せ簿）

区分	点検項目	参考	関係条文
1 管理体制	①管理組織はよいか	1．施工管理体制との一致 2．作成・表示（資料Ⅲ別表（10）参照） ・安全衛生管理組織表 ・消防組織編成表 ・火薬類保安管理組織表等	
	②管理責任者は常駐しているか	1．請負系列全社に安全衛生責任者配置	
	③作業主任等の選任と掲示はよいか	1．作業区分に応じて選任 2．氏名及び職務を掲示し、周知させる 　資料Ⅲ別表（2）及びP.18参照	安法　14 安則　18
	④安全協議会の開催状況はよいか	1．毎月1回以上、定期的に 2．協議内容 3．記録の整備	安則　635
	⑤安全衛生委員会の開催状況はよいか	1．常時50人以上の会社ごと 2．月1回以上開催	安則　21 　　　22 　　　23
2 作業管理	①工事打合せの実施状況はよいか	1．翌日の工程等 2．作業間の連絡調整	
	②ミーティングの実施状況はよいか	1．工事打合せ事項の周知 2．危険予知（TBM-KY）等 3．実施記録（ミーティングノート、ミーティング報告書等）	
	③作業標準（作業手順）が決められているか	1．主要作業 2．危険作業等	
	④作業計画が決められているか	1．車両系建設機械・荷役運搬機械 2．高所作業車 3．鉄骨等組立 4．コンクリート工作物の解体 5．鋼橋・コンクリート橋架設 6．（移）クレーン 7．その他危険作業	安則　155・151の3 　　　194の9 　　　517の2 　　　517の14 　　　517の6・20 クレーン則　66の2
	⑤非定常作業を行う場合の措置が決められているか	1．作業指揮者の指名 2．作業前の打合せ、確認等	
3 点検	①持込機械・機器が点検済になっているか確認はよいか	1．届出制の実施 2．受理証・許可証の表示	
	②点検の実施状況はよいか	1．始業時の点検 2．月例・年次検査（資料Ⅲ別表（4）参照）	
	③是正確認方法はよいか	1．指示書の発行 2．是正報告の受理 3．再点検による確認	
	④測定・調査の実施状況はよいか	1．実施時期・内容等（資料Ⅲ別表（5）参照）	
4 安全衛生教育	①教育計画は適切か	1．時期・種類等 2．実施状況	
	②雇入時の教育は行われているか	○教育を行うべき事項 1．機械等の危険性、取扱方法 2．安全装置、保護具の性能取扱方法 3．作業手順、始業点検 4．職業病の原因と予防 5．整理、整頓、清掃、清潔 6．応急措置、退避	安則　35
	③作業転換時の教育は行われているか		安則　35
	④入場時教育を支援しているか	1．現場の特殊性、危険箇所等必要事項の周知のための場所、資料の提供 2．実施報告（下請→元請） （P.20参考④参照）	安則　642の3
	⑤危険・有害業務に対する特別教育を支援しているか	1．記録の保存3年間（受講者、科目、時間） 2．該当業務～資料Ⅲ別表（9）参照	安則　36 　　　38
	⑥職長・安全衛生責任者に対する教育を実施しているか	次頁参照	安法　60 安則　40
	⑦教育修了から一定の期間が経過している場合は、能力向上教育を推奨する		

●職長・安全衛生責任者教育

1．カリキュラム標準モデル例

科目	時間
○職長・安全衛生責任者の役割	1 時間 20 分
○作業員に対する指導及び教育の方法	1 時間
○危険性又は有害性等の調査と低減措置等	6 時間
○職長・安全衛生責任者が行う安全施工サイクル	3 時間
○関心の保持と創意工夫を引き出す方法	1 時間 10 分
○異常時、災害発生時における措置	1 時間 30 分
合　　　計	14 時間

2．教材：職長・安全衛生責任者教育テキスト（建災防発行）

3．1回あたりの教育対象人数：50 人以内

4．修了証の交付：

　　①職長教育
　　②安全衛生責任者に対する安全衛生教育　　｝ 両方の教育の修了証

5．講師：職長・安全衛生責任者教育講師養成講座（CFT 講座又は新 CFT 講座）修了者

安全衛生団体等（建災防支部）が実施する場合　⇒	必ず CFT 講座又は新 CFT 講座（危険性又は有害性等の調査と低減措置等に関する事項を含む）を修了したものであること

事業者が実施する場合　⇒	CFT 講座又は新 CFT 講座（危険性又は有害性等を調査と低減措置等に関する事項を含む）を修了した者が望ましいこと

区分	点検項目	参考	関係条文
5 **健康診断等**	①健康診断の実施状況はよいか	1．雇入時 2．定期 　・血圧、血液検査、尿検査 3．炊事従業員～検便 4．特殊検診	安則　43 　　　44 　　　47 　　　45
	②診断結果による配置転換は適切か	1．中高年齢者に対する配慮 　・高血圧、心臓疾患等 　・運動機能の低下等 2．じん肺、振動障害等	
	③救急用具の整備はよいか	1．たんか、酸素マスク等 2．ほう帯、ピンセット、消毒薬、火傷薬、止血帯、副木等	安則　633 　　　634
6 **緊急時の対策**	①緊急事態発生時の体制及び役割が明確に定められているか	1．（例）　・作業班 　　　　　・救護班 　　　　　・通報連絡班等	
	②連絡・通報系統はよいか	1．緊急連絡表の作成・表示	
	③警報・通話設備は適切か	1．サイレン・電話・放送設備等 2．設置位置・表示方法等	安則　548
	④統一合図・警報が決められているか	1．発破・火災 2．崩壊・出水・雪崩等	安則　642
	⑤全員に周知徹底されているか	1．設置場所及び警報の表示 2．消火訓練、避難訓練等の実施	
	⑥緊急用資材は確保されているか		

緊急時連絡表

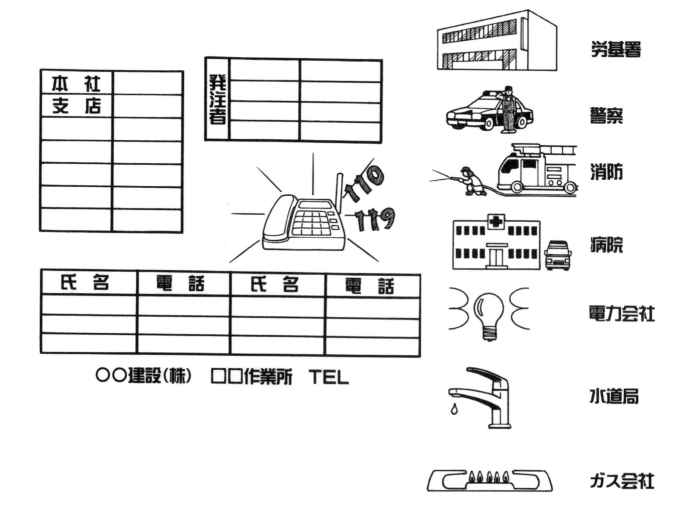

○○建設（株）　□□作業所　TEL

区分	点検項目	参考	関係条文
7 整理整頓・安全通路	①機材等の置き場設定はよいか	1．計画性 2．危険物・可燃物の保管 3．非常口、分電盤への通路確保	
	②物の置き方はよいか	1．安全性、高さ、まくら等 2．荷崩れ等の防止 3．小物等の保管、～箱・棚等	
	③清掃・片付けは励行されているか	1．終業時の清掃実施 2．不要物・廃棄物の処理	
	④安全通路の設定はよいか	1．安全通路の表示 2．必要な照度の確保 3．機械間の通路幅80cm以上 4．高さ1.8m以内の障害物撤去	安則 540〜543
	⑤通路の整備状況はよいか	1．すべり、つまずき、踏み抜き防止 2．材料等の積置き禁止 3．通路上作業の禁止	安則 542
	⑥作業場の区分方法はよいか	1．区域の明確化 ・へい、さく、等の設置 2．一般者の立入禁止措置	公（土）15

建災防統一安全標識

備考：各標識は色彩の基準も定められており、その基準の色彩を使用しなければならない。

区分	点検項目	参考	関係条文
8 標識等	①看板類の表示はよいか		
	②第三者に対する注意標識はよいか		
	③法定及び危険注意標識は確実に掲示されているか	1．建築基準法による確認済 2．労災保険関係成立票 3．建設業の許可票 4．道路占有使用許可証 5．現場工事名入看板 6．ご迷惑看板 7．一般標識 資料Ⅲ 別表（6）表示掲示の必要事項 　　　 別表（7）立入禁止措置 　　　 別表（8）周知義務	
9 届出・報告	①事業計画届、建設物・機械等の設置届、設置報告は提出されているか	資料Ⅲ 別表（3）	
	②寄宿舎の設置届は届出済か	資料Ⅲ 別表（11）	労基法 96 の 2 建寄規 5 の 2
	③管理者等の選任報告はよいか	資料Ⅲ 別表（2）	
10 服装・保護具	①作業員の服装はよいか	1．そで口 2．ズボンのすそ 3．えり手ぬぐい 4．ほころび、裂け目 5．履物 6．手袋（ただし、丸のこ等回転する刃物を扱う場合は使用禁止）	安則 111
	②腕章・ワッペン等の着用はよいか	1．責任者・管理者等 2．作業主任者・運転手・誘導員等 3．火薬取扱従事者	
	③保護帽の着用はよいか	1．あごひもの締め具合 2．帽体破損の有無 3．帽体とヘッドバンドのすき間は 5mm 以上 4．水平にかぶる	
	④安全帯の着用はよいか	1．高さ 2m 以上の墜落危険箇所で、手すり等が設けられていない場合や一時的に手すり等を取外す場合 2．ランヤードの損耗状況 3．ベルトの締め具合 4．フックの選定（φ50mm 鋼管用等）	安則 518〜521
	⑤高所でフルハーネス型安全帯を使用する作業の特別教育を実施しているか	1．高さ 2m 以上の作業床を設けることが困難な場所 2．フルハーネス型安全帯を使用	安則 36-1-40
	⑥保護具を着用しているか	1．粉じん作業〜防じんマスク（作業によっては、電動ファン付防じんマスク） 2．騒音〜耳栓、耳覆い 3．グラインダー等〜保護眼鏡 4．溶接作業〜保護面、眼鏡、手袋 5．水上作業〜救命胴衣 6．電気取扱い〜絶縁用手袋等 （注）詳細は各該当項目を参照	安則 593 粉じん則 27 安則 595 　　106 　　312〜313 　　532 　　346 　　347

保護具の種類

耳 耳栓

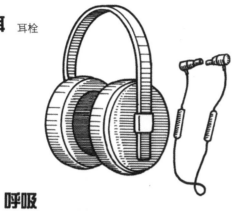

頭 保護帽

目・顔面 防じんメガネ

呼吸
防じんマスク
送気マスク
空気マスク
など

遮光用メガネ

手
防振手袋
防刃手袋
絶縁用手袋

安全帯 フルハーネス

足 安全靴

保護クリーム

その他 放射線用保護具
水上作業用保護具

保護帽の種類

使用区分（種類）		機能	構造
①	飛来・落下物用	飛来物又は落下物による危険を防止又は軽減する	帽体・着装体・あご紐をもつもの
②	飛来物・墜落時用	飛来物による危険及び墜落による危険を防止又は軽減する	帽体・着装体・衝撃吸収ライナー・あご紐をもつもの
③	飛来物・電気用	飛来物による危険を防止又は軽減し、頭部感電による危険を防止する	帽体・着装体・あご紐をもち、帽体が充電部に触れた場合に感電から頭部を保護できるもの
④	飛来物・墜落時・電気用	飛来物又は落下物による危険及び墜落による危険を防止又は軽減し、頭部感電による危険を防止する	帽体・着装体・衝撃吸収ライナー・あご紐をもち、帽体が充電部に触れた場合に感電から頭部を保護できるもの

保護帽の規格

種類		機能	試験方法	求められる性能
①	飛来・落下物用	衝撃吸収性	ヘルメットに5kgの半球形ストライカを1mの高さから落下※1	衝撃荷重4.90kN以下
		耐貫通性	ヘルメットに3kgの円錐形ストライカを1mの高さから落下	ストライカが人頭模型に接触しない
②	墜落時用	衝撃吸収性	ヘルメットに5kgの平面形ストライカを1mの高さから落下※1	衝撃荷重9.81kN以下 7.35kN以上の衝撃荷重が3/1000秒以上継続しない 4.90kN以上の衝撃荷重が4.5/1000秒以上継続しない
		耐貫通性	帽体（シェル部）に1.8kgの円錐形ストライカを0.6mの高さから落下	ストライカが内部に突出る長さが15mm以下
③	電気用（使用電圧7000V以下）※2	耐電圧性	縁3cmを残して水に浸した帽体の内外に20,000Vの電圧を加える	1分間耐えること

※1　衝撃吸収性試験は、高温処理（48℃〜52℃の場所に継続して2時間置く）、低温処理（−12℃〜−8℃の場所に継続して2時間置く）、浸せき処理（20℃〜30℃の水中に継続して4時間置く）を施した後に行われます。
※2　電気帽には使用者による6カ月毎の定期自主点検が定められている事業があります。

ここをチェック！

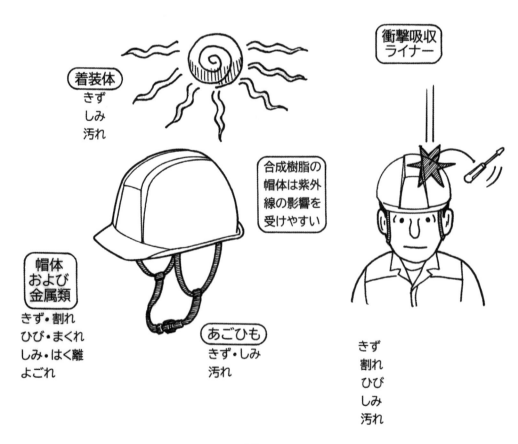

着装体
きず
しみ
汚れ

衝撃吸収ライナー

合成樹脂の帽体は紫外線の影響を受けやすい

帽体および金属類
きず・割れ
ひび・まくれ
しみ・はく離
よごれ

あごひも
きず・しみ
汚れ

きず
割れ
ひび
しみ
汚れ

墜落制止用器具の種類

1．胴ベルト型（一本つり状態で使用する胴ベルト型安全帯）

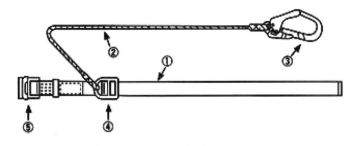 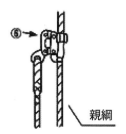

親綱

①ベルト　　　③フック　　　⑤バックル
②ランヤードのロープ等　　　④環　　⑥グリップ

2．ハーネス型

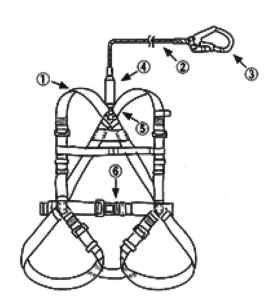

①ハーネス
②ランヤードのロープ等
③フック
④ショックアブソーバ　｛ 第1種：腰の高さ以上にフックをかけて行う作業
　　　　　　　　　　　　 第2種：足もとにフックをかけて行う作業
⑤環
⑥バックル

(参考) ①作業主任者とその職務

[安全関係]

職務内容		地山の掘削	土止支保工	採石掘削	足場組立解体	型枠支保工	鉄骨組立等	鋼橋架設	コンクリート橋架設	木造建築物組立	コンクリート工作物等解体	ずい道 掘削	ずい道 覆工	はい作業
作業管理	作業方法の決定	○	○	○	○	○	○	○	○	○	○	○	○	○
	作業順序の決定									○				○
	作業員の配置				○		○	○	○		○	○	○	
	作業の直接指揮	○	○	○			○	○	○	○	○	○	○	○
点検	材料の欠陥		○	○	○	○								
	器具・工具	○	○	○	○	○	○	○	○	○	○	○	○	
	安全帯・保護帽の機能				○		○	○	○	○	○	○	○	
監視	作業の進行状況				○									
	安全帯・保護帽の使用状況	○	○	○	○	○	○	○	○	○	○	○	○	○
その他	退避方法の指示、通行者の安全確保				○							○		

[衛生関係]

職務内容		有機溶剤	特定化学物質	酸欠	石綿	高圧室
作業管理	作業方法の決定	○	○	○	○	○
	作業の直接指揮					○
	作業員を指揮	○	○	○		
点検等	換気装置・設備	○	○	○	○	
	除じん設備、排気・排液処理設備等		○		○	
	測定器具、空気呼吸機等			○		○
	作業人員					○
	酸素濃度の測定			○		
監視	保護具の使用状況（空気呼吸器を含む）	○	○	○	○	
確認	タンク内作業用（有機則26）	○	○			
その他	高圧室内作業関係 ・高圧室内の圧力保持 ・加圧減圧時の措置 ・健康異常発生時の措置					○

（参考）②統括管理と下請の各作業管理

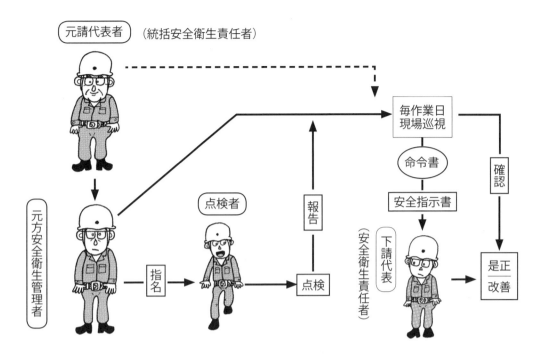

（参考）③安全施工サイクル

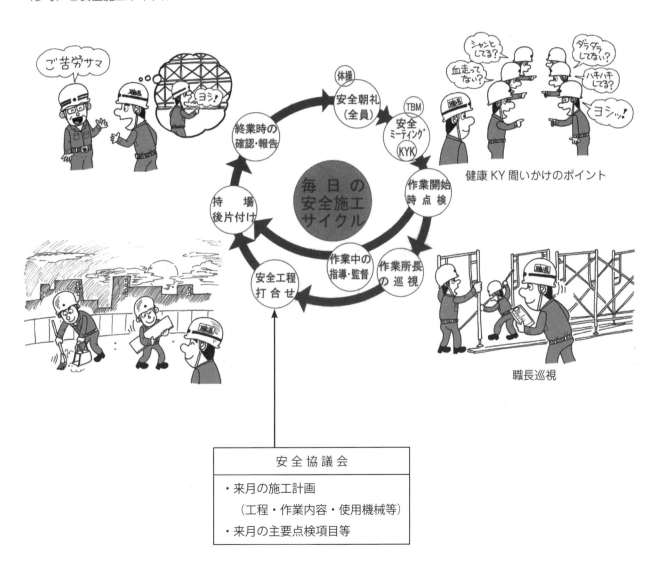

（参考）④　新規入場者に対する教育実施報告書（下請→元請）

元　　請確 認 欄	

年　月　日

新規入場時等教育実施報告書

事 業 者 の 名 称＿＿＿＿＿＿＿＿＿＿＿＿＿＿＿

所　長　名＿＿＿＿＿＿＿＿＿＿＿殿　　会　社　名＿＿＿＿＿＿＿＿＿＿＿＿

会 社 代 理 人
（現場責任者）＿＿＿＿＿＿＿＿＿＿＿＿㊞

項　　　　目	摘　　　　　　　　　　　　要	
教 育 の 種 類	新 規 入 場 時　・作 業 変 更 時	
実 施 日 時	年　月　日　時 ～　時（　　　時間)	
実 施 場 所		
教 育 方 法		
教 育 内 容		
講　　　　師		
受 講 者 氏 名受 講 者 に 氏 名 を自 筆 さ せ る こ と		
資　　　　料		

第2章　墜落防止

区分		点検項目	参考	関係条文
1 共通	作業方法の検討	①高所作業を少なくする方法がとれないか	1．鉄骨柱、はりや母屋の一体化（工場加工）又は地組 2．配管、衛生、電気設備のユニット化 3．耐火被覆、塗装等の地上施工 4．本設鉄骨階段の先行施工 5．つり枠足場の工場加工・地組	
		②高所作業者の配置はよいか	1．年少者 18 才未満は就業禁止 2．女性（妊産婦、産後 1 年） 　〜就業制限 3．高血圧・低血圧者、高所恐怖症 4．中高年齢者に対する十分な配慮	※年少 8 ※女性 2 安法 62
	安全帯・親綱・ネット	①高所作業員は、全員安全帯をつけているか	高さ 2 m 以上の箇所で墜落のおそれがあり、足場、手すり、囲い等が設置しにくい場合	安則 518 519
		②親綱その他安全帯の取付け設備はよいか	1．小口径フックでは親綱に D 環又はシャックルをつけると移動しやすい 2．垂直使用の場合はロリップ等 3．フックの選定（50mm 鋼管用等）	安則 521
		③安全ネットは適切に張ってあるか	1．人体に影響のない落差は 5 m〜6 m 2．ネットの下の空間は、ネットの一辺の長さの 1/2 〜 2/3 (P.38 安全ネットの使用法参照)	安則 519
	通路	①安全通路の設置は適切か	1．適切な幅、通路の表示、高さ 1.8 m 以内の障害物の除去 2．足場と建設物との間の通路 ・幅 40cm 以上、すき間 3cm 以下 ・床材と建地とのすき間 12cm 未満	安則 540 542 建災規 18
		②採光、照明は十分か		安則 541 604
		③機械間の通路は、幅 80cm 以上あるか		安則 543

R・C 階段部の手すり

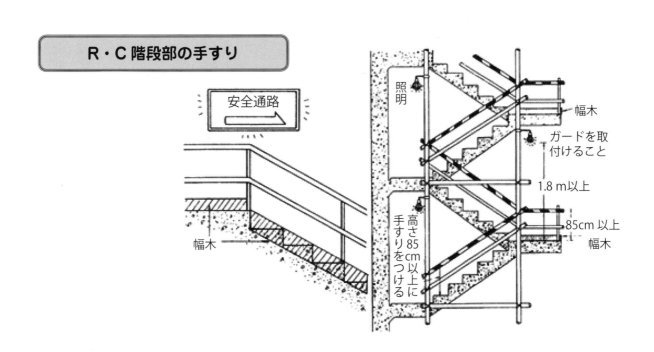

安全通路

幅木

照明

幅木

ガードを取付けること

1.8 m以上

85cm 以上

幅木

高さ85cm以上に手すりをつける

区分		点検項目	参考	関係条文
1 共通	架設通路	①構造はよいか	1. 勾配…30°以下（階段を除く） 2. すべり止め・踏さん…30cm以内 3. 手すりの高さ…85cm 　 中さん…35cm以上～50cm以下 4. 両側に幅木を設置	安則 552
		②踊場の設置はよいか	1. 高さ7m以内ごと（高さ8m以上の登さん橋） 2. たて坑内　長さ15m以上のとき～10m以内ごと	安則 552

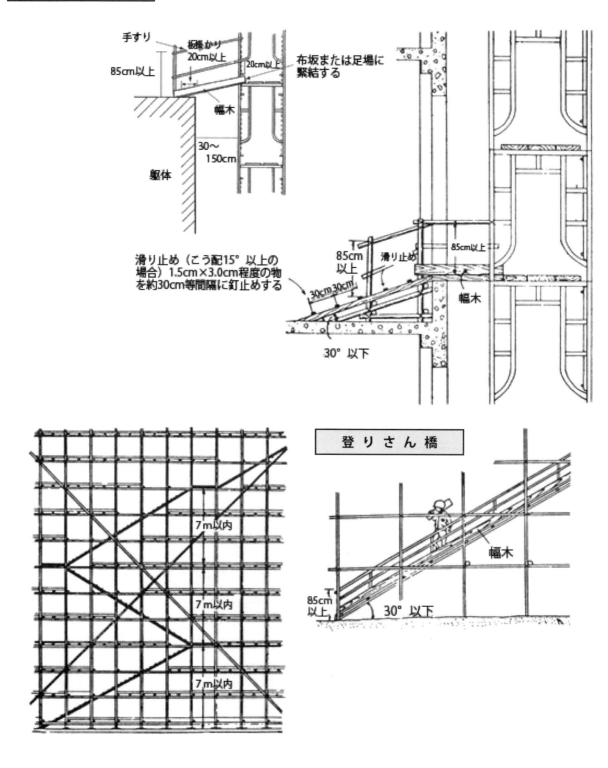

渡りさん橋

手すり

板幅かり 20cm以上

85cm以上

20cm以上

布坂または足場に緊結する

幅木

30～150cm

躯体

滑り止め（こう配15°以上の場合）1.5cm×3.0cm程度の物を約30cm等間隔に釘止めする

30cm 30cm

30°以下

85cm以上

滑り止め

85cm以上

幅木

登りさん橋

7m以内

7m以内

7m以内

幅木

85cm以上

30°以下

区分		点検項目	参考	関係条文
1 共通	開口部等	①手すり、覆い等はよいか	1. 手すりの高さ…85cm 以上 2. まわりは中さんもしくは 15cm 以上の幅木で養生する 3. 覆い…足場板（すべり止め用さん木取付け）	安則 519
		②開口部表示はよいか	1. 照明 2. 「開口部使用中、注意」等	建災規 22
		③作業のため取り外したときの措置はよいか	1. 防網、安全帯の使用 2. 復元の確認手順	安則 519
		④不用のたて坑等に対する措置はよいか	1. 閉塞…立坑・坑井・斜坑（40°以上） 2. 通行しゃ断設備（坑道・坑内採掘跡）	安則 525

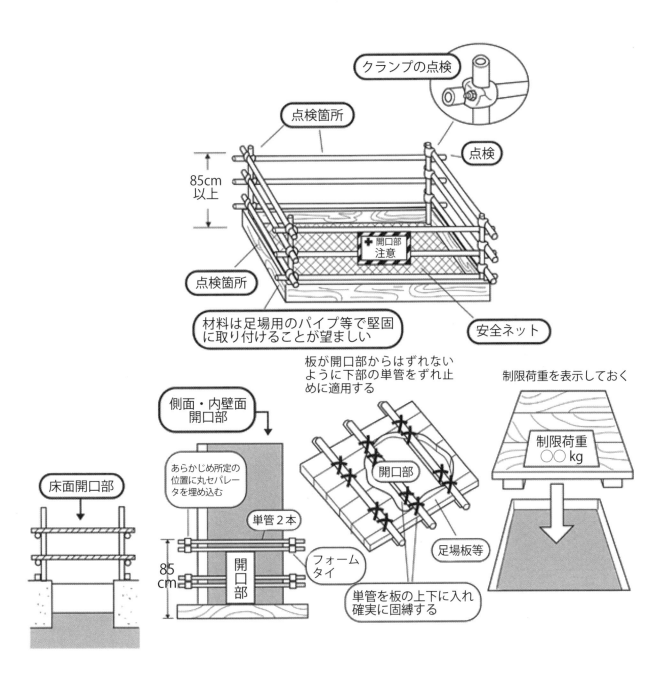

クランプの点検

点検箇所

点検

85cm
以上

点検箇所

開口部
注意

安全ネット

材料は足場用のパイプ等で堅固
に取り付けることが望ましい

床面開口部

側面・内壁面
開口部

あらかじめ所定の
位置に丸セパレー
タを埋め込む

単管2本

開口部

85
cm

フォーム
タイ

板が開口部からはずれない
ように下部の単管をずれ止
めに適用する

開口部

足場板等

単管を板の上下に入れ
確実に固縛する

制限荷重を表示しておく

制限荷重
○○kg

区分		点検項目	参考	関係条文
1 共通	作業規則	①悪天候の措置・対策はよいか	1．高所作業（2m以上） 2．気象情報収集。風速計設置等 ◎作業中止の基準 ・強風～10m/sec 以上（10分間平均） ・大雨～50mm 以上（1回降雨量） ・大雪～25cm 以上（1回の降雪量） ・中震以上の地震～震度階級4以上（P.174参照）	安則 522
		②作業再開時の措置はよいか	1．点検・補修	安則 567
	屋根上作業	〔スレート、木毛板等でふいた屋根〕 （木造建築物は P.46 参照） ①歩み板を設けてあるか	1．幅30cm以上 2．すべり、天秤等の防止	安則 524 建災規 30 31
		②安全ネット、親綱の設置はよいか	1．安全帯の着用励行	安則 519
		③作業床等を設けているか	1．材料等の揚げ卸し 2．こう配31°以上の屋根作業では屋根足場設置	建災規 11 32

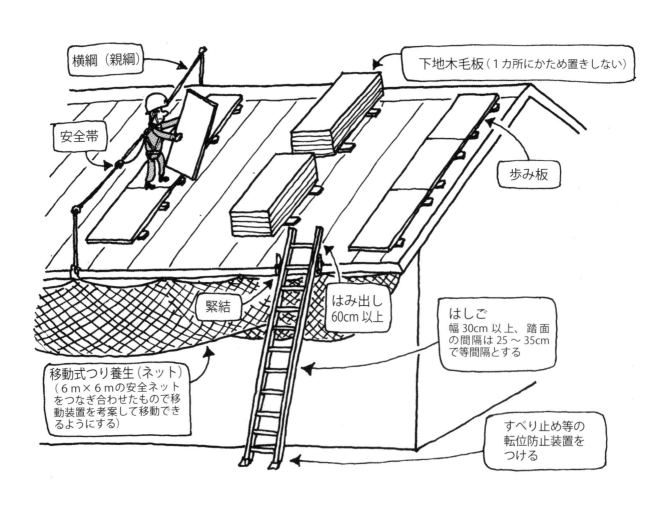

横綱（親綱）

下地木毛板（1カ所にかため置きしない）

安全帯

歩み板

緊結

はみ出し 60cm 以上

はしご 幅30cm以上、踏面の間隔は25～35cmで等間隔とする

移動式つり養生（ネット）（6m×6mの安全ネットをつなぎ合わせたもので移動装置を考案して移動できるようにする）

すべり止め等の転位防止装置をつける

区分	点検項目	参考	関係条文
2 足場の組立・解体	①計画・設計どおり行われているか	1．設計図（組立図）の作成 2．強度の検討 3．壁つなぎ、控、筋かいの検討 4．足場の基礎の検討	
	②組立解体作業主任者の選任をしているか	1．職務の表示 2．氏名の表示（技能講習修了者） 3．作業の直接指揮 4．安全帯等、保護具の使用を監視	安則　565 　　　566
	③作業者に対し特別教育を行っているか	足場の組立て、解体又は変更に係る業務（地上又は堅固な床上における補助作業を除く）	安則　36（39）
	④最大積載量を表示しているか	1．1スパン当たり積載荷重は P.30 参照 2．集中荷重の禁止	安則　655 建災規　26
	⑤組立解体時の措置はよいか	1．時期、範囲、順序等の周知 2．墜落防止措置（安全帯使用、幅 40cm 以上の作業床）	安則　564

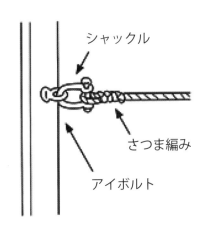

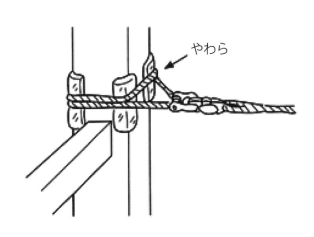

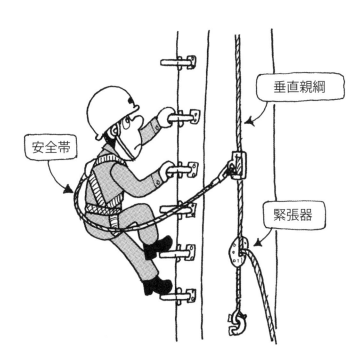

グリップ（ロリポップ）

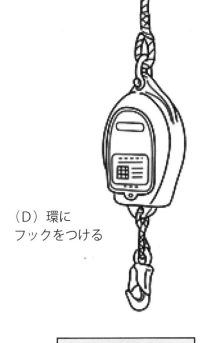

（D）環に
フックをつける

安全ブロック

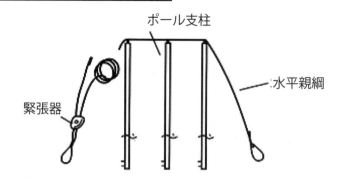

ポール支柱

緊張器

水平親綱

緊　張　器

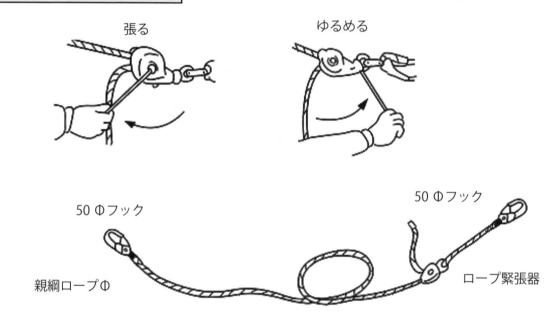

張る

ゆるめる

50 Φフック

50 Φフック

親綱ロープΦ

ロープ緊張器

親綱は、緊張器付を使用する

〔参考〕

安全帯の廃棄基準（例）

ベルト	摩耗・擦り切れ・切り傷・焼損・溶融		摩耗・擦り切れ・切り傷・焼損・溶融	
	両耳	3mm以上の摩耗・切り傷があるもの	幅の中	3mm以上の摩耗・切り傷があるもの
八つ打ちロープ	切り傷		摩耗	
		1リード内で7ヤーン以上切れているもの		外部ヤーン及び7ヤーン以上摩耗しているもの
	薬品・塗料		損傷・溶融	
		塗料が付着して軟化しているもの、また薬品が付着し、変色しているもの		7ヤーン以上溶融があるもの
	さつま編			
		さつま編が1箇所でも抜けているもの		各ストランドに乱れが生じ、端末部の余長が引き込まれているもの
ストラップ	切り傷		摩耗	
		1mm以上の摩耗、切り傷があるもの		芯が見えているもの
	形崩れ		薬品・塗料	
		全体に波打っているもの		塗料が付着して軟化しているもの、また薬品が付着し、変色しているもの
	損傷・溶融		縫糸	
		損傷・溶融により芯が見えているもの		縫糸が1箇所以上切断しているもの

バックル	変形		摩滅・傷	
		変形し、締まり具合の悪いもの		1mm以上の摩耗、傷があるもの
環類	変形		摩滅・傷	
		目視で変形が確認できるもの		1mm以上の摩耗、傷があるもの
ショックアブソーバ	破れ			
		カバーが破れてショックアブソーバが露出しているもの		

フック	変形		摩滅・傷	
		外れ止め装置の開閉作動の悪いもの フックが曲がったもの		1mm以上の摩耗、傷があるもの
巻取り機	変形		破損・傷	
		ストラップの巻き込み、引き出しができないもの		ベルト通し環が破損しているもの

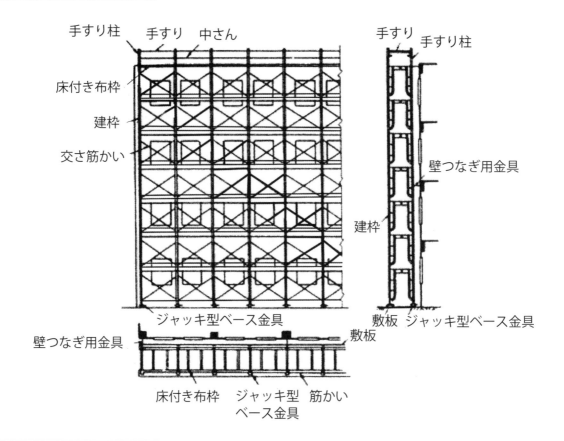

手すり柱　手すり　中さん　　　　　　　　　手すり　手すり柱
床付き布枠
建枠
交さ筋かい
壁つなぎ用金具
建枠
ジャッキ型ベース金具　　敷板　ジャッキ型ベース金具
壁つなぎ用金具　　　　　　　　　　　　　　敷板
床付き布枠　　ジャッキ型　筋かい
　　　　　　　ベース金具

単管足場

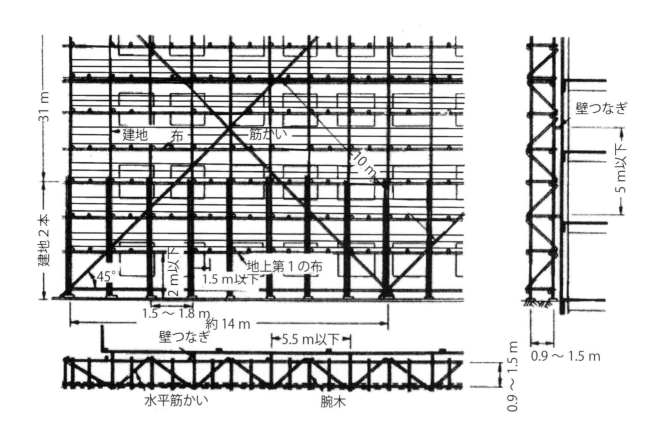

建地　布　　筋かい
31 m
建地 2 本
45°
2 m以下
1.5 m以下
地上第 1 の布
1.5 ～ 1.8 m
約 14 m
壁つなぎ
5.5 m以下
水平筋かい　　　　　　腕木
10 m
壁つなぎ
5 m以下
0.9 ～ 1.5 m
0.9 ～ 1.5 m

区分	点検項目	参考	関係条文
3 鋼管足場	①付属金属の材料はよいか	JIS　A8951 （1）継手金具…直線上の結合するもの （2）緊結金具…交差又は平行して結合するもの （3）ベース金具…建地管の下部に使用	安則　560
	②脚部の滑動、沈下の防止状態はよいか	1．ベース金具 2．敷板、敷角の設置、根がらみ取付け	安則　570
	③継続部又は交差部の状態はよいか	1．付属金具の使用 2．突合せ継手…継手金具 3．番線で緊結は不可	安則　570
	④筋かい、壁つなぎ、控のとり方はよいか	1．壁つなぎ間隔 単管足場　　　　　垂直方向5m以下 　　　　　　　　　水平方向5.5m以下 枠組足場　　　　　垂直方向9m以下 　　　　　　　　　水平方向8m以下 2．強風時の対策 ・シートの撤去 ・壁つなぎの補強	安則　570
	⑤架空電路に接近しているときの措置はよいか	1．離隔距離 ・7,000V を超える（特別高圧） 　2m以上 　ただし、60,000V以上は10,000V又はその 　端数を増す毎に20cm増し ・600V超～7,000V以下（高圧） 　1.2m以上 ・600V以下（低圧） 　1m以上 2．防護管（高圧、低圧）	安則　570
	⑥規格外及び強度の異なる鋼管使用のときの措置は適切か	1．曲げモーメントの計算式を利用 　（支点間の強度） 2．色や記号で識別	安則　572 573
	⑦枠組足場の安定状態はよいか	1．最上層及び5段ごとに水平材、水平方向の筋かい（布枠、鋼板布枠適用外） 2．高さ20mを超える又は、重量物の積載を伴う作業足場 ・主枠の高さ…2m以下 ・主枠の間隔…1.85m以下	安則　571

○積載荷重（1スパン当たり）

	種類		建枠幅	作業床幅	積載荷量	備考
枠組足場	本 足 場		1,200mm	1,000〜1,100mm	500kg	2層を超えて積載しない
			900mm	500mm	400kg	
	簡 易 足 場		600mm	400〜500mm	250kg	
単管足場	・積載荷量　400kg以下 ・建地1本当たり荷重〜700kg以下とする ・連続スパンにわたって積載しない ・2層を超えて積載しない					

○合板足場板の制限荷重（中央集中荷重）及び集中荷重100kgに対するたわみ量

厚さ×幅×長さ（cm） ＼ スパン（cm）	120	150	180	210	240	270	300
2.5 × 24 × 400	137	110	91	78			
	0.85	1.70	2.90	4.60			
2.8 × 24 × 400	172	137	114	98	86		
	0.60	1.20	2.00	3.20	4.80		
2.8 × 30 × 400		172	143	123	107	95	
		0.96	1.60	2.60	3.90	5.50	
3.0 × 24 × 400			190	162	142	126	113
			0.97	1.56	2.30	3.23	4.48
3.0 × 24 × 400					178	158	42
					1.80	2.60	3.60

（注）　①上段は制限荷重（kg）、下段は集中荷重100kgに対するたわみ量（cm）
②合板足場の許容応力度は165kg/cm² として計算する

中桟

下桟

幅木

足場板

小幅
安全ネット

小幅安全ネット

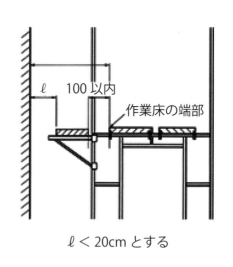

ℓ

100 以内

作業床の端部

ℓ < 20cm とする

ブラケット

朝顔を取り付けた場合の壁のつなぎ間隔例

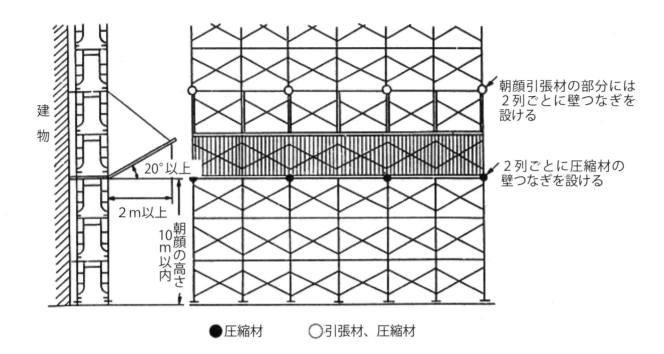

建物

20°以上

2 m以上

朝顔の高さ 10 m以内

朝顔引張材の部分には
2列ごとに壁つなぎを
設ける

2列ごとに圧縮材の
壁つなぎを設ける

● 圧縮材　　○ 引張材、圧縮材

壁つなぎ用金具の例

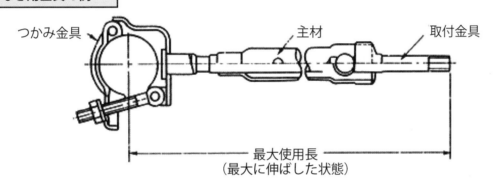

つかみ金具　　主材　　取付金具

最大使用長
（最大に伸ばした状態）

○壁つなぎ用金具の構造及び強度

区分		構造
寸　　　　法		最大使用長さが 1,200mm 以下
主　　　　材		長さ調整との抜止めの機能を有する
つ か み 金 具		板厚 30mm 以上
取 付 け 金 具		(1) 主材料との間が自在構造である (2) ねじを有するものの、ねじ直径 9.0mm 以上
強度	規　格 （厚労省）	引張・圧縮共 8.33kN 以上 （布圧 / 側足場用〜 4.41kN 以上）
	基　準 （仮設工業会）	(1) 引張・圧縮共 9.8kN 以上 (2) 基準認定合格品の使用を原則とする

区分	点検項目	参考		関係条文
4 作業床	①作業床をもうけているか	1．高さ2m以上の作業場所		安則 518 563
	②材質・強度は十分か	1．丈夫な構造の設備であって、たわみが生ずるおそれがなく、著しい損傷・変形又は腐食がないこと		安則 561 563
	③最大積載重量を表示しているか	1．作業人員、材料の数量による表示でもよい 2．見やすいところに掲示すること		安則 562 655
	④転位・脱落の防止装置はよいか	1．床材は2以上の支持物に固定 　（ゴムバンド等）		安則 563
	⑤構造はよいか	1．幅40cm以上 2．床材のすき間　3cm以下 3．床材と建地のすき間　12cm以下 4．手すり高　85cm以上及び中さん 　（枠組〜筋かい及び下さん） 5．作業床端の防護〜手すり 6．躯体間の防護 　・手すりの設置が困難 　・手すりを取り外して作業 　・安全帯 　・安全ネット		安則 563
	⑥移動足場板の規格はよいか	1．厚さ3.5cm以上 2．幅20cm以上、長さ3.6m以上 3．3点支持		安則 563
	⑦合板足場板は規格に適合しているか	1．厚さ2.5cm以上、幅24cm以上 2．木口の損傷防止金具 3．曲げ強さ〜5890N/cm²以上		S56.12.26 告示 105

◎計量法の改正により応力(引張・圧縮等)の単位はN/m²（ニュートン毎平方メートル）、N/cm²（ニュートン毎平方センチメートル）、N/mm²（ニュートン毎平方ミリメートル）となります。従来のkg/cm²との関係は次のとおり

N/m²の値＝kgf/cm²の値×98000
N/m²の値＝kgf/mm²の値×9800000

N/cm²の値＝kgf/cm²の値×9.8
N/cm²の値＝kgf/mm²の値×980

N/mm²の値＝kgf/cm²の値×0.098
N/mm²の値＝kgf/mm²の値×9.8

換算の目安
1 N/mm² ≒ 10kgf/cm²
10N/mm² ≒ 100kgf/cm²
100N/mm² ≒ 1000kgf/cm²=1tf/cm²
1 kN/mm²=1000N/mm² ≒ 10000kgf/cm²=10tf/cm²
1 N/cm² ≒ 0.1kgf/cm²
10N/cm² ≒ 1kgf/cm²
100N/cm² ≒ 10kgf/cm²
1 kN/cm²=1000N/cm2 ≒ 100kgf/cm²

ブラケット一側足場

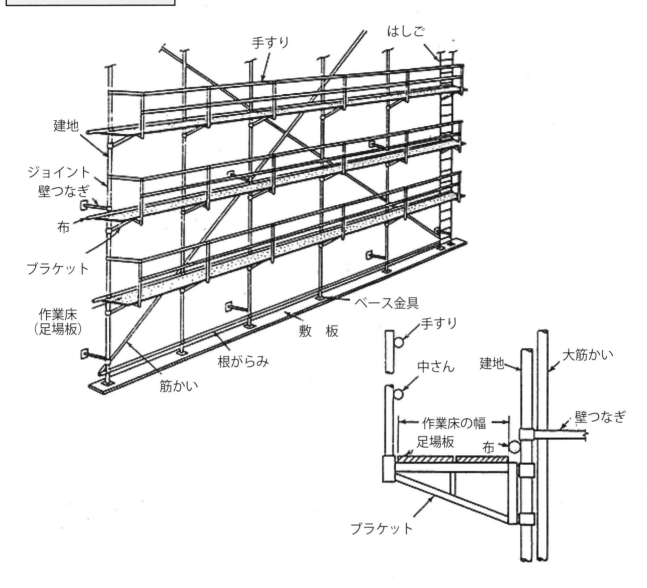

手すり
はしご
建地
ジョイント
壁つなぎ
布
ブラケット
作業床
（足場板）
根がらみ
筋かい
敷　板
ベース金具

手すり
中さん
建地
大筋かい
壁つなぎ
作業床の幅
足場板
布
ブラケット

張 出 し 足 場

張出し足場
シートパイル
引抜きクリア
ランス
張出し足場
埋めもどし予定
シートパイル
隣家
張出し足場

区分	点検項目	参考	関係条文
5 つり足場	①つり鋼索は安全か	1．ワイヤ使用停止基準（廃棄する） (1) 鋼索　1よりの間で素線数の10%以上切れているもの (2) 直径の減少が公称径の7%を超えるもの (3) キンク、形くずれ、腐食、変形	安則　574
	②つりチェーン・つり枠は規格に適合しているか	1．つりチェーン (1) リンク～短径9mm以上、太さ5.7mm以上 (2) フック～板厚4mm以上 2．つり枠 (1) 作業床部分　40cm～60cm (2) 手すり金具取付け位置　90cm～100cm 3．つりチェーンの使用停止基準（廃棄する） (1) 伸び　5%以上 (2) 断面減少～直径の10%以上 (3) き裂	安令　13 安則　574 S56.12.26 告示　104
	③最大積載荷重の決め方はよいか	<table><tr><td>種別</td><td>安全係数</td></tr><tr><td>ワイヤロープ・つり鋼線</td><td>10以上</td></tr><tr><td>つり鎖・つりフック</td><td>5以上</td></tr><tr><td>つり鋼帯、支点の鋼材</td><td>2.5以上</td></tr><tr><td>支点の木材</td><td>5以上</td></tr></table>	安則　562
	④取付け部に異常はないか		安則　574
	⑤作業床はよいか	幅40cm以上、すき間のないこと	安則　547
	⑥動揺・転位防止措置はよいか	足場桁等に控を設ける	安則　574
	⑦作業禁止は守られているか	脚立・はしご等の使用禁止	安則　575

つり棚足場の例

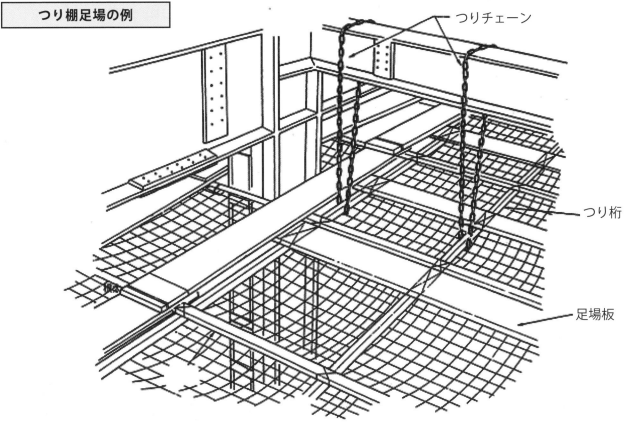

つりチェーン

つり桁

足場板

つり枠足場の例

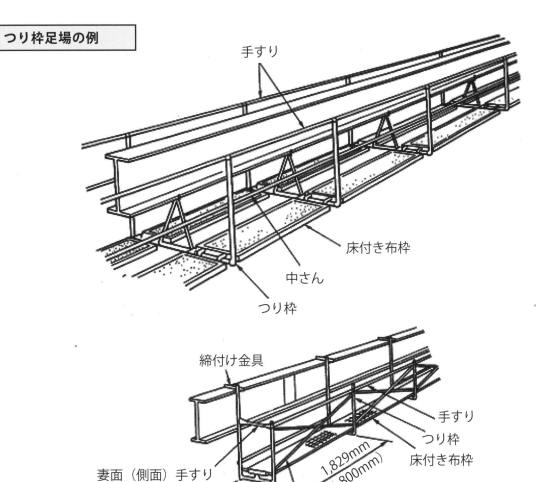

手すり

床付き布枠

中さん

つり枠

締付け金具

妻面（側面）手すり

650mm

筋かい

1,829mm
(1,800mm)

手すり

つり枠

床付き布枠

区分	点検項目	参考	関係条文
6 脚立等	①丈夫な構造か	損傷や腐食等のないもの（曲がり、ねじれ、へこみ、割れ）	安則　528
	②脚と水背面との角度はよいか	75°以下	
	③開き止めの金具は完全か	曲がり、ねじれ、変形、ロック部の破損	
	④踏面は完全に作業のできる面積があるか	踏さん 50mm 以上 支柱との接合部にガタツキ、腐食	
	⑤安定した場所に設置されているか		

脚立の規格

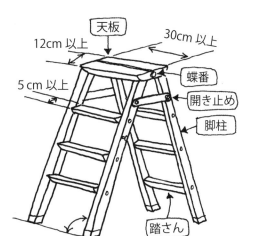

架台足場
3点支持の使用（例）

作業床が高さ2.0m以上になる場合は、
足場と同様の墜落防止措置が必要！

可搬式作業台（床）（例）

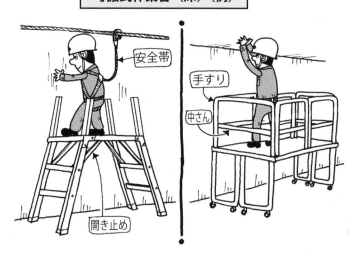

可搬式作業台（例）

区分		点検項目	参考	関係条文
7 は し ご	移動はしご	①丈夫な構造か	1. 損傷や腐食等のないもの	安則　527
		②幅、踏さんに不備はないか	1. 幅‥‥‥‥30cm以上 2. 踏さんの間隔‥‥‥25〜35cm	
		③すべり止め装置はあるか		
		④転位防止措置をしてあるか		
	はしご道（タラップ等）	①構造はよいか	1. 踏さん ・等間隔、壁との距離確保 2. 上端60cm以上突出 ・墜落の危険があるときは、安全帯（ロリップ・安全ブロック使用）等の措置	安則　556
		②転位防止措置はよいか		
		③坑内はしご道は適切か	1. 長さ10m以上のとき〜5m以内ごと踏だな 2. こう配80°以内 3. 隔壁等の設置 （巻上装置との接触危険箇所）	安則　556 557

移 動 は し ご

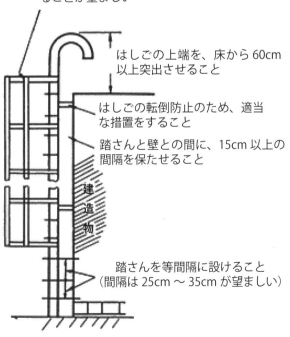

はしごの上端を、床から60cm
以上突出させること

幅は、30cm以上とすること

踏さんは25cm以上35cm以下の
等間隔に設けること

すべり止め装置を取り付けること

床面との角度が75°前後で
使用すること

固 定 は し ご

はしご道の高さが高い場
合は、バスケットを設け
ることが望ましい

はしごの上端を、床から60cm
以上突出させること

はしごの転倒防止のため、適当
な措置をすること

踏さんと壁との間に、15cm以上の
間隔を保たせること

建造物

踏さんを等間隔に設けること
（間隔は25cm〜35cmが望ましい）

〔参考〕「墜落による危険を防止するためのネットの構造等の安全基準に関する技術上の基準」

安全ネットの使用方法

(1) 落下高さ

　作業床等とネットの取付け位置との垂直距離 (H1) があまり大きいとネットが耐えられないので、次の式による計算値以下とすることとされている。

　(L はネットの短辺の長さ、A はネット周辺の支持点の間隔－単位 m)

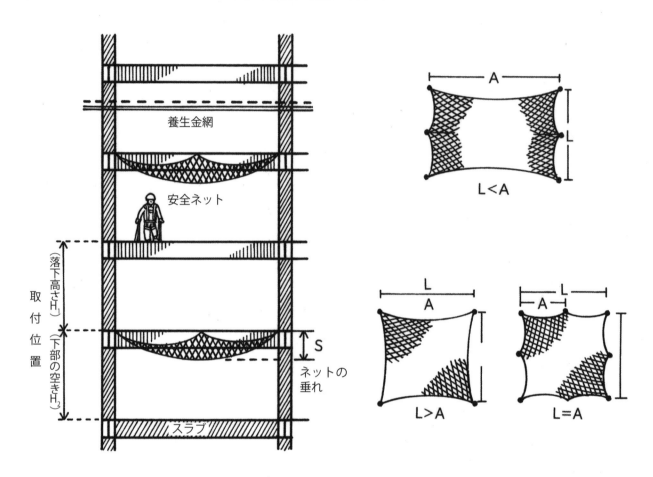

○ $L \geqq A$ のとき $H_1 = \dfrac{3}{4} L$

　したがって例えば 6 m × 6 m のネットの場合には、落下高さ $H_1 = 0.75 \times 6 = 4.5$ m 以下とする必要がある。

○ 複合ネット（単体のネットを周辺の縁綱のところで連結したもの）は次式のように落下高さを少し小さくする必要がある（L は構成するネットの短辺の長さのうち最小のものとする）。

$L < A$ のとき $H_1 = \dfrac{1}{5}（L + 2A)$ ）

$L \geqq A$ のとき $H_1 = \dfrac{3}{5} L$

(2) ネットの下部の空き

　「ネットの下部の空き」とは、ネットを張ったときの取付け位置から床又は障害物（機械設備）までの垂直距離、つまりつり高さ (H2) をいう。天井の低い建物の天井位置に大きい安全ネットを張ると落体をうけたときの垂れの伸びが床についてしまうのでこの距離（高さ）は次の計算値以上にする必要がある。

○ 10cm 網目の場合

$L < A$ のとき $H_2 = \dfrac{0.85}{4}$ （$L + 3A$）

$L \geqq A$ のとき $H_2 = 0.85L$

○ 5cm 網目の場合

$L < A$ のとき $H_2 = \dfrac{0.95}{4}$ （$L + 3A$）

$L \geqq A$ のとき $H_2 = 0.95L$

つまり６ｍ×６ｍの５ｃｍ網目のものについては下部の空き $H_2 = 0.95 \times 6 = 5.7$ ｍ以上にする必要がある。

(3) その他参考事項

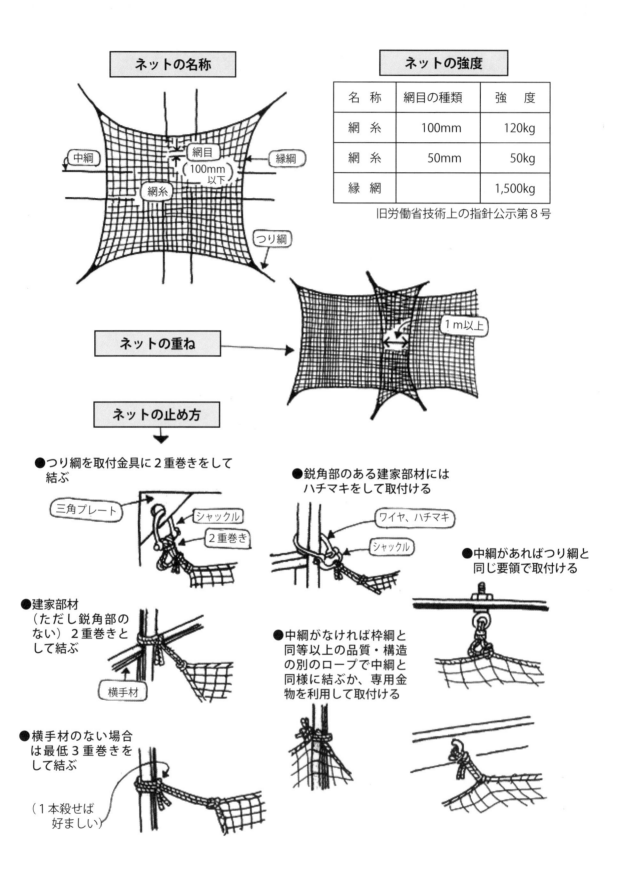

ネットの名称

名　称	網目の種類	強　度
網　糸	100mm	120kg
網　糸	50mm	50kg
縁　網		1,500kg

ネットの強度

旧労働省技術上の指針公示第8号

中綱

網目
（100mm
以下）

縁綱

網糸

つり綱

ネットの重ね

1 m以上

ネットの止め方

●つり綱を取付金具に2重巻きをして
結ぶ

三角プレート

シャックル

2重巻き

●鋭角部のある建家部材には
ハチマキをして取付ける

ワイヤ、ハチマキ

シャックル

●中綱があればつり綱と
同じ要領で取付ける

●建家部材
（ただし鋭角部の
ない）2重巻きと
して結ぶ

横手材

●中綱がなければ枠綱と
同等以上の品質・構造
の別のロープで中綱と
同様に結ぶか、専用金
物を利用して取付ける

●横手材のない場合
は最低3重巻きを
して結ぶ

（1本殺せば
好ましい）

移動式水平養生ネット（例）

平面図

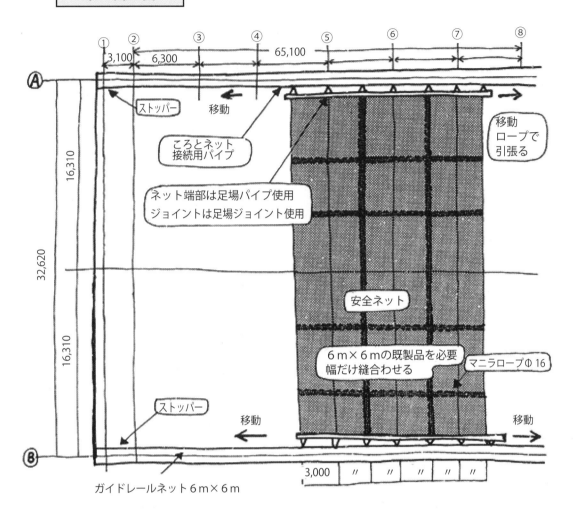

ストッパー

移動

ころとネット
接続用パイプ

移動
ロープで
引張る

ネット端部は足場パイプ使用
ジョイントは足場ジョイント使用

安全ネット

６ｍ×６ｍの既製品を必要
幅だけ縫合わせる

マニラロープΦ16

ストッパー

移動

移動

ガイドレールネット６ｍ×６ｍ

32,620
16,310
16,310

①②③④⑤⑥⑦⑧
3,100 6,300 65,100

Ⓐ
Ⓑ

3,000 〃 〃 〃 〃 〃

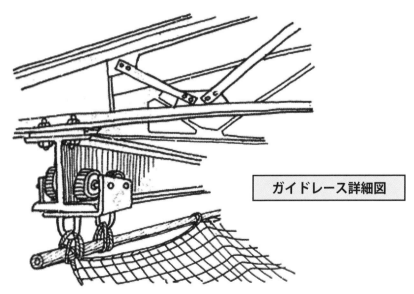

ガイドレース詳細図

フルハーネス型安全帯の使用上の注意

（1）装着について

①装着状態

○良い例		×悪い例	
	・肩ベルト、胸ベルト、腿ベルト等の各ベルトはゆるみの無いように身体に合わせて調節する ・バックルは正しく確実に装着する ・ベルトがねじれたまま装着しない		・ベルトの装着がゆるんでいる ・バックルがはずれている ・差込みプレートが確実にロックされていない

②バックルへのベルトの通し方

　ベルト先端部を裏側の挿入口から通し、スライド部でしっかり把持した後、次に後部のベルト通しに通す。

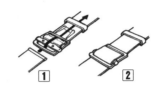

③フックの開口方法

　フックは外れ止め装置と安全装置を同時に握って開口する

一般型フック 　　　　　　　大径フック

④工具類の位置

　シノ・スパナ・ドライバー等の工具類をベルトに刀差しにしない。墜落時に身体に刺さる恐れがある。

×悪い例
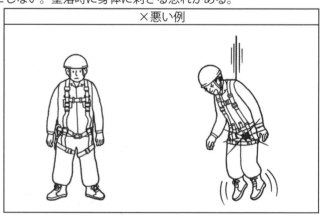

(2) フックを掛ける位置について

　フックを掛ける位置によって、墜落衝撃荷重に大きな違いがある。

○良い例	×悪い例

フックの取付け位置は、腰より高い位置に取り付ける。できるだけ、墜落時の衝撃荷重を低く抑える。	フック位置が腰より下になっている。墜落時の衝撃荷重が大きくなる。 ※第2種ショックアブソーバを選定していても、安全を考慮し可能な限りフックは腰より高い位置にかける

(3) フックの取付け箇所

①ロープがすべり落ちないところ

×悪い例

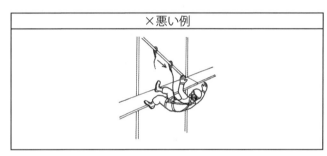

②振り子状態で激突しないところ

×悪い例

③落下時に床等に激突しないところ

×悪い例

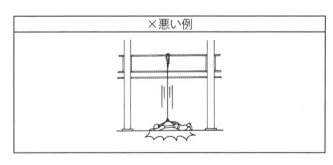

④十分強度があるところ

×悪い例

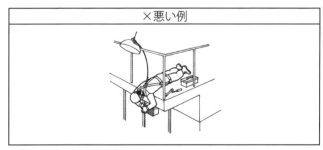

⑤フックが抜け落ちないところ

○良い例	×悪い例
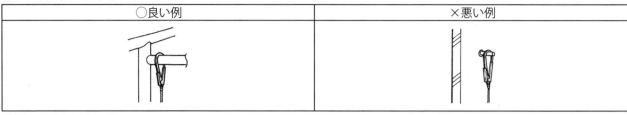	

⑥鋭い角のないところ

	×悪い例
	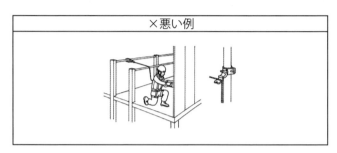

(4) フックの掛け方

　フックは 11.5k N以上の強度に耐えるように設計されているが、横荷重や外れ止め装置・安全装置に荷重を受けると、大きく変形したりロープが外れ、墜落を阻止できなくなるおそれがある。下記にそのポイントを説明する。

①フックを水平部材に掛け、又は回し掛けする。

○良い例
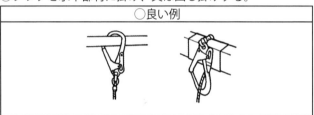

②フックが水平部材の上に乗っており、大きく変形したり抜けたりするおそれがある。

×悪い例
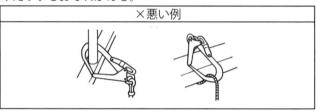

③フックの外れ止め装置にロープが絡み、外れ止め装置が破損しフックが外れるおそれがある。

×悪い例
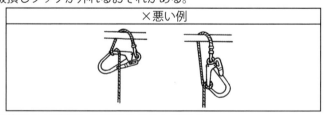

④かぎ部が十分に掛かっていないので、かぎ部が曲がったり抜けたり破損したりするおそれがある。

×悪い例
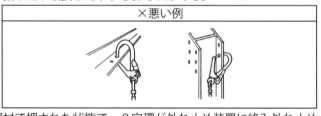

⑤8字環を使用しての回し掛け等で、外れ止め装置が鉄塔部材で押された状態で、8字環が外れ止め装置に絡み外れ止め装置が押されると、外れ止め装置が開口して8字環から外れるおそれがある。

×悪い例
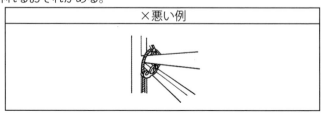

区分	点検項目	参考	関係条文
8 鉄骨の組立・解体	①作業計画を定めているか	1．作業方法、順序 2．部材の落下防止方法 3．墜落防止設備 4．倒壊防止方法	安則　517の2
	②作業計画は周知徹底されているか		
	③危険防止措置はよいか	1．立入禁止 2．強風、大雨等悪天候時作業中止（P.7参照） 3．物の落下防止 4．墜落防止（安全帯、安全ネット）	安則　517の3
	④作業主任者は選任されているか	1．技能講習修了者 2．職務内容（P.18参照）	517の4 571の5
9 橋梁架設	①作業計画を定めているか	1．作業の方法、順序 2．部材の落下、倒壊防止方法 3．墜落防止設備 4．機械等の種類・性能	安則　517の6 517の20
	②作業計画の周知は十分か	1．作業前の打合せ等	安則　517の6 517の20
	③立入禁止措置はよいか	1．作業関係者以外立入禁止 2．落下倒壊危険区域の設定	安則　517の7 517の21
	④悪天候時の措置はよいか	1．強風・大雨・大雪 2．危険が予想されるとき作業中止 （P.7参照）	安則　517の7 517の21
	⑤材料器具・工具等の上げ下ろし方法はよいか	つり綱、つり袋等の使用	安則　517の7 517の21
	⑥部材・架設用設備の落下・倒壊防止措置は適切か	1．控えの設置 2．変形防止――補強材	安則　517の7 517の21
	⑦作業主任者の選任はよいか	1．鋼橋架設等作業主任者 2．コンクリート橋架設作業主任者等 3．職務内容（P.18参照）	安則　517の8 517の9 517の22 517の23
	○鋼橋（組立、解体、変更）	橋梁の上部構造が金属製の部材で構成されるもの （その高さ5m以上又は支間30m以上である部分に限る）	安令　6-15の3
	○コンクリート橋（架設、変更）	橋梁の上部構造がコンクリート造のもの （その高さ5m以上又は支間30m以上である部分に限る）	安令　6-16
10 ロープ高所作業	①メインロープ以外にライフラインを設けているか		安則　539の2
	②メインロープ等の強度はよいか	1．メインロープ等とは…メインロープ、ライフライン、これらを支持物に緊結するための緊結具、身体保持器具及びこれをメインロープに取り付けるための接続器具 2．著しい損傷、摩耗、変形又は腐食のないものを使用 3．堅固な支持物に外れないように緊結 4．十分な長さ 5．突起物による切断防止措置 6．身体保持器具のメインロープへの接続器具による取付け	安則　539の3-1 539の3-2
	③調査及び記録はよいか	1．作業箇所及びその下方の状況 2．メインロープ、ライフラインを緊結する支持物の位置、状態及び周囲の状況 3．作業箇所及び支持物に通ずる通路の状況 4．切断のおそれのある箇所の有無	安則　539の4
	④作業計画を定めているか	1．作業の方法、順序 2．作業に従事する労働者数 3．メインロープ等の支持物の位置 4．メインロープの種類及び強度 5．メインロープ、ライフラインの長さ 6．切断防止措置 7．墜落防止措置 8．物体の落下防止措置 9．災害発生等の応急措置	安則　539の5
	⑤作業指揮者の選任はよいか	1．作業指揮者の職務 (1)　メインロープ等（安則539の3-2の事項） (2)　安全帯等の使用状況の監視	安則　539の6

◎「ジャッキ式つり上げ機械」を使用して作業を行うときは、P.128第8章4の当該機械に関する項目を参照のこと。

区分	点検項目	参考	関係条文
10 高所作業 ロープ	⑥安全帯の使用はよいか		安則　539の7
	⑦保護帽の着用はよいか		安則　539の8
	⑧作業開始前点検はよいか	1．メインロープ等 2．安全帯 3．保護帽	安則　539の9
11 木造建築物の組立等	①作業計画はよいか		
	②内容は周知されているか	1．作業方法・順序 2．使用機械の種類・能力 3．足場計画 4．昇降設備、親綱等	
	③作業区域内への立入禁止はよいか		安則　517の11
	④悪天候時の措置はよいか	1．強風、大雨、大雪等 （P.7 参照）	安則　517の11
	⑤材料、器具等の上げ下ろし方法はよいか	1．つり袋等の使用	安則　517の11
	⑥作業主任者の選任はよいか	1．技能講習修了者 2．作業方法・順序の決定 3．作業の直接指揮 4．器具、工具、安全帯等の機能を点検し、不良品を取り除く 5．安全帯等の使用状況を監視する	安則　517の12 517の13

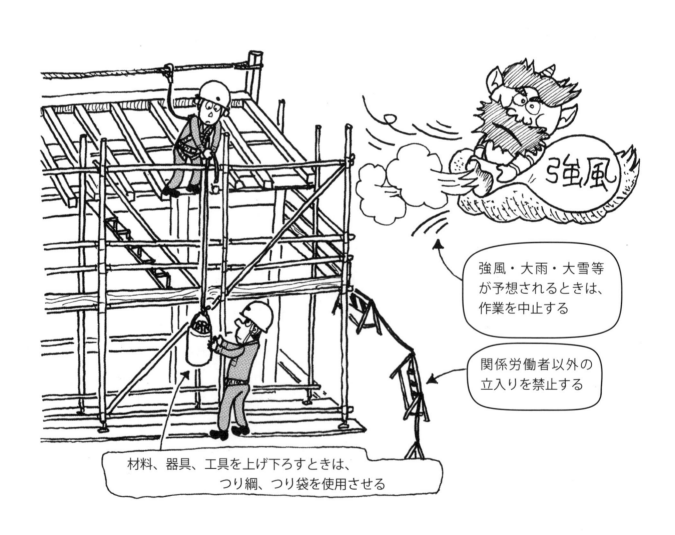

強風・大雨・大雪等が予想されるときは、作業を中止する

関係労働者以外の立入りを禁止する

材料、器具、工具を上げ下ろすときは、つり綱、つり袋を使用させる

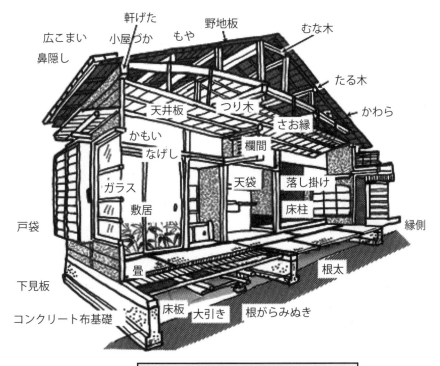

従来軸組式構造の例

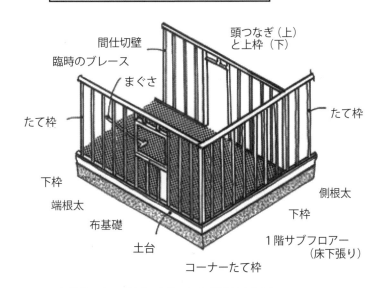

枠組壁式構造の例

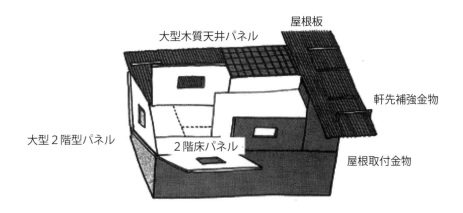

パネル式構造の例

木造建築物用足場（例）

緊結部付ブラケット一側足場

低層工事用簡易枠組足場

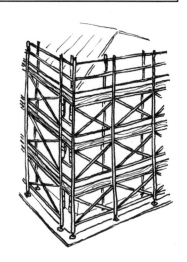

手すりの例

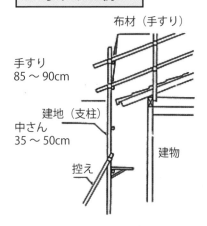

布材（手すり）

手すり
85 〜 90cm

建地（支柱）

中さん
35 〜 50cm

控え

建物

出窓等の場合

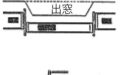

出窓

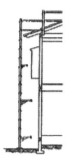

2.73 m

6.37 m

3.64 m

3.64 m

複合は 30cm ピッチ以下

つり綱は太さ 9 mm 以上

中間のつり綱は太さ 9 mm 以上

網目は 10cm 以下

縁綱は太さ 9 mm 以上

ネット周辺の空きは 15cm 〜 20cm 以内

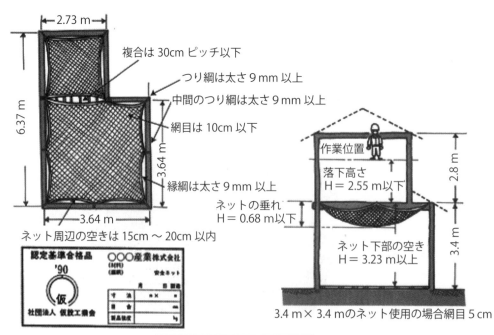

作業位置

落下高さ
H ＝ 2.55 m 以下

ネットの垂れ
H ＝ 0.68 m 以下

ネット下部の空き
H ＝ 3.23 m 以上

2.8 m

3.4 m

3.4 m × 3.4 m のネット使用の場合網目 5 cm

認定基準合格品
'90
（仮）
社団法人 仮設工業会
○○○産業株式会社
安全ネット

安全ネットの設置例

〔参考〕

建方作業の順序（例）

1．在来軸組工法

（1）土台敷

（2）1階床組、仮床取付け

（3）通し柱の建込み

（4）1階軸組の組立、1階小屋梁取付け

　イ　あらかじめ地組した柱、胴差、桁等のつり込みと組立

　ロ　仮筋かいの取付け

　ハ　2階床梁及び1階小屋の取付け

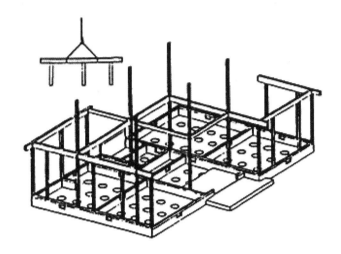

（5）2階根太、仮床取付け

　床の仮敷のできない場合は、安全ネットを梁下に張る等墜落防止措置を行う。

（6）2階軸組の組立

　イ　あらかじめ地組した柱、軸桁、桁等のつり込みと組立

　ロ　仮筋かい取付け

　ハ　小屋梁取付け

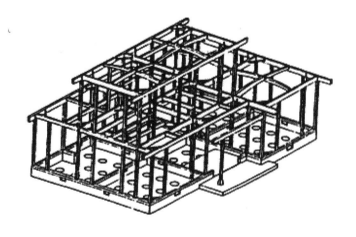

（7）小屋組

小屋束、母屋及び棟木の取付け

・小屋梁上に足場板を敷いて作業床を設ける。

・困難な場合、小屋梁下に安全ネットを張るか、安全帯を使用する。

（8）本筋かい、たる木の取付け

・外部足場は小屋組組立作業の前に先行して設けるのが原則である。

・たる木の鼻先を切る時には、外部足場が設置されていること。

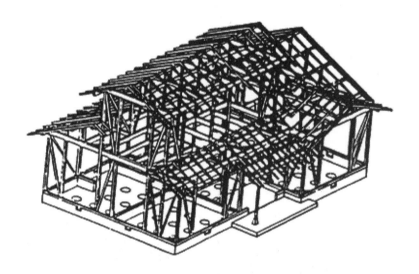

（9）野地板張り、2階床板決め

2．枠組壁工法

（1）土台敷

（2）1階床組

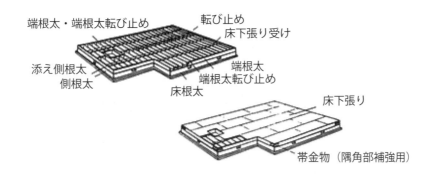

（3）1階壁組

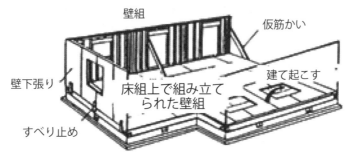

・建起こし後は、速やかに仮筋かいを行い転倒を防止。

・壁枠組の頭つなぎ材の取付けは、脚立等使用。

（4）2階床組

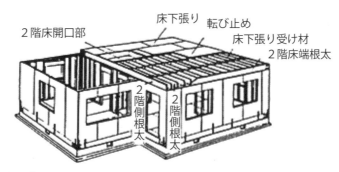

・1階床上に適切な足場を設置する。

・はしご等安全な昇降設備を設ける。

・開口部が残る場合は安全ネットで養生する。

（5）2階壁組

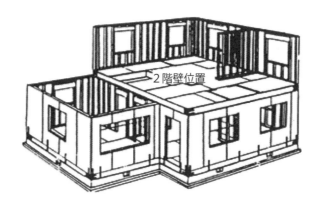

（6）天井根太組

（7）小屋組（たる木方式）

　　イ　妻小壁の取付け

　　ロ　たる木、棟木、たる木つなぎ、転び止めの取付け

　　ハ　合板受けの取付け、屋根合板張り

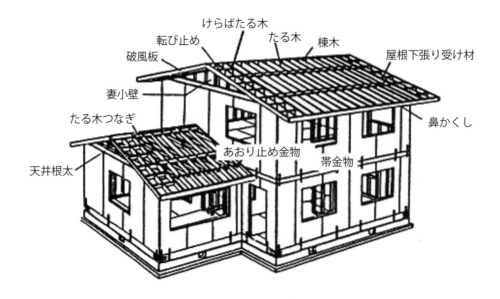

・天井根太組は、２階床上に足場を設けて行う。

・棟木、屋根梁等の取付け作業は、天井根太の上に足場板等仮敷して行う。

・屋根枠組作業後、直ちに外部足場を設ける。

〔参考〕

木造建築物の解体作業

（建災防　木造家屋解体工事安全施工指針より）

機械ごわしによる概略工程の例

（従来軸組式構造による建築物の解体の場合）

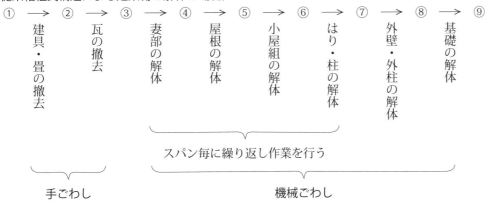

① → ② → ③ → ④ → ⑤ → ⑥ → ⑦ → ⑧ → ⑨

① 建具・畳の撤去
② 瓦の撤去
③ 妻部の解体
④ 屋根の解体
⑤ 小屋組の解体
⑥ はり・柱の解体
⑦ 外壁・外柱の解体
⑨ 基礎の解体

スパン毎に繰り返し作業を行う

手ごわし　　　　　機械ごわし

①建具・畳類の撤去

イ．ガラス付き建具に注意

ロ．高所からの投下禁止

ハ．床の踏抜に注意

建具・畳類の撤去

②瓦の撤去

イ．親綱を張り安全帯を着用

ロ．昇降設備を設ける

ハ．投下集積場所の設定及び立入禁止

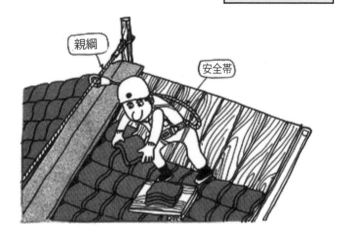

③主要構造部材の解体・撤去

イ．危険箇所への立入禁止

ロ．外壁はL字型に残し、一辺だけの状態で放置しない

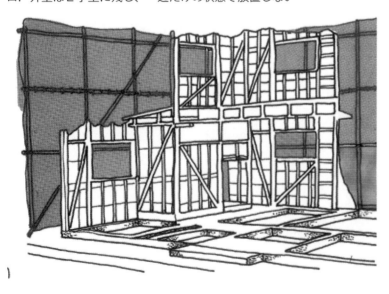

ハ．解体部材のトラックの出入には誘導員を配置する

二．粉じん発生箇所は散水を行う

第3章　飛来・落下物防止

区分	点検項目	参考	関係条文
落下物防止	①養生網の張り方は適切か	1．鉄鋼製亀甲網又はこれと同等以上の効力のもの 2．亜鉛メッキ鉄線（JIS G3532）線径 0.9m/m 以上が望ましい 3．網目 12m/m 以下、網目の大きさ 2 メッシュ以上 4．重ね……15cm 以上 5．とじ合わせ……60cm 以下の間隔で千鳥 6．取付け……30cm 以下の間隔	建基　　90 建基令 136 の 5 S42.11.20 建設省指導基準 公（建）15 安則　　537
	②防護柵（朝顔）の設置方法は適切か	1．取付け位置 　最下段は工事部分の 10m 以内、地盤からの高さ 　・10m 以上……1 段以上 　・20m 以上……2 段以上 2．構造 　厚さ 1.5cm 以上の木板又はこれと同等以上の金属板ですき間なく 3．取付け方法 (1) 突出……水平距離 2m 以上 (2) 水平面との角度……20° 以上 (3) 支柱はできるだけ支持方式にする（懸垂式は落下物が支柱に当たってはね出る）	建設省指導基準

板囲い、外部養生網等

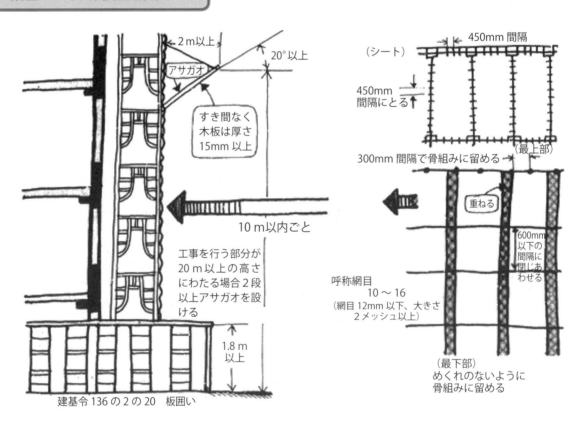

2m 以上
20° 以上
アサガオ
すき間なく
木板は厚さ
15mm 以上
10m 以内ごと
工事を行う部分が 20m 以上の高さにわたる場合 2 段以上アサガオを設ける
1.8m 以上
建基令 136 の 2 の 20　板囲い

（シート）
450mm 間隔
450mm 間隔にとる
300mm 間隔で骨組みに留める
（最上部）
重ねる
600mm 以下の間隔に閉じあわせる
呼称網目 10〜16（網目 12mm 以下、大きさ 2 メッシュ以上）
（最下部）めくれのないように骨組みに留める

区分	点検項目	参考	関係条文
落下物防止	③投下設備はよいか	1．3m以上の高さから物を投下する場合に設置 2．監視員配置又は立入禁止措置	安則　536
	④危険区域への立入禁止措置をしているか	1．柵又はロープ等で区域を囲う 2．立入禁止の表示 3．必要により監視人を配置	安則　537
	⑤物の置き方は適切か	1．足場、鉄骨等落ちやすい高所には物を置かない（仮置きするときは結束するか箱、袋に収納） 2．責任者に確認させる 3．床端、開口部、法肩等には2m以内に材料等集積しない 　高さは2m未満とする 4．強風時にはネット、シートなどで覆い飛散防止をはかる 5．作業終了後の片付けを確実に行う	
	⑥落下防止措置をしているか	1．高さ10cm以上の幅木、メッシュシート若しくは防網又はこれらと同等以上の機能を有する設備を設けること	安則　563

○メッシュシート

メッシュシートの性能（仮設工業会認定基準による）

網地の強さ		はとめ部の強さ		貫通性	防災性
引張強さ （kN）	引張の強さ×伸び （kN×mm）	荷重0.49kNで異常の有無	荷重の最大値 （kN）	足場用鋼管 （48.6φ×2.5m　4.8kg）を 4mより落下させる	
.47以上	68.6以上	無し	0.98以上	貫通しない	合格

鋼管足場への設置の例

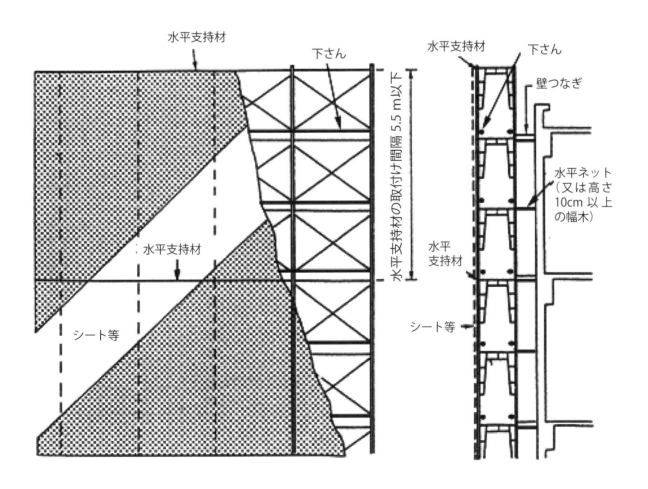

第4章　崩壊・倒壊防止

区分	点検項目	参考	関係条文	
1 型枠支保工	①作業主任者の選任はよいか	1．作業方法の決定、材料・器具及び工具の点検、安全帯・保護帽の使用状況監視 2．作業の直接指揮	安則	246 247
	②組立図はよいか	1．部材の配置 （支柱・はり・つなぎ・筋かい等） 2．接合の方法・寸法 （ボルト、溶接、緊結金具） 3．許容応力の確認	安則	240 241
	③組立図に基づいて組立が行われているか	1．作業主任者への組立図の交付 2．点検確認	安則	240
	④沈下・滑動の防止装置はよいか	1．敷角、コンクリート打設、くい打込み等 2．脚部の固定、根がらみ等	安則	242
	⑤継手、接続、交差の方法は適切か	1．継手〜突合せ、差込み 2．鋼材と鋼材との接続部、交差部はボルト、クランプ等の金具（番線、ロープ等の使用禁止）	安則	242
	⑥曲面の型枠に対する措置はよいか	1．控等により浮き上り防止	安則	242

安則 237 条：部材の点検　238 条：支柱・はり JIS 適合品確認　239 条：支保構造の確認

作業主任者等の指名

　作業をするときは、次の責任者を決めて、その者の直接の指示で作業をさせる。

1．型枠支保工の組立、解体をするときは、型枠支保工の作業主任者
2．作業主任者の資格〜技能講習修了者
3．安則 18 条：作業主任者の氏名及び職務内容の掲示・周知

作業主任者の行うこと（例）

部材の点検

型枠支保工の種類

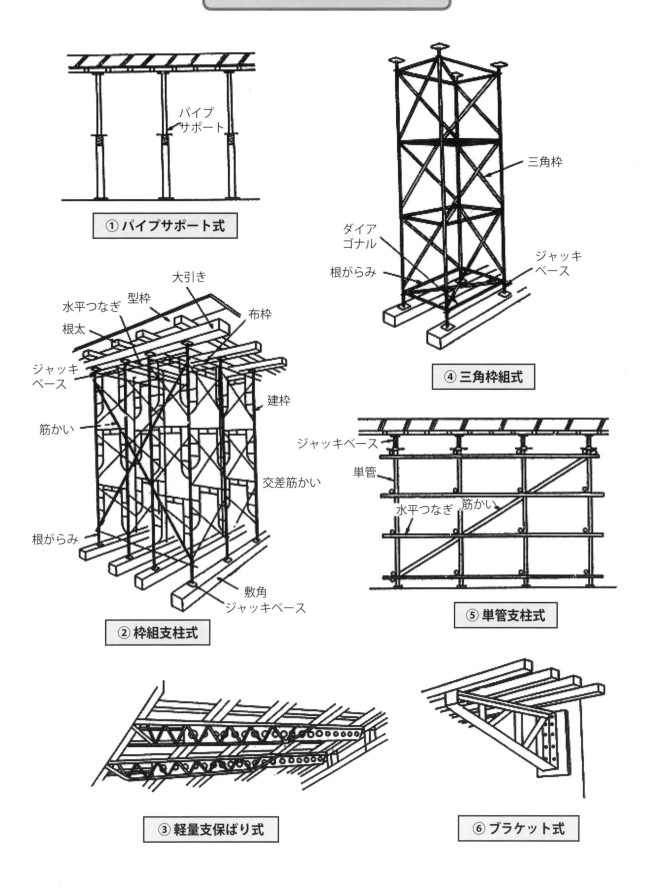

① パイプサポート式

パイプサポート

④ 三角枠組式

三角枠
ダイアゴナル
根がらみ
ジャッキベース

② 枠組支柱式

大引き
水平つなぎ 型枠
根太
布枠
ジャッキベース
建枠
筋かい
交差筋かい
根がらみ
敷角
ジャッキベース

⑤ 単管支柱式

ジャッキベース
単管
水平つなぎ 筋かい

③ 軽量支保ばり式

⑥ ブラケット式

⑦ くさび結合式

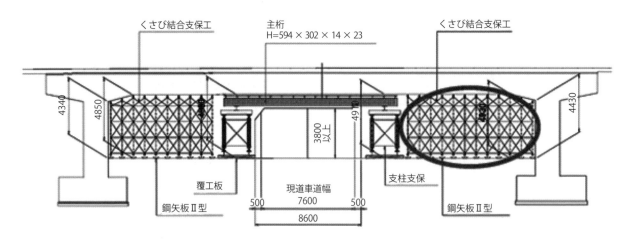

くさび結合支保工　　　主桁　　　　　　　　　　　　　くさび結合支保工
H=594×302×14×23

4340　4850　　　　　　　　　　　49 10

3800
以上

覆工板　　　　現道車道幅　　　支柱支保
　　　　　　　7600
鋼矢板Ⅱ型　　500　　　500　　　　　　　鋼矢板Ⅱ型
　　　　　　　　8600

⑧ 梁・支柱式

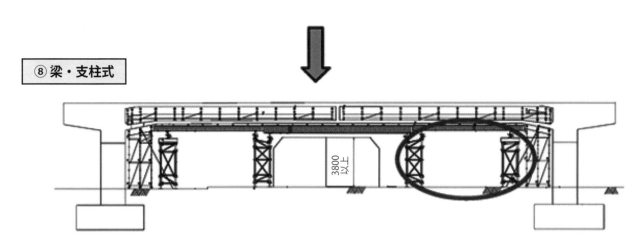

3800
以上

区分	点検項目	参考	関係条文
1 型枠支保工	（鋼管を支柱として用いるもの） ⑦水平つなぎは適切か	1．高さ2m以内ごと、二方向 2．変位防止装置 （両端固定、筋かい等）	安則　242-6-イ
	⑧はり、大引きの固定方法はよいか	1．上端～鋼製の端板 2．ボルト、釘で固定	安則　242-6-ロ
	（パイプサポートを用いるもの） ⑨継ぎ手はよいか	1．4本以上のボルト又は専用金具使用 2．3本以上継いで使用しない	安則　242-7-イ・ロ
	⑩水平つなぎはよいか	1．高さ3.5m以上の場合（前記⑦と同じ措置）	安則　242-7-ハ

単管支柱式型枠支保工

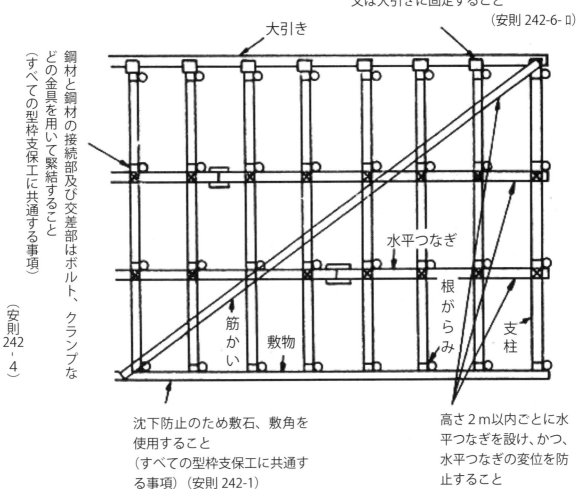

はり又は大引きを上端にのせる場合には、鋼製の端板を取り付けこれをはり又は大引きに固定すること
（安則242-6-ロ）

大引き

鋼材と鋼材の接続部及び交差部はボルト、クランプなどの金具を用いて緊結すること
（すべての型枠支保工に共通する事項）
（安則242-4）

水平つなぎ

根がらみ

支柱

筋かい

敷物

沈下防止のため敷石、敷角を使用すること
（すべての型枠支保工に共通する事項）（安則242-1）

高さ2m以内ごとに水平つなぎを設け、かつ、水平つなぎの変位を防止すること
（安則242-6-イ）

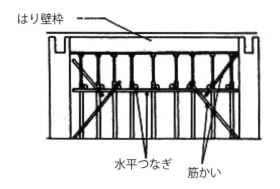

水平つなぎ、筋かいの一例

はり壁枠

水平つなぎ　　筋かい

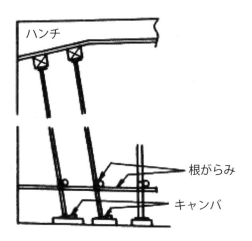

ハンチ下サポート立ての一例

ハンチ

根がらみ

キャンバ

区分	点検項目	参考		関係条文
1 型枠支保工	(鋼管枠を支柱として用いるもの) ⑪交差筋かいを設けているか	1．枠と枠との間	安則	242-8-イ
	⑫水平つなぎ・布枠はよいか	1．最上層及び5層以内ごと 2．側面、枠面、及び交差筋かいの方向に5枠以内ごと 3．交差筋かいの方向に布枠設置	安則	242-8-ロ

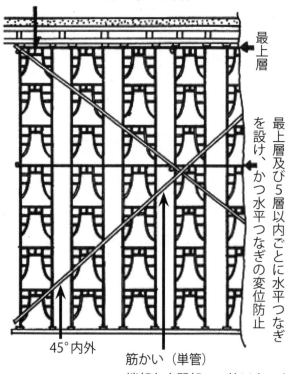

最上層及び5層以内ごと布枠

最上層

最上層及び5層以内ごとに水平つなぎを設け、かつ水平つなぎの変位防止

45°内外

筋かい（単管）

端部と中間部の5枠以内ごとに交差しない建枠がないように筋かいを設け、専用金具（クランプ）で建枠に固定

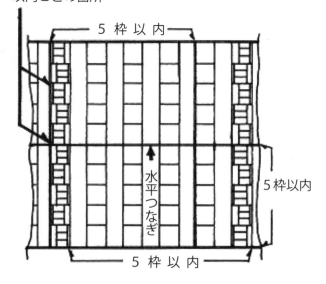

水平つなぎは、型枠支保工の側面並びに枠面の方向及び交差筋かいの方向における5枠以内ごとの箇所

5枠以内

水平つなぎ

5枠以内

5枠以内

パイプサポートの使用例

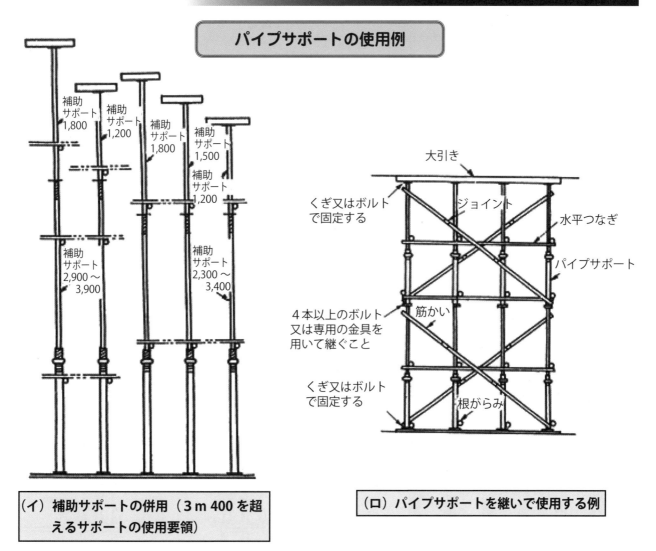

（イ）補助サポートの併用（3m 400 を超えるサポートの使用要領）

（ロ）パイプサポートを継いで使用する例

枠組支柱の連携例

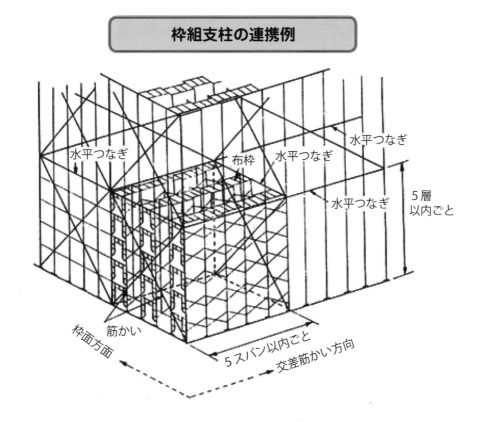

区分	点検項目	参考	関係条文
1 型枠支保工	(その他) ⑬組立て鋼柱・H型鋼を支柱とする場合の措置はよいか	1. 大引き、はりとの固定 （上端に鋼製の端板） 2. 高さ4m以内ごとに水平つなぎ （2方向、高さ4mを超える場合）	安則 242-9の1・2
	⑭木材を支柱とする場合の措置はよいか	1. 高さ2m以内ごとに水平つなぎ2方向 2. 継いで使用する場合は2カ所以上の添物使用	安則 242-10
	⑮H型鋼、I型鋼を水平材とする場合の措置はよいか	1. 大引、敷角等 2. 支柱、ジャッキ等との接続箇所が変形のおそれのあるときはスティフナー等で補強	安則 242-5の2

はり又は大引きを上端にのせる場合には、上端に鋼製の端板を取り付け、これをはり又は大引きに固定すること

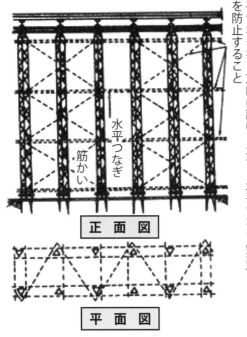

高さが4mを超える場合には高さ4m以内ごとに水平つなぎを2方向に設け、かつ、水平つなぎの変位を防止すること

正 面 図

平 面 図

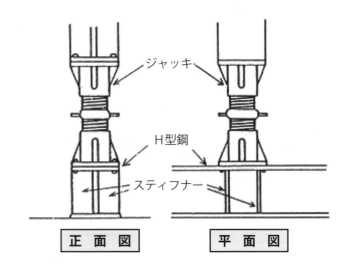

ジャッキ

H型鋼

スティフナー

正 面 図　　**平 面 図**

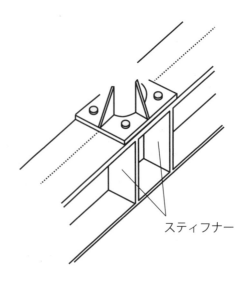

スティフナー

区分	点検項目	参考	関係条文
1 型枠支保工	⑯はりで構成する場合の措置はよいか	1．滑動・脱落の防止 （両端を支持物に固定） 2．横倒れ防止 （はり間のつなぎ）	安則 242
	⑰敷板、敷角等を挟んで段状に組立てる場合の措置はよいか	1．敷板、敷角等を2段以上はさまない 2．敷板、敷角等を継いで用いるときは緊結する 3．支柱は敷板、敷角に固定	安則 243
	⑱組立・解体作業時の措置はよいか	1．関係者以外立入禁止 2．悪天候時の作業中止 3．材料、工具等のつり上げ、おろし時つり袋、つり綱等を使用	安則 245
	⑲コンクリート打設時の措置はよいか	1．始業前の点検及び補修 2．作業中異常が認められたときの作業中止、退避等の連絡方法 3．上下作業の場合の連絡方法 4．圧送管の振動伝ぱ防止 5．ミキサー車の交通整理	安則 244

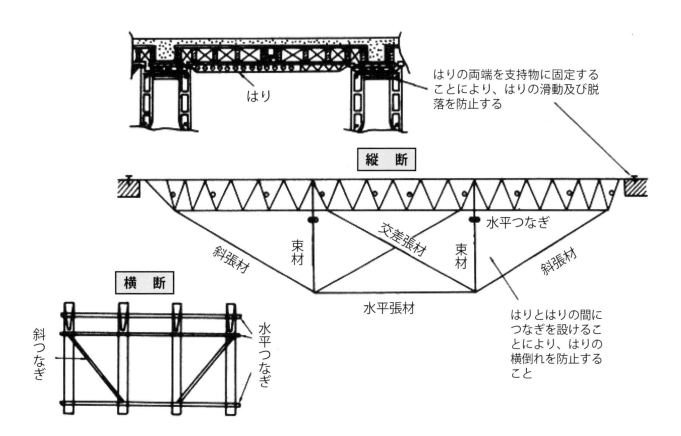

はり

縦　断

はりの両端を支持物に固定することにより、はりの滑動及び脱落を防止する

斜張材　束材　交差張材　束材　水平つなぎ

水平張材

横　断

斜つなぎ　水平つなぎ

はりとはりの間につなぎを設けることにより、はりの横倒れを防止すること

区分	点検項目	参考	関係条文
2 土止め支保工	①組立図に基づいて組立てているか	1. 矢板、くい、背板、腹おこし切りばり等部材の配置、寸法、材質 2. 取付けの時期及び順序	安則 370
	②部材の取付け方法はよいか	1. 切りばり、腹起しの脱落防止措置 2. 圧縮材（火打を除く）〜突合せ継手	安則 371-1 371-2
	③接続部及び交差部の強度は十分か	1. 当て板、ボルト締め 2. 溶接	安則 371-3
	④支持物の強度はよいか	1. 中間支柱と切りばりを確実に固定 2. 建築物の柱、壁等の場合は強度をチェックする	安則 371-4 371-5
	⑤作業主任者の選任はよいか （土止め支保工作業主任者）	1. 切りばり、腹おこしの取付け又は取外し作業（技能講習修了者） 2. 作業方法の決定・直接指導 3. 材料器具工具の点検 4. 安全帯、保護帽の使用状況監視	安令 6-10 安則 374 375
	⑥危険防止措置はよいか	1. 関係者以外立入禁止 2. 材料、器具、工具の上げ下ろし（つり鋼、つり袋等使用）	安則 372
	⑦点検の実施状況はよいか 7日以内ごと 地震・大雨後	1. 部材の損傷、変形、腐食、変位、脱落の有無 2. 切りばりの緊圧の場合 3. 部材の溶接部、取付け部、交差部の状態	安則 373

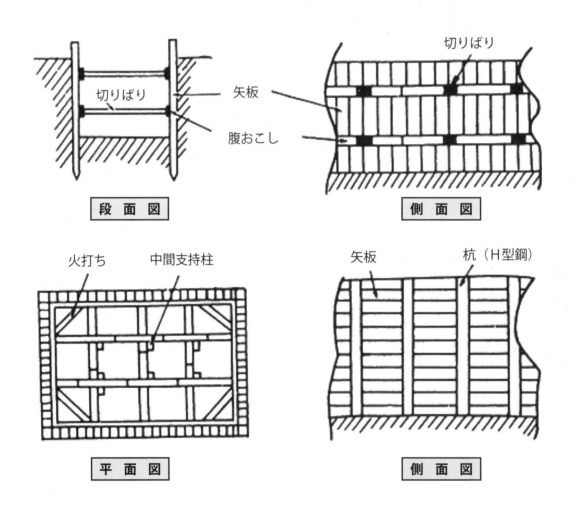

段 面 図   側 面 図

平 面 図   側 面 図

区分	点検項目	参考	関係条文
2　土止め支保工	⑧土留めの周囲には適切な手すりがあるか		安則 519
	⑨切りばり等に作業通路又は親綱を設置しているか		安則 521
	⑩昇降設備を設けているか	1．高さ又は深さが 1.5 m以上の場合	安則 526

規格鋼製の切りばり、腹おこし取付けの例

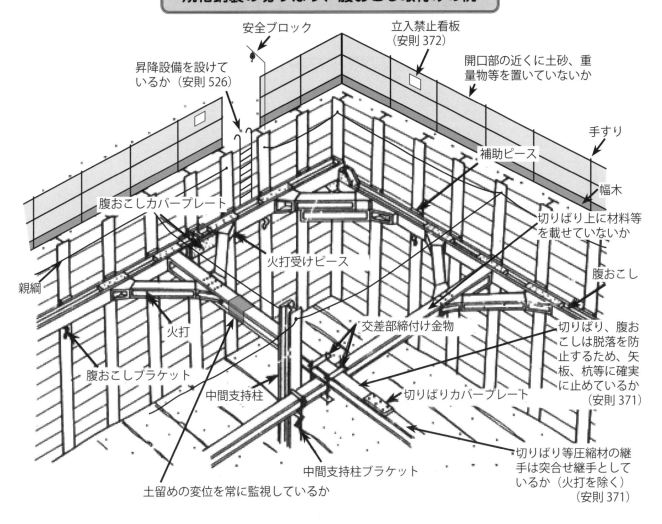

安全ブロック
立入禁止看板（安則 372）
開口部の近くに土砂、重量物等を置いていないか
昇降設備を設けているか（安則 526）
補助ピース
手すり
幅木
腹おこしカバープレート
火打受けピース
切りばり上に材料等を載せていないか
腹おこし
親綱
火打
交差部締付け金物
切りばり、腹おこしは脱落を防止するため、矢板、杭等に確実に止めているか（安則 371）
腹おこしブラケット
中間支持柱
切りばりカバープレート
中間支持柱ブラケット
切りばり等圧縮材の継手は突合せ継手としているか（火打を除く）（安則 371）
土留めの変位を常に監視しているか

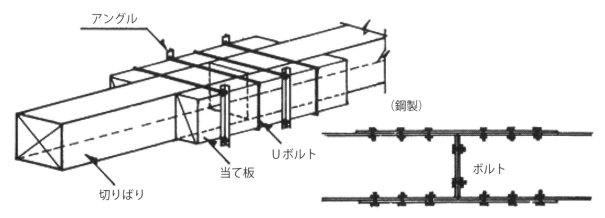

アングル
Uボルト
当て板
切りばり
（鋼製）
ボルト

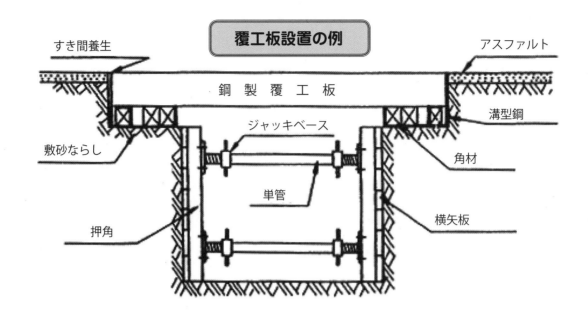

覆工板設置の例

すき間養生

アスファルト

鋼製覆工板

溝型鋼

ジャッキベース

敷砂ならし

角材

単管

押角

横矢板

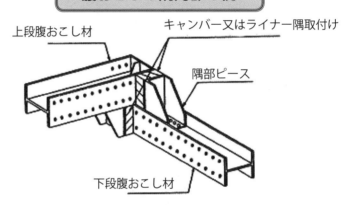

腹おこしの隅角部の例

上段腹おこし材

キャンバー又はライナー隅取付け

隅部ピース

下段腹おこし材

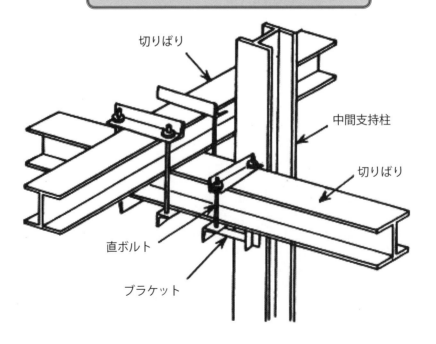

中間支持柱への切りばり取付け例

切りばり

中間支持柱

切りばり

直ボルト

ブラケット

切りばり及び腹おこしの解体

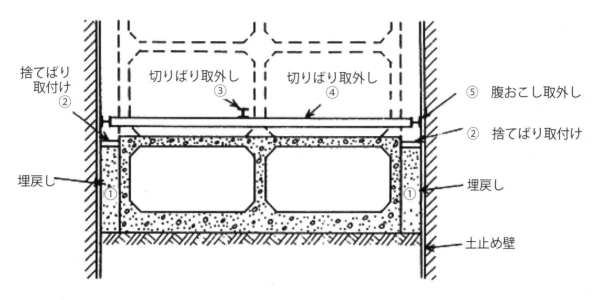

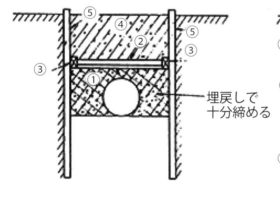

① 切りばり下端までの埋戻し

② 切りばりの取外し

③ 腹おこしの取外し（左右とも）

④ 最終埋戻し

⑤ 矢板の取外し

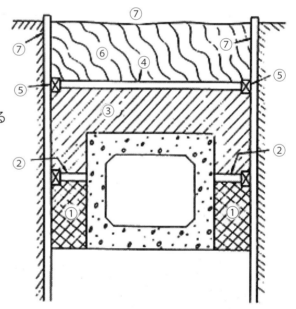

① 捨てばり取付け下端までの埋戻し

② 捨てばりの取付け

③ 切りばり下端までの埋戻し

④ 切りばりの取外し

⑤ 腹おこしの取外し

⑥ 最終埋戻し

⑦ 矢板の取外し

区分	点検項目	参考	関係条文
3 明り掘削	①作業箇所、周辺の地山についての調査はよいか	1．形状、地質、地層の状態 2．き裂、含水、湧水、凍結の状態 3．埋設物の有無及び状態 4．高温ガス及び蒸気の有無	安則 355
	②掘削の時期及び順序は適切か	1．調査事項に適応した作業計画	安則 355
	③作業箇所付近の崩壊、落石防止措置はよいか	1．安全な勾配の確保 2．落下のおそれある土石の除去 3．擁壁、土止め支保工の設置 4．雨水、地下水等の排除	安則 356・357 534 534 534
	④点検の実施状況はよいか	1．点検者の指名 2．始業点検 3．大雨・地震・発破後の点検	安則 358
	⑤作業主任者の選任はよいか （掘削面の高さ2m以上）	1．地山の掘削作業主任者 　（技能講習修了者） 2．作業方法の決定、直接指揮 3．器具・工具の点検 4．安全帯、保護帽の使用状況監視	安令 6-9 安則 359 360

明り掘削の作業

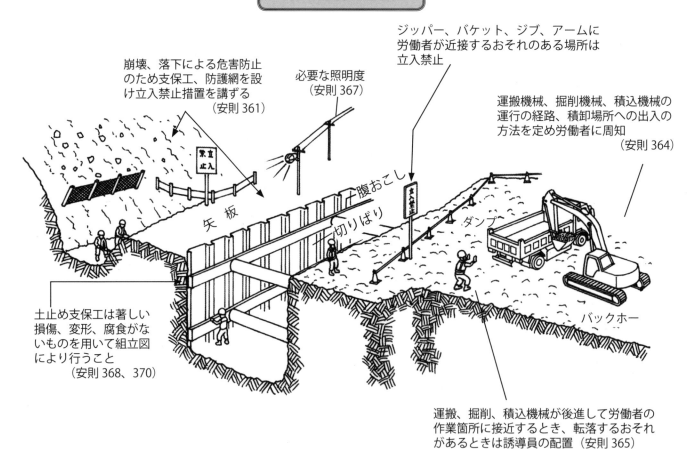

崩壊、落下による危害防止のため支保工、防護網を設け立入禁止措置を講ずる（安則361）

必要な照明度（安則367）

ジッパー、バケット、ジブ、アームに労働者が近接するおそれのある場所は立入禁止

運搬機械、掘削機械、積込機械の運行の経路、積卸場所への出入の方法を定め労働者に周知（安則364）

腹おこし

矢　板

切りばり

ダンプ

バックホー

土止め支保工は著しい損傷、変形、腐食がないものを用いて組立図により行うこと（安則368、370）

運搬、掘削、積込機械が後進して労働者の作業箇所に接近するとき、転落するおそれがあるときは誘導員の配置（安則365）

区分	点検項目	参考			関係条文
3 明り掘削	⑥掘削面（手掘り）の勾配はよいか	1．さく岩機による掘削は手掘りに含まれる ・ 手掘り掘削面の勾配の基準			安則 356 357
		地山の種類	掘削面の高さ	勾配	
		地盤又は堅い粘土	5m未満	90°以下	
			5m以上	75°以下 （2分7厘）	
		その他の地山	2m未満	90°以下	
			2m以上5m未満	75°以下 （2分7厘）	
			5m以上	60°以下 （5分8厘）	
		砂からなる地盤	5m未満 （5m以上は掘削禁止）	35°以下	
		発破等によりくずれや易い地盤	2m未満 （2m以上は掘削禁止）	45°以下 （1割）	
	⑦埋設物、建設物に近接する場合の措置はよいか	1．移設 2．控え、やらず等による補強 3．埋設管等～つり防護、受防護			安則 362
	⑧ガス導管に対する措置はよいか	1．移設 2．つり防護、受防護～作業指揮者の直接指揮			安則 362
	⑨掘削機械等の使用禁止は適切か	1．掘削機械・積込機械、運搬機械 2．ガス導管、地中電線路等の損壊防止			安則 363

法面の養生例

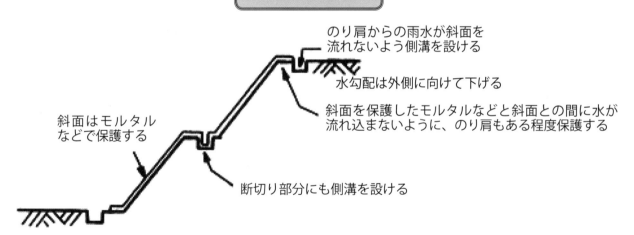

のり肩からの雨水が斜面を流れないよう側溝を設ける

水勾配は外側に向けて下げる

斜面を保護したモルタルなどと斜面との間に水が流れ込まないように、のり肩もある程度保護する

斜面はモルタルなどで保護する

断切り部分にも側溝を設ける

法先の養生例

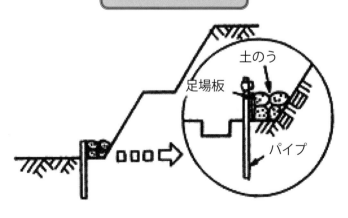

土のう

足場板

パイプ

埋設物等

擁壁の控え、やらずの一例

ガス管の吊り防護例

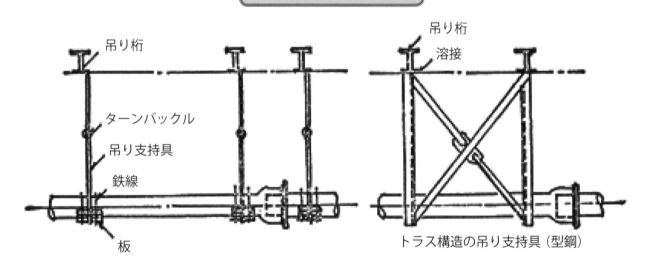

吊り桁

ターンバックル

吊り支持具

鉄線

板

吊り桁
溶接

トラス構造の吊り支持具（型鋼）

水道管の吊り防護例

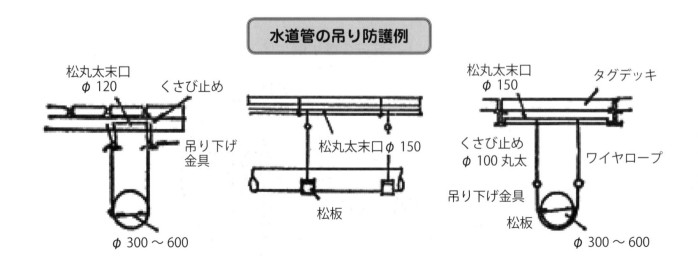

松丸太末口
φ 120

くさび止め

吊り下げ
金具

φ 300 〜 600

松丸太末口φ 150

松板

松丸太末口
φ 150

タグデッキ

くさび止め
φ 100 丸太

ワイヤロープ

吊り下げ金具

松板

φ 300 〜 600

区分	点検項目	参考	関係条文
3 明り掘削	⑩運搬機械等の運行経路等が周知されているか	1．運搬機械、掘削機械、積込機械 2．運行経路、積卸し場所への出入り方法	安則　364
	⑪誘導員の配置はよいか	1．作業箇所に後進接近 2．転落のおそれ	安則　365
	⑫照明は十分か		安則　367
	⑬掘削面より下方の作業に対する措置はよいか	1．下方を立入禁止又は監視人の配置 2．安全勾配・土止め支保工	建災規　50 51
	⑭根伐肩に、重量物等を置いていないか		
	⑮昇降設備を設けているか	1．高さ又は深さ1.5m以上	安則　526
	⑯緊急時の退避等の対策はよいか	1．警報の統一 2．退避経路の周知	安則　642
4 土石流危険河川	（定義） 土石流危険河川～降雨・融雪・地震に伴い土石流が発生するおそれのある河川	『土石流危険河川とは』 a．作業場の上流（支川を含む）の流域面積が0.2km2以上で、上流（支川を含む）200mの平均川底が3°以上の河川 b．市町村が「土石流危険渓流」としている河川及び都道府県又は市町村が「崩壊土砂流出危険地区」として公表している地区内の河川	
	①事前調査及び記録はよいか	1．河川の形状 2．流域面積及び河床勾配 3．土砂崩壊のおそれのある場所の崩壊地の状況 4．積雪の状況	安法　21 29の2 安則　575の9
	②労働災害防止に関する規程を定めているか	1．降雨量把握の方法 (1)雨量計による測定 (2)アメダス等による情報把握 (3)河川管理者等の綱領に関する情報 2．降雨があった場合の措置 (1)土石流が発生するおそれのあるときに、監視人を配置して土石流の発生を早期に把握 (2)作業を中止して労働者を安全な場所に退避させる 3．融雪があった場合の措置 (1)融雪を雨量に換算して雨量に加算する 4．地震（中震以上）が発生した場合の措置 (1)作業をいったん中止して労働者を安全な場所に退避させる (2)土石流となる前兆現象の有無の観察 『土石流の前兆となる現象とは』 　a．河川付近での【山崩れ】、【流水の異常な増水】又は、【急激な減少】【山鳴り】【地鳴り】【湧水の停止】【流木の出現】【著しい流水の濁り】等 5．土石流の前兆現象のあった時の措置 (1)作業を一時中止し、前兆となる現象が継続するか否か観察する (2)土石流を早期に把握するための措置 6．土石流が発生した場合の警報の方法 (1)警報の種類 (2)警報用の設備の種類及び設置場所 (3)労働者への周知の方法 (4)警報用の設備の有効性の保持のための措置 7．土石流が発生した場合の避難方法 (1)避難用設備の種類及び設置場所 (2)上記について労働者に周知する方法 (3)避難用の設備の有効保持のための措置	安法　21 29の2 安則　575の10
	③雨量の把握及び記録	1．作業開始前24時間を雨量計で測定 2．作業開始後～1時間毎に雨量計で測定 (1)雨量の測定は事業者自らの雨量計による測定のほか、他の事業者との共同設置を含む (2)アメダス等からの降雨量に関する情報の把握を含む即時性が確保されていること	安法　21 29の2 安則　575の11

区分	点検項目	参考	関係条文
4 土石流危険河川	④降雨時の措置	1．監視人の配置等による早期把握 『土石流の発生を早期に把握するために』 (1) 監視人の配置 (2) 土石流を検知するための機器の設置【ワイヤーセンサー】【振動センサー】【光センサー】【音響センサー】 (3) 監視人・土石流検知機器は、土石流の想定される流下速度を考慮し、すべての労働者を退避させることができる位置に配置又は設置する	安法　21 　　　 29の2 安則　575の12

ワイヤーセンサー

渓流等を横断するようにワイヤーを張り、これが切断されることで土石流の発生を検知する

光センサー

土石流通過地点（横断方向）に設置し、対向する光が遮断された場合に検知する

振動センサー

土石流や火山泥流等による振動をとらえ、そのレベルが設定値以上になると検知する

音響センサー

土石流や火砕流等の流下時に地中を伝わる音を観測して、発生を検知する

「土石流による労働災害の防止に向けて」（厚生労働省、建設業労働災害防止協会）より

区分	点検項目	参考	関係条文
4　土石流危険河川	⑤退避	1．土石流による労働災害の急迫した危険があるときは、作業を中止し、安全な場所へ退避 『労働災害発生の急迫した危険とは』 (1) 土石流の発生が把握されたとき (2) 土砂崩壊により天然ダムが形成されていることが把握されたとき	安法　21 　　　29の2 安則　575の13
	⑥警報用の設備	1．サイレン、非常ベル、携帯用拡声器、回転灯等の設置 2．関係労働者への周知は新規入場者教育時、新たに警報用機器を設置した場合に口頭のみならず掲示をする 3．警報用設備について常時、有効に作動するように保持する	安法　21 　　　29の2 安則　575の14
	⑦避難用の設備	1．登りさん橋、はしご仮設階段の設置 2．関係労働者への周知は新規入場者教育時、新たに警報用機器を設置した場合に口頭のみならず掲示をする 3．避難用設備について常時、有効に保持しなければならない	安法　21 　　　29の2 安則　575の15
	⑧避難訓練	1．実施頻度 (1) 工事開始後遅滞なく1回 (2) その後6カ付き以内に1回 2．訓練を行った記録を3年間保存 (1) 実施年月日 (2) 訓練を受けた者の指名 (3) 訓練の内容	安法　21 　　　29の2 安則　575の16

避難設備の点検・訓練

警報用設備設置例

「土石流による労働災害の防止に向けて」（厚生労働省、建設業労働災害防止協会）より

土石流監視及び検知機器設置の位置

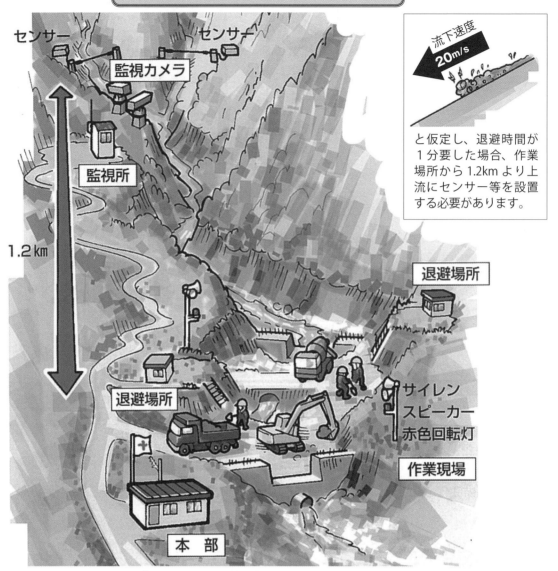

流下速度 20m/s

と仮定し、退避時間が1分要した場合、作業場所から1.2km より上流にセンサー等を設置する必要があります。

「土石流による労働災害の防止に向けて」（厚生労働省、建設業労働災害防止協会）より

土砂の崩壊パターン

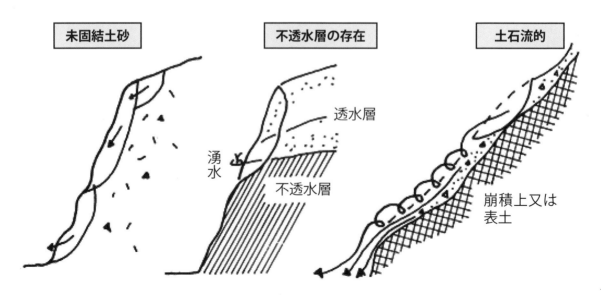

未固結土砂

不透水層の存在

透水層

湧水

不透水層

土石流的

崩積上又は表土

区分	点検項目	参考	関係条文
5 作業構台	◎作業構台 仮設の支柱及び作業床により構成され、材料若しくは仮設機材の集積又は、建設機械等の設置若しくは移動を目的とする高さ2m以上の設備で、建設工事に使用するもの 1．荷上げ構台〜資材等集積用 2．乗り入れ構台〜トラック、移動式クレーン、クレーン、生コン車用 3．その他の構台〜キュービクル等、機械設備設置用		
	①組立図はよいか	1．組立図の作成 (1) 支柱、作業床、はり、大引き等の部材の配置及び寸法を示す 2．組立図により組み立てなければならない	安則　575の5
	②材料等はよいか	1．破損、変形、腐食のないもの 2．木材の割れ、虫食い、節、繊維の傾斜等のないもの 3．鋼材はJIS規格に適合するもの又はこれと同等以上の引張強さ及びこれに応じた伸びを有するもの	安法　21、31 安則　575の2
	③構造はよいか	1．著しいねじれ、たわみ等が生ずるおそれのない丈夫な構造 『たわみ等の等とは』 (1) 部材緊結端部の滑動及び支柱の沈下が含まれる	安法　21、31 安則　575の3
	④最大積載荷重を示しているか	1．構造、材料に応じて最大積載荷重を定めかつ、これを超えて積載しない 2．最大積載荷重を労働者に周知する	安法　21、31 安則　575の4
	⑤作業構台についての措置はよいか	1．作業構台の支柱 (1) 滑動、沈下を防止するため設置場所の地質に応じた根入れを行う (2) 脚部に根がらみを設け、敷板、敷角等を使用する 2．支柱、はり、筋かい等の緊結部、溶接部、取付け部は変位、脱落等が生じないよう緊結金具等で固定する 3．高さ2m以上の床面のすき間は3cm以下とする 4．高さ2m以上の作業床の端で墜落のおそれがある箇所は手すり（85cm以上）等及び中さん（35cm〜50cm）の設置 5．作業の性質上手すりの設置が困難なとき、手すりを一時的に取り外す場合の措置 (1) 安全帯取付け設備を設け、かつ安全帯を使用させる措置又はこれと同等以上の効果を有する措置（防網の設置） (2) 関係者以外の立入禁止措置 (3) 臨時に手すり等又は中さん等を取り外した場合は、設備の現状を復旧する	安法　21、31 安則　575の6

区分	点検項目	参考	関係条文
5 作業構台	⑥作業構台の組立等の作業	1．組立・解体又は変更の時期、範囲及び順序を労働者に周知する 2．組立・解体又は変更の作業区域内に関係者以外の立入禁止措置 3．強風、大雨、大雪等の悪天候のため、危険が予想されるときは、作業の中止 4．材料、器具、工具等をつり上げ、又は下げ降ろすときは、つり網、つり袋等を使用させる	安法 21、31 安則 575の7
	⑦点検は実施されているか	1．始業点検 点検項目 (1) 手すり・中さん等の取外し、脱落の有無 2．悪天候もしくは中震度以上の地震後の点検 点検項目 (1) 支柱の滑動及び沈下の状態 (2) 支柱、はり等の損傷の有無 (3) 床材の損傷、取付け及び掛け渡しの状態 (4) 支柱、はり、筋かい等の緊結部、接続部及び取付け部のゆるみの状態 (5) 緊結材及び緊結金具の損傷及び腐食の状態 (6) 水平つなぎ、筋かい等の補強材の取付け状態及び取外しの有無 (7) 手すり等及び中さん等の取外し及び脱落の有無 3．記録 (1) 点検の結果 (2) 補修等の措置の内容 (3) 作業構台の使用期間保存	安法 21、31 安則 575の8 655の2

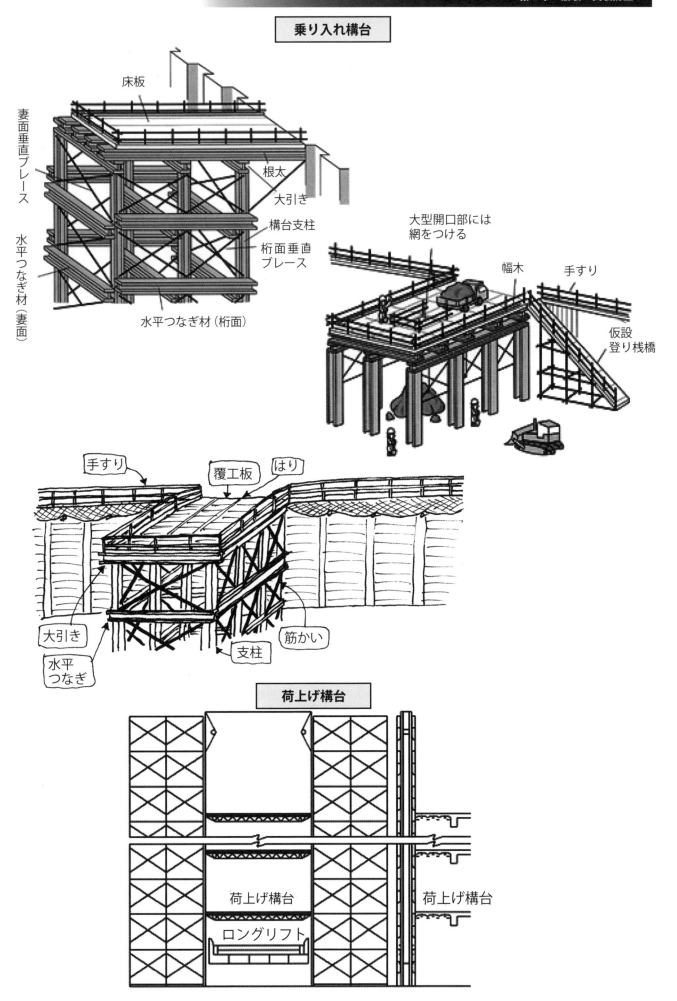

乗り入れ構台

床板

妻面垂直ブレース

水平つなぎ材（妻面）

根太

大引き

構台支柱

桁面垂直ブレース

水平つなぎ材（桁面）

大型開口部には網をつける

幅木

手すり

仮設登り桟橋

手すり

覆工板

はり

大引き

水平つなぎ

支柱

筋かい

荷上げ構台

荷上げ構台

荷上げ構台

ロングリフト

区分	点検項目	参考	関係条文
6　コンクリート工作物の解体・破壊	①調査及び作業計画	1．調査の内容 (1) 工作物の形状、き裂の有無、周囲の状況等の調査 (2) 調査で知り得たところにより作業計画を作成し作業計画により作業を実施 『周囲の状況とは』 　ａ．ガス管、上下水道管、電気及び電話用の配管等の地上架設線並びに樹木等 2．作業計画の内容 (1) 作業方法及び順序 (2) 使用する機械等の種類及び能力 (3) 控えの設置、立入禁止区域の設定その他外壁、柱、はり等の倒壊又は落下による危険の防止 『その他外壁、柱、はり等の倒壊又は落下による危険の防止とは』 　ａ．避難所の確保及び防網、シート、囲いの設置等の措置　はり等の等には床及び桁が含まれる 3．作業計画を定めたときは労働者に周知 4．石綿等の使用の有無を目視、設計図等により調査し、その結果の記録を残す (1) 石綿の事前調査結果の掲示（近隣から見えやすい場所） (2) 石綿の事前調査結果の掲示（労働者の見やすい場所）	安法　21 安則　517の14 石綿則 3-2 大気法 18の17 石綿則 3-6
	②作業における措置はよいか	1．作業を行う区域内には、関係労働者以外立入禁止 2．強風、大雨、大雪等の悪天候のため、作業の実施について危険が予測されるときは、作業を中止する 3．器具、工具等を上げ、又は下ろすときは、つり網、つり袋等を使用させる 4．保護帽の着用	安法　21 安則　575の15 517の19
	③引倒し等の作業の合図	1．外壁、柱等の引倒し等の作業を行うときは、一定の合図を定め関係労働者に周知させる 『外壁、柱等の等とは』 　ａ．鉄筋コンクリート造の煙突、塔及び擁壁が含まれる】 『引倒し等の等とは』 　ａ．押倒しが含まれる 2．当該労働者以外に危険が生ずるときには、合図を行わせ労働者の避難を確認した後に引倒し等の作業を行う 3．当該労働者に危険が生ずるときには、合図を行わせ労働者の避難を確認した後に引倒し等の作業を行う	安法　21 安則　517の16
	④コンクリート造の工作物の解体作業主任者の選任	コンクリート造の工作物の解体等作業主任者技能講習を修了したもののうちから選任	安法　14 安則　517の17
	⑤コンクリート造の工作物の解体作業主任者の職務	1．作業の方法及び労働者の配置を決定し、作業を直接指揮すること 2．器具、工具、安全帯及び保護帽の機能を点検し、不良品を取り除くこと 3．安全帯等及び保護帽の使用状況の監視をすること	安則　517の18

縁切断面の一例

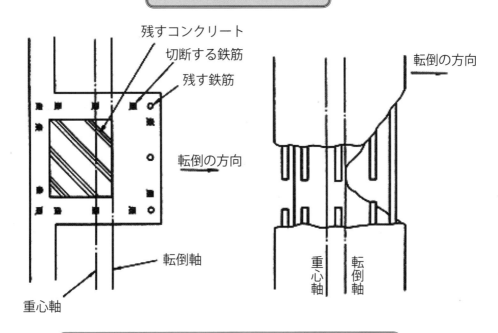

残すコンクリート
切断する鉄筋
残す鉄筋

転倒の方向

転倒軸

重心軸

転倒の方向

重心軸　転倒軸

鉄筋コンクリート造の転倒法による解体例

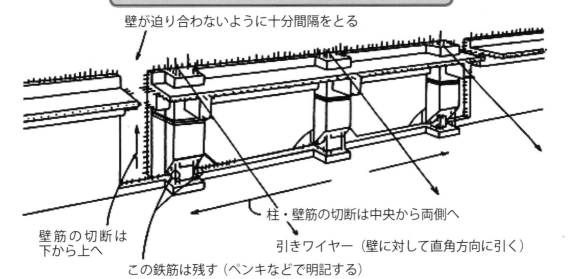

壁が迫り合わないように十分間隔をとる

柱・壁筋の切断は中央から両側へ

引きワイヤー（壁に対して直角方向に引く）

壁筋の切断は
下から上へ

この鉄筋は残す（ペンキなどで明記する）

解体方法例

圧砕機の地上作業例

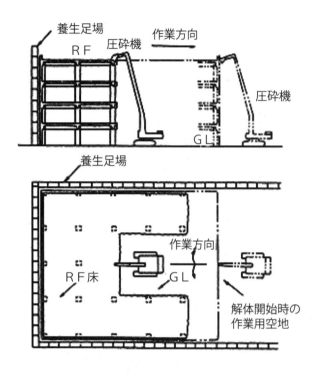

養生足場
RF
圧砕機
作業方向
圧砕機
GL

養生足場
RF床
作業方向
GL
解体開始時の
作業用空地

圧砕機の階上作業例

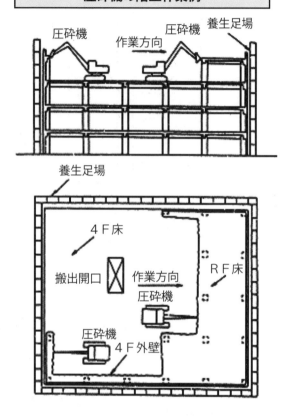

圧砕機
作業方向
圧砕機
養生足場

養生足場
4F床
搬出開口
作業方向
圧砕機
RF床
圧砕機
4F外壁

大型ブレーカーと転倒工法の併用作業例

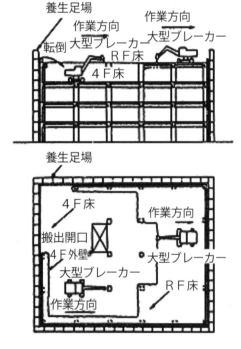

養生足場
作業方向
転倒
大型ブレーカー
大型ブレーカー
RF床
4F床

養生足場
4F床
作業方向
搬出開口
4F外壁
大型ブレーカー
大型ブレーカー
作業方向
RF床

鋼球と転倒工法の併用作業例

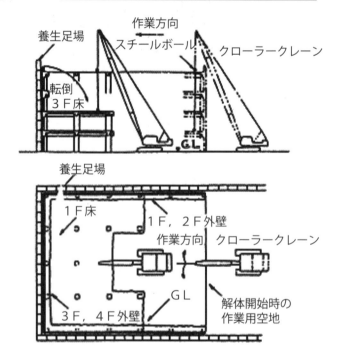

作業方向
養生足場
スチールボール
クローラークレーン
転倒
3F床
GL

養生足場
1F床
1F，2F外壁
作業方向
クローラークレーン
GL
3F，4F外壁
解体開始時の
作業用空地

- 82 -

区分	点検項目	参考	関係条文
7 立木伐倒・造材	①作業前の打合せはよいか	1．同一斜面の上下作業禁止 2．近接作業の連絡調整 3．立入禁止措置	
	②作業前の準備はよいか	1．作業用具の点検 2．つる類、かん木等の除去 3．足場の確保	安則　477
	③退避場所の選定は適切か	1．代倒方向の反対側上部 2．樹高の2倍の距離以内立入禁止 3．作業前に選定しておく	安則　477 481
	④伐倒合図を定めているか	1．統一合図の周知 2．避難確認の後伐倒	安則　479
	⑤伐倒方法はよいか	1．伐倒の方向 2．受け口、追い口 3．クサビ〜2個以上 4．かかり木の速やかな処理	安則　477 478

項目④の統一合図の表：

準備	受け口	追い口	予備合図 （タオスゾー） クサビ	本合図 （タオレルゾー） クサビ退避	終了合図 （オワッタゾー） 避難所から出る
				避難所から出る	

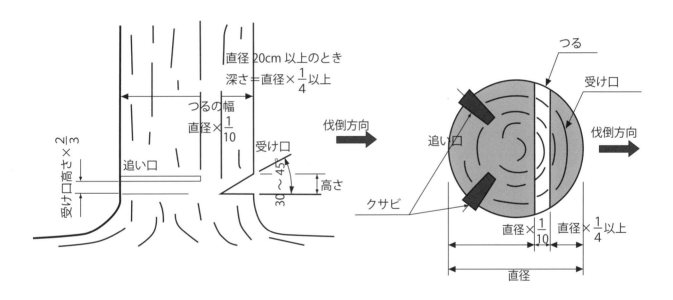

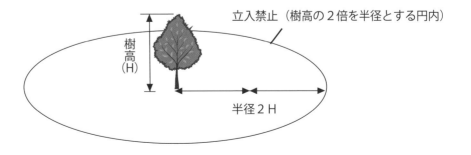

立入禁止の範囲（安則481）

立入禁止（樹高の2倍を半径とする円内）

樹高（H）

半径2H

区分	点検項目	参考	関係条文
7 立木伐倒・造材	⑥小径木（径10cm以下）の伐倒方法はよいか	1．受け口の下切り励行 （廻り木による危険防止）	
	⑦枝払い及び玉切りの方法はよいか	1．足場の確保 2．枝の反発・材の動き防止 （枕木、杭、支柱等） 3．造材作業は斜面上部で	安則　480
	⑧悪天候時の措置はよいか	1．作業禁止 （強風、大雨、大雪等）	安則　483
	⑨特別教育を実施しているか	1．チェーンソーを使用する伐木等 2．径70cm以上の立木伐倒 3．径20cm以上の偏心木、かかり木の伐倒	安則　36-1-8
	⑩チェーンソーの点検 （イ）エンジンの整備はよいか （ロ）チェーンに異常はないか	1．使用燃料（混合比等） 2．点火栓、エアクリーナー 3．カーボンの付着率 1．目立て、張り方、オイル 2．クラッチシュー等の摩耗 3．バーの変形、損耗等	
	⑪チェーンソーの取扱いはよいか	1．運搬中〜刃部のカバー 2．移動中〜エンジン停止 3．防振手袋等の着用 4．清掃・整備の実施 5．指定場所に格納 6．保護衣の着用	安則　485

区分	点検項目		参考	関係条文	
8 はい付け、はいくずし	『はい』とは倉庫、上屋又は土場に積み重ねられた荷の集団（小麦、大豆、鉱石等ばら物の荷を除く）				
	①崩壊、落下のおそれはないか		1．ロープ止め、杭止め等 2．はい替え（積み替え）等 ・支柱、歯止め、かすがい止め 3．立入禁止措置 4．高さ2m以上のはい 5．はいの間隔を下端10cm以上 （袋、かます、俵等）	安則	432 433 430
	②昇降設備はよいか		1．高さ1.5m以上を超えるとき 2．移動はしご（すべり止め付）等	安則	427
	③はい作業主任者を選任しているか		1．高さ2m以上のはい 2．技能講習修了者	安則	428 429
	④はいくずし作業の方法はよいか		1．中抜きの禁止 2．容器が袋、かます等のとき ・ひな段状にくずす ・段の高さ1.5m以下 3．関係者以外立入禁止		431 433
	⑤照明はよいか		作業場所及び通路	安則	434

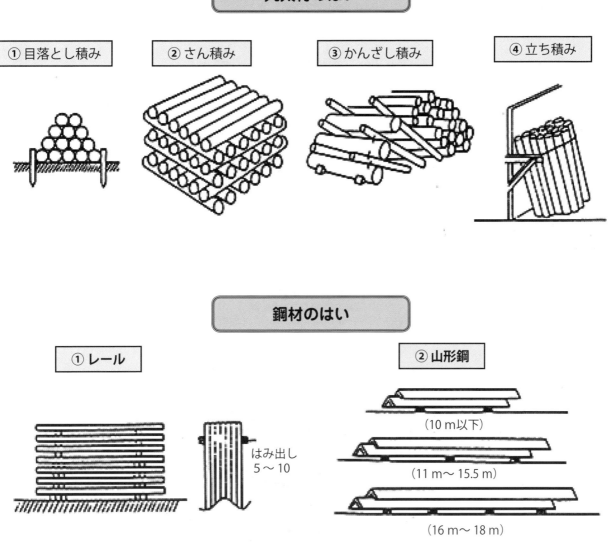

丸太材のはい

① 目落とし積み　② さん積み　③ かんざし積み　④ 立ち積み

鋼材のはい

① レール　② 山形鋼

はみ出し 5〜10

（10m以下）
（11m〜15.5m）
（16m〜18m）

第5章　感電防止

区分	点検項目	参考	関係条文
1 受変電設備	①主任技術者の選任及び氏名の明示はよいか	自家用電気工作物の範囲 1．受電電圧 600 V を超えるもの 2．移動用発電機〜10kw 以上 （ウエルダーを含む） ○移動用発電機設置現場の主任技術者の資格 ・電気主任技術者免許者（1種〜3種） ・自家用発電設備専門技術者（据付、保全） ・可搬型発電設備専門技術者	電事法 38 43
	②保安規程による巡視、点検が確実に行われているか	1．規程内容例（保安規程） ・日常点検　1週間に1回程度 ・定期点検　1年1回程度 2．記録の整備	電事法 42 電事則 50
2 分電盤及び開閉器	①取扱責任者名を明示しているか ②締付ビスにゆるみ、脱落はないか ③端子部に防護カバーはついているか		
	④内部に不要なものをおいていないか		
	⑤「ふた」を確実にしめているか、また施錠ができるか	1．屋外に設けるものは防水型とする 2．施錠、鍵の保管管理	
	⑥金属製箱型分電盤にはケースアースをつけているか	緑色接地線の使用	
	⑦スイッチの刃や受け金が傷ついていないか		
	⑧スイッチは操作しやすい状態にあるか	1．分電盤の位置、高さ、明るさ 2．分電盤付近に資材など集積しない	
	⑨ヒューズのところにビニール線をひっかけていないか	ビニール線等を端子部以外に接続させない	
	⑩スイッチの入・切が完全か		
	⑪ヒューズは「つめ」つき所定容量のものを使っているか		
	⑫所定容量の予備ヒューズを備付けているか	漏電遮断器、ノーヒューズブレーカーの組込み	
	⑬表示のない切ったままのスイッチはないか	停電作業の項参照	
	⑭配線ケーブルに行先表示を付けているか		

分電盤（例）

感電防止用
漏電しゃ断器

アース

行先案内

区分	点検項目	参考	関係条文
3 アース・漏電しゃ断器・機器	①漏電しゃ断器を備えているか ・移動式 ベルトコンベア、ウインチ、水中ポンプ 電溶機等 ・可搬式 ドリル、サンダー、グラインダー、 バイブレーター、のこ等	1．次に示す可搬式の電動機器の電路 (1) 150 Vを超えるもの (2) 水等で湿潤している場所で使用する場合 (3) 鉄板上、鉄骨上で使う場合 2．分電盤（箱）へ組込む 3．漏電しゃ断器の接続が困難な場合は、電動機器を接地する	安則 333 　　 649
	②作動状態はよいか	テストボタンを押し確認する	安則 352
	③アースを取り付けているか	漏電しゃ断器を設備していてもアースは必要	

上記以外の電動機械器具

1．漏電しゃ断器組込み分電盤（箱）のコンセントと接続する

2．接地（アース）の方法は下記による

改修工事等で既設の一般コンセントに接続する場合のプラグ型漏電しゃ断器の例

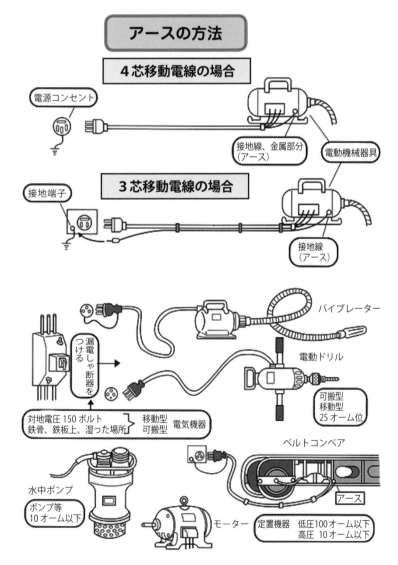

区分	点検項目	参考	関係条文
4 移動電線・仮設配線	①作業箇所、通路等で接触のおそれがある配線、移動電線の防護はよいか	防護する範囲 電線 60cm　60cm 2m以内	安則 336
	②ビニール電線を直接鉄骨鉄筋に接触又は取り付けていないか		
	③電線を車両等の重量物が通行する通路上に露出したままはわせていないか	1. 作業床の上に露出したまま、はわせた電線の上には重量物を置かない 2. 防護マット、金属管等で養生をする	安則 338
	④電線の被覆に損傷はないか	1. 損傷したものは取替もしくは補修する	安則 336
	⑤電線の接続方法はよいか	1. 電線の電気抵抗を増加させないように接続する	電技基 7
	⑥使用していない電線がそのままになっていないか		
	⑦活線の端末を露出したまま放置していないか		安則 336
	⑧電線が高熱物に接していないか		
	⑨タコ足配線をしていないか		
	⑩水たまり等の水中に配線していないか	1. つり防護等で水との接触を断つ	

移動電線の保護例

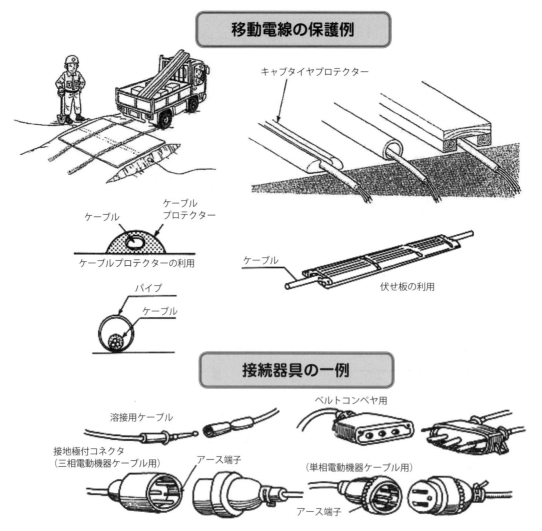

キャブタイヤプロテクター

ケーブル
ケーブルプロテクター
ケーブルプロテクターの利用

パイプ
ケーブル

ケーブル
伏せ板の利用

接続器具の一例

溶接用ケーブル

ベルトコンベヤ用

接地極付コネクタ
（三相電動機器ケーブル用）　　アース端子

（単相電動機器ケーブル用）

アース端子

区分	点検項目	参考	関係条文
5 電気機械器具	①電線、接点、端子、刃部、刃受部、口金等電気の通ずる部分の絶縁覆い又は囲いはよいか	1．充電部分に接触のおそれがある場合は、ゴム、ビニール等の絶縁材料で被覆する ※電気機械器具とは電動機、変圧器、照明具具、蓄電器、発動発電機、変流機等をいう ◎電動工具は二重絶縁構造のものが望ましい（記号　□　） **二重絶縁構造（例）**  絶縁プラスチック	安則　329 334
	②アースはよいか		安則　333
	③始業点検及び定期点検を実施しているか	資料Ⅲ　別表（4）参照	安則　352 353
	④電灯のガード取付けはよいか	1．つり下げ電灯 2．移動用手持ち型電灯	安則　330
	⑤照明はよいか	1．操作盤、スイッチ盤等の操作時 2．50ルクス程度 （操作の際必要な照度）	安則　335

点検者の指名

点検者

電気機械器具・移動電線・防護管などは指名して点検させる

素人が電気に手出しするのはやめよう！

照明器具の充電部接触防止措置

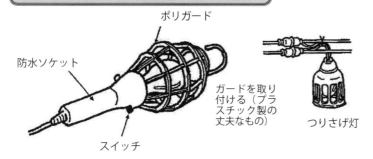

ポリガード

防水ソケット

スイッチ

ガードを取り付ける（プラスチック製の丈夫なもの）

つりさげ灯

リフレクターランプ

区分	点検項目	参考	関係条文
6 交流アーク溶接機	①手動アーク溶接に使う溶接棒ホルダーは絶縁ホルダーを使用しているか	絶縁ホルダーの規格は JIS-C9300-11	安則 331
	②溶接機本体の外箱のアースはよいか	感電防止用漏電しゃ断器をつけても機体にはD種接地をする	安則 333
	③絶縁ホルダーの絶縁部は破損していないか	使用開始前に必ず点検	安則 352
	④自動電撃防止装置を使用しているか		安則 332 648
	⑤自動電撃防止装置の作動はよいか	溶接作業開始前に必ずテストボタンで電磁開閉器が確実に作動しているか確かめる	安則 352

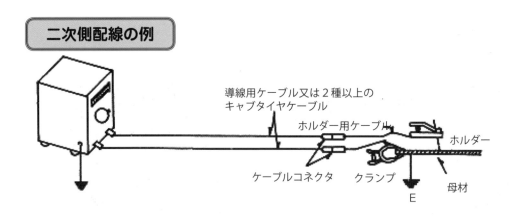

テストボタン

二次側配線の例

導線用ケーブル又は2種以上のキャブタイヤケーブル

ホルダー用ケーブル

ホルダー

ケーブルコネクタ

クランプ

母材

E

帰線のとり方（鉄骨等の場合）

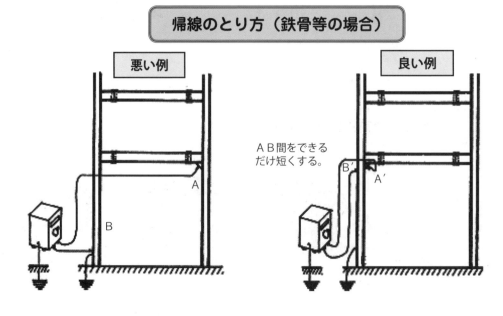

| 悪い例 | 良い例 |

ＡＢ間をできるだけ短くする。

A

B

B′

A′

溶接棒ホルダーの構造

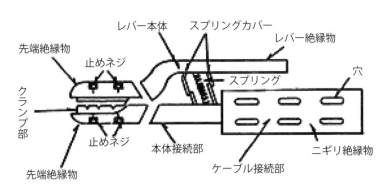

ホルダーは
2〜3カ月の使用で危険?!

アーク溶接機の2次側電線太さ（長さ25mの時）

2次電流（A）	電線の太さ（mm^2）
100 以下	14
150	22
200	38
250	38
300	50

アーク溶接棒ホルダーの先端絶縁物の破損

自動電撃防止装置の作動状態の点検要領

点検箇所	点検要領
（1）パイロットランプ	点灯しない ─ 電源開閉器が入っていない → 開閉器を確かめる 　　　　　　　─ 断線している → 整備係に連絡してランプを交換する 長く明るく点灯している ─ 主接点が溶着している → 修理してから使用する 　　　　　　　　　　　　─ その他が故障している → 故障部位を修理する 長く暗く点灯している → アークが出ない → アークを出しながら再び点灯する
（2）音	時間 → アークが消えて主接点の切れるガチャンという音がするまでの時間が1秒であればよい 異常な音がする → 接点の故障 → 修理する
（3）うなり	異常なうなりがする ─ リレーの接点が故障している → 修理する 　　　　　　　　　　─ 主接点の接触不完全 → 修理する
（4）臭い	焼けるような臭いがする → コイルが過熱している → 修理する

区分	点検項目	参考	関係条文
7 活線近接作業	①低圧（交流600V以下）の充電電路の点検修理等、充電電路を取扱う作業で感電の危険があるときは、当該作業者に絶縁用保護具を着用、又は活線作業用器具を使用させているか	1．感電の危害を生ずるおそれがあるときとは (1) 潜函の中、湧水のあるずい道内 (2) 足元が水などでぬれているとき (3) 足元が鉄板、鉄骨、鉄柱、鉄塔などの上にあるとき (4) 雨の中の作業 (5) 発汗しているとき 2．保護具…ゴム手袋、ゴム長靴等	安則 346
	②低圧の充電電路に近接して電気工事の作業を行うときは、充電電路に絶縁用防具を装着するか、作業員に絶縁用保護具を着用させているか	1．絶縁用保護具・防具及び活線用作業器具の点検 (1) 使用前点検 (2) 定期自主検査（6カ月に1回） （記録3年保存）	安則 347 348 351 352
	③架空電線に近接する場所で作業を行う場合、接触・接近して感電の危険が生ずるおそれはないか	移動式クレーン、くい打機、くい抜機、レッカー、くい打船等には特に注意 1．電路の移設 2．囲いの設置 3．電路に防護管等の絶縁用防具を装着 4．監視人の配置 5．安全離隔距離を守る	安則 349

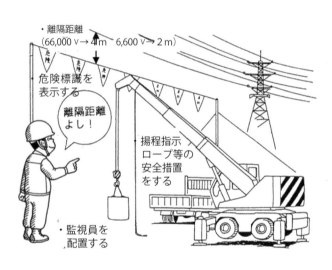

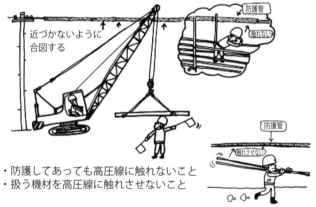

・防護してあっても高圧線に触れないこと
・扱う機材を高圧線に触れさせないこと

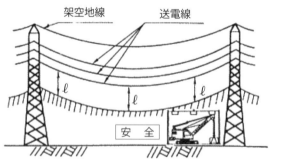

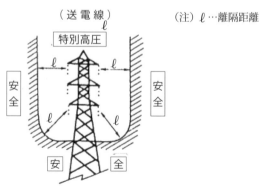

送電線からの安全離隔距離

電路	送電電圧	最小離隔距離		碍子の個数
		労働基準局長通達※1	電力会社の目標値	
配電線	100V・200V	1.0m以上※2	2.0m以上	—
	6,600V以下	1.2m以上※2	2.0m以上	—
送電線	22,000V以下	2.0m以上	3.0m以上	2〜4
	66,000V以下	2.2m以上	4.0m以上	5〜9
	154,000V以下	4.0m以上	5.0m以上	7〜21
	275,000V以下	6.4m以上	7.0m以上	16〜30
	500,000V以下	10.8m以上	11.0m以上	20〜41

（注）※1　S 50.12.17 付基発第759号
　　　※2　絶縁防護された場合にはこの限りではない

区分	点検項目	参考	関係条文
8 停電作業	①電気を切ったスイッチに通電禁止を明示しているか	1. 電気を切ったスイッチを取り付けてある分電盤は施錠する 2. 通電禁止の表示 3. 監視人	安則　339
	②通電操作責任者の氏名を明示しているか		
	③停電作業をしている場所を明示しているか		
	④停電作業中であることを関係作業員全員に周知させているか	作業前の打合せ事項～下表参照	安則　350

〔参考〕停電作業における必要な措置

措置 段階	作業打合せ事項	実施事項
作業前	イ. 作業指揮者の任命 ロ. 停電範囲、操作手順 ハ. 開閉器の位置 ニ. 停電時刻 ホ. 短絡接地箇所 ヘ. 計画変更に対する処置 ト. 送電時の安全確認	イ. 作業指揮者による作業内容の周知徹底 ロ. 開路に用いた開閉器に施錠若しくは表示 ハ. 残留電荷の放電 ニ. 検電器による停電確認 ホ. 短絡接地 ヘ. 一部停電作業における死活線の表示 ト. 近接活線に対する防護
作業中		イ. 作業指揮者による指揮 ロ. 開閉器の管理 ハ. 短絡接地の状態を管理 ニ. 近接活線に対する防護状態の管理
作業終了時		イ. 短絡接地器具の撤去 ロ. 標識の撤去 ハ. 作業者について感電の危険のないことの確認 ニ. 開閉器を投入し送電再開

停電中の作業

停電して作業をするときは、
連絡を確実にしましょう

電源責任者　　作業責任者

連絡

内部掃除をしている

コンクリートミキサー

早くスイッチを入れて！

災害

ベルトコンベヤの取扱い

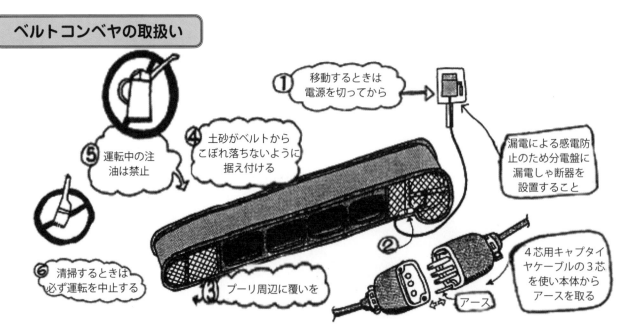

① 移動するときは電源を切ってから

漏電による感電防止のため分電盤に漏電しゃ断器を設置すること

④ 土砂がベルトからこぼれ落ちないように据え付ける

⑤ 運転中の注油は禁止

⑥ 清掃するときは必ず運転を中止する

③ プーリ周辺に覆いを

②

アース

4芯用キャプタイヤケーブルの3芯を使い本体からアースを取る

日常巡視点検表

現場略称					作業所			

対策			点検事項		周期		実施成果							記事
					毎日	毎週	日	日	日	日	日	日	日	
1. 配電線路	(1) 支持物	電柱・うで木・うで金・がいし	ア	傾き・損傷・脱落		○								
		支柱・支線	イ	ゆるみ・玉がいしの破損		○								
	(2) 電線路	電線	ア	絶縁・離隔		○								
			イ	たるみ		○								
		近接作業	ウ	防護処置		○								
			エ	標識・表示		○								
			オ	大型機械の運転操作	○									
			カ	掘削、杭打等の作業	○									
			キ	造営物側面の作業	○									
2. 受変電設備	(3) キュービクル（受電室）	環境整理	ア	周辺の清掃整理（近接の容易）		○								
		防護さく・へい	イ	損傷		○								
		キュービクル（受電室）	ウ	落下物による危険の防護		○								
			エ	防水（雨漏り、吹込み・浸水）		○								
			オ	施錠その他の立入禁止処置		○								
			カ	消火器の機能		○								
	(4) 機器	受変電器（CB.Tr.SC.PT.CT.など）	ア	異音・異臭・異常振動	○									
			イ	過熱・変色・油漏れ・汚損		○								
		計器及び表示灯	ウ	電圧・電流・電力量	○									
			エ	パイロットランプの異常	○									
3. 負荷設備	(1) 幹線工事	がいし引き工事	ア	がいし、がい管の破損・脱落		○								
		金属管工事	イ	金属管の固定、端床の電線の損傷		○								
		ケーブル工事	ウ	支持点のゆるみ		○								
			エ	防護・接地		○								
		合成樹脂管工事	オ	管の固定・損傷・接地部・接続		○								
	(2) 分電盤	外箱	ア	扉の開放、破損	○									
			イ	接地の状態		○								
		環境整理	ウ	周辺の清掃・整理		○								
		取付ビスのゆるみ、脱落　開閉器・コンセント	エ	過熱・変色・変形・刃部の接触不足		○								
			オ	カバーの破損・充電部の露出		○								
			カ	タコ足配線の有無	○									
			キ	容量・ヒューズの適否		○								
			ク	分岐回路表示	○									
			ケ	負荷の平衡		○								
		漏電しゃ断機（ELB）	コ	動作状況		○								
		表示灯	サ	点灯状況	○									
	(3) 低圧配線器具		ア	器具の破損・充電部の露出		○								
			イ	容量		○								
			ウ	過熱・変色・変形		○								
	(4) 電気機器		ア	異音・異臭・過熱・振動	○									
			イ	接地・充電部の露出		○								
			ウ	持込機器使用許可証	○									
	(5) 移動電線		ア	使用電線とその接続	○									
			イ	接続部の過熱		○								
			ウ	被覆の損傷・心線の露出	○									
			エ	防護・養生	○									
			オ	経路の適否	○									
	(6) 照明設備	照明器具	ア	電球の不点・照度の低下	○									
			イ	過熱・損傷		○								
			ウ	可燃物・易燃物との接近	○									
			エ	ソケット・点滅器・安全器などの形式		○								
			オ	ソケットやガードの破損、ゆるみ	○									
		照明配線	カ	タコ足配線	○									
			キ	小型機器の接続	○									
			ク	重量物のつり下げ	○									
			ケ	損傷・汚損・絶縁		○								
			コ	不要回路の残留		○								
4. その他	(1) 記録		ア	幹線図・日常点検経路図		○								
			イ	抵抗測定記録		○								
	(2) 標識・表示			所定の標識・表示		○								

1．まず、点検巡路をきめ、巡路にしたがって「点検予定及び実施成果欄」に○をつけて、1週間の予定を記入して下さい。
2．計画にしたがって点検し、異常のない場合には「レ」印をつけて下さい。異常があれば「△」印をつけて、記事欄に不良箇所、処置をかきこんで下さい。
3．特に大きな不備事項で記事欄に記入できないときは、別紙を添付して下さい。
4．実施成果を記入した用紙は、工事完了まで作業所に保管し、保安巡回の際に電気担当責任者の検印をうけて下さい。

第6章　機械・器具

区分	点検項目	参考	関係条文
1 機械一般	①危害防止の覆い、囲い等を設けているか（覆い、囲い、スリーブ、踏切橋等）	1．原動機、回転軸、歯車、プーリー、ベルト等接触による危険のおそれがある部分 2．踏切橋の設備があるときは使用する 3．踏切橋には高さが90cm以上の手すりを設ける	安則　101
	②止め具は埋頭型か、また止め具が突出していないか	1．回転軸、歯車、プーリー等 2．ベルト継目	
	③動力しゃ断装置はよいか	1．機械ごとにスイッチ、クラッチ、ベルトシフター等を設ける	安則　103
	④運転開始の合図を確実に行っているか	1．合図の設定 2．合図する者を指名	安則　104
	⑤運転者を指名しているか	1．有資格者より選任 2．氏名を表示	
	⑥機械（刃部を除く）の掃除、給油、検査、修理等の場合の措置はよいか	1．運転を停止して行うことを原則とする	安則　107
	⑦機械の刃部の掃除、検査、修理、取替え又は調整の場合の措置はよいか	1．運転を停止して行うことを原則とする 2．刃部の切粉払い、切削剤を使用するときはブラシ等適当な用具を使用させる	安則　108
	⑧作業帽、作業服の着用は適切か	1．頭髪、被服の巻き込まれ防止	安則　110
	⑨手袋の使用禁止は守られているか	1．ボール盤、面取盤等の作業従事者	安則　111
	⑩始業点検は確実に行われているか	1．運転者による始業点検 2．周囲の整理・整頓（材料、油脂、工具等）	
	⑪持込み機器の許可を受けているか	1．あらかじめ元請の承認を受ける（使用届） 2．受理証を機器に取付け（貼付）する 3．許可されない機器は場外へ撤去する	
2 グラインダー	①保護覆いはよいか	1．研削といしには覆いを設ける（直径50mm未満の研削といし除外） 2．回転方向の確認	安則　117
	②保護眼鏡を使用しているか	1．粉じんの飛来防止 2．シールドと併用 3．集じん装置の設置、防じんマスク	安則　593
	③作業方法は適切か	1．最高使用周速度を超える使用の禁止 ※周速度（m/s）＝といしの外径（mm）× 3.14 ×回転数（rpm）÷ 1000 ÷ 60 2．といしの側面使用の禁止（切断用等を除く）	安則　119 120
	④使用前の試運転を確実に実施しているか	1．といしの交換及び交換後の試運転は特別教育修了者行う 2．作業開始前に1分以上 3．といし交換後3分以上	安則　36-1-1 118
3 木材加工用機械	①安全装置は整備されているか	1．木材加工用丸のこ盤（割刃その他の反ぱつ予防装置） 2．木材加工用丸のこ盤（歯の接触予防装置） 3．手押しかんな盤（刃の接触防止装置）	安則　122 123 126
	②作業主任者を選任しているか（1事業場で5台以上保有する場合）〔木材加工機作業主任者〕	1．直接指揮 2．安全装置の点検 3．機械、安全装置の異常時の措置 4．工具等の使用状況の監視	安法　61-3 安則　130
	③作業標準を守って作業しているか		
	〔携帯用木工機器〕 ④整備状況はよいか	1．アース・コードの破損 2．ブレーキ装置・安全装置 3．刃の締付け	
	⑤使用方法はよいか	1．加工材の固定、足場の安定 2．移動する際の注意 ・プラグを抜く ・スイッチに指をかけない 3．定置使用の場合（専用スタンドの使用）	

区分	点検項目	参考	関係条文
4　ベビーホイスト、ウインチ等　つり上げ荷重0.5t未満	①据付け方法はよいか	1．水平、沈下防止装置 2．堅固な台付け 3．小屋架け、シート養生	
	②表示事項はよいか	1．運転者氏名　※ウインチは特別教育修了者 2．定格荷重 3．立入禁止	安則　36
	③安全装置等を備えているか	1．巻過防止装置 （警報装置、標識） 2．回転部分の防護 （柵、覆い）	
	④合図の方法はよいか	1．合図法の表示、周知 2．合図員の指名	
	⑤運転方法はよいか	1．定格荷重の厳守 2．ワイヤの乱巻防止	
	⑥運転位置を離れるときの措置はよいか	1．ブレーキ、歯止め、動力停止 2．無荷重	

	種別	点検事項	
		作業前の点検	定時の点検
ウインチ	①ブレーキ	作動状態	磨耗・損傷の状態
	②操作スイッチ、操作・電源コード	作動状態	磨耗・損傷の状態
	③逆転・巻過防止標識又は警報装置	標識の有無又は作動状態	損傷の状態
	④ワイヤロープ	損傷の状態	標識の有無又は作動部の磨耗・損傷の状態
	⑤軸受・車軸・歯車	給油の状態	磨耗・損傷・ゆるみの状態
	⑥ギヤカバー・回転部分の覆い又は囲い		養生の状態
	⑦据付け	アンカ等による固定の状態	

小型ウインチ

電動式単相交流型

エンジン式

電動式吊り下げ型

ワイヤロープ各部の呼称

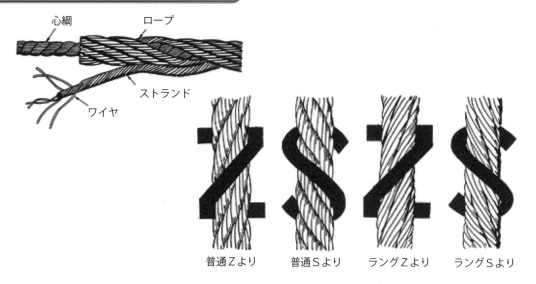

心綱　ロープ　ストランド　ワイヤ

普通Zより　普通Sより　ラングZより　ラングSより

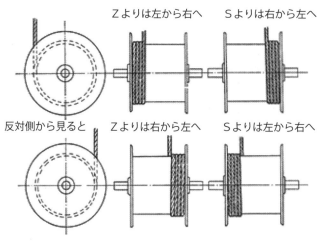

Zよりは左から右へ　　Sよりは右から左へ

反対側から見ると　　Zよりは右から左へ　　Sよりは左から右へ

ワイヤロープのキンクと強度低下

○　使用禁止のワイヤロープ

1. 1よりの間で素線数の10パーセント以上の素線が切断したもの

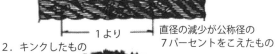

　　|← 1より →|　　直径の減少が公称径の
　　　　　　　　　　　7パーセントをこえたもの

2. キンクしたもの

3. 著しい形くずれ（ストランドのへこみ、
　　心綱のはみだし、笑い）

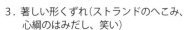

4. 著しい腐食があるもの

ロープの状態	残存強度%
原ロープ	100
キンクを起こしこれを直した』ロープ	83 ～ 80
よりのかかる方のキンクを起こしたロープ	60 ～ 55
よりの戻る方のキンクを起こしたロープ	45 ～ 40

令和　　年　　月　　日

持込機械等 〔 電 動 工 具 / 電 気 溶 接 機 〕 等 使用届（例）

事業所の名称 _____　　持込会社名 _____

　所　　長 _____ 殿　　代表者名 _____ ㊞

　　　　　　　　　　　　　　　　　電　話 _____

　このたび、下記機械等を右の点検表により、点検整備のうえ持込・使用しますので、お届けします。なお、使用に際しては、関係法令に定められた事項を遵守します。

記

番号	機械名	規格 性能	管理番号 （整理番号）	点検者	持込年月日	使 用 期 間 年　　　月　　　日		取扱者
1					・　・	・　・	～　・　・	
2					・　・	・　・	～　・　・	
3					・　・	・　・	～　・　・	
4					・　・	・　・	～　・　・	
5					・　・	・　・	～　・　・	
6					・　・	・　・	～　・　・	
7					・　・	・　・	～　・　・	
8					・　・	・　・	～　・　・	
機械等の特性・その他その使用上注意すべき事項								

上記の持込機械等使用届を受理します

受理年月日　　　年　　　月　　　日

番　　　号	1	2	3	4
整　理　No.				
受理証交付欄				
番　　　号	5	6	7	8
整　理　No.				
受理証交付欄				

所長			担当
㊞	㊞	㊞	㊞

持込時の点検表

電動工具・電気溶接機等									機械名
点検事項　　　　　番号	1	2	3	4	5	6	7	8	①電動カンナ ②電動ドリル
アース線									③電動丸のこ ④グラインダー等
接地クランプ									⑤アーク溶接機 ⑥ウインチ
キャブタイヤ									⑦発電機 ⑧トランス
コネクタ									⑨コンプレッサー
接続端子の締結									⑩送風機 ⑪ポンプ類
充電部の絶縁									⑫ミキサー類
自動電撃防止装置									⑬コンベヤー ⑭吹付機
絶縁ホルダー									⑮ボーリングマシン ⑯振動コンバクター
溶接保護面									⑰バイブレーター
操作スイッチ									⑱鉄筋加工機 ⑲電動チェーンブロック
絶縁抵抗測定値									⑳その他
各種ブレーキの作動									
手すり・囲い									
フックの外れ止め									
ワイヤロープ・チェーン									
滑車									
回転部の囲い等									
危険表示									
その他									

備考：1．持込機械等の届出は、当該機械を持込む会社（貸与を受けた会社が下請の場合はその会社）の代表者が所長に届け出ること。
　　　2．点検表の点検結果欄には、該当する箇所へV印を記入すること。
　　　3．絶縁抵抗測定値については、実測値（MΩ）を記入する。

受　理　証（例）

✚ 持込機械届受理証	
機　種	持込会社名
運転者 （取扱者）　（正） 　　　　　（副）	使用会社名
受理年月日 　　　　年　　月　　日	受理 No.
使 用 期 間	年　月　日　～ 年　月　日　～
会 社 名	

全建統一様式　第10号

✚ 持込機械届受理証

持込会社名＿＿＿＿＿＿＿
取 扱 者＿＿＿＿＿＿＿
受理年月日＿＿　年 月 日
受 理 No.＿＿＿＿＿＿＿
使 用 期 間＿＿　年 月 日まで
会 社 名＿＿＿＿＿＿＿

参考様式　第7号

（注）

・5号甲　B6版　ビニール製　裏のり貼付式

・5号乙　玉子型　紙ラベル　裏のり貼付式

第7章　クレーン等

区分	点検項目	参考	関係条文
1 クレーン	①設置の手続きはよいか	1. 設置届～3t以上（様式ク第2号） ・落成検査申請書（様式ク第4号） 2. 設置報告書～0.5t以上～3t未満 ・（様式ク第9号）	クレーン則 5 6 11
	②検査証はよいか	1. 有効期間2年間 2. 検査証の備付け	クレーン則 10 16
	③運転者の資格はよいか	1. 免許：5t以上 2. 限定免許：5t以上の床上運転式 3. 技能講習：5t以上の床上操作式 4. 特別教育：5t未満	クレーン則 22 21

種類	能力	届・報告		検査（労基署）			自主点検・検査					運転者の資格		
		設置届	設置報告	落成検査	性能検査	使用再開検査	始業前	地震後	暴風後	月例	年次	免許	技能講習	特別教育
クレーン床上運転クレーン	つり上荷重 3t以上	○		○	○（2年毎）	○	○	○	○	○	○	○ 5t以上（限定免許）		○ 5t未満
	0.5t～3t未満		○				○	○	○	○	○			○
床上操作クレーン	〃 3t以上	○		○	○（2年毎）	○	○	○	○	○	○		○ 5t以上	○ 5t未満
	〃 0.5t～3t未満		○				○	○	○	○	○			○
移動式クレーン	〃 3t以上			○	○（2年毎）	○	○			○	○	○ 5t以上	○ 5t未満	
	〃 0.5t～3t未満						○			○	○			○ 1t未満
デリック	〃 2t以上	○		○	○（2年毎）	○	○	○	○	○	○	○ 5t以上		○ 5t未満
	〃 0.5t～2t未満		○				○	○	○	○	○			○
工事用エレベータ	積載荷重 1t以上	○		○	○（1年毎）	○	○			○	○			
	〃 0.25t～1t未満		○				○			○	○			
建設用リフト	積載荷重0.25t以上ガイドレール高18m以上	○		○			○			○	○			○
	〃 10m以上18m未満						○			○	○			○
ゴンドラ		○			○（1年毎）		○			○	○			○
高所作業車	機械性能が作業床高 10m以上						○			○	○		○	
	〃 10m未満						○			○	○			○

区分	点検項目	参考	関係条文
1 クレーン	④安全装置の調整はよいか	1．巻過防止装置 ・つり具から巻上げシーブの上面との間隔は0.25 m以上 ・直働式の場合 0.05 m以上 2．過負荷防止装置 3．フックの外れ止め装置	クレーン則 18 23 20 の 2
	⑤表示事項はよいか	1．定格荷重	クレーン則 24 の 2
	⑥定格荷重を超えて使用していないか	1．過負荷の制限 2．ジブの傾斜角の制限	クレーン則 23 24
	⑦合図の方法はよいか	1．合図者の指名	クレーン則 25

（手合図）建設用クレーンの標準合図法（建災防指導）

1.呼　出　し	「こちら〇〇です」 「一を一へ移動します」	片手を高く揚げる	7.水 平 移 動	「左（右）旋回します」 「左（右）旋回、左（右）旋回」 「もうチョイ、もうチョイ、ストップ」	腕を見やすい位置に伸ばし手のひらを移動する方向へ向け数回動かす
2．位置の表示	「～から～へお願いします」	なるべく近くの場所に行き指で示す	8.微　　　動	「チョイー」 「チョイ、ゴーヘー」 「チョイ、スラー」	まず両手で間隔を指示した後巻き上げ又は巻き下げる
3.巻　上　げ	「ゴーヘー」 「あと～mゴーヘー」 「もうチョイゴーヘー、ストップ」	手でももの上をたたいた後片手を上げて輪を描く	9.停　　　止	「ハイ、ストップ」	節度をつけて手のひらを高く上げる
4.巻　下　げ	「スラー」 「あと～mスラー」 「もうチョイスラー、ストップ」	手でももの上をたたいた後、腕をほぼ水平に上げ手のひらを下にして下方に振る	10.急　停　止	「ストップ、ストップ」	両手をひろげ高く上げて激しく左右に大きく振る
5.ブームの上げ	「ブーム巻き上げます」 「ブームゴーヘー」 「もうチョイゴーヘー、ストップ」	こぶしを頭の上にのせた後親指を上にし他の指は握り水平より上方に突き上げる	11.作 業 完 了	「作業終わりました。ご苦労さまでした」	両手を頭の上に交差させる
6．ブームの下げ	「ブーム下げます」 「ブームスラー」 「もうチョイスラー、ストップ」	こぶしを頭の上にのせた後、親指を下にし他の指は握り水平より下方に突き下げる	笛による補助合図	呼出し　長く1回 巻上げ　短く2回、間をおいて	巻下げ　短く3回、間をおいて 停止　中長く1回

区分	点検項目	参考	関係条文
1　クレーン	⑧運転・操作方法はよいか。運転位置からの離脱はないか	1．運転位置からの離脱禁止 2．玉掛方法 3．急激な操作（逆転・制動等）の禁止 4．荷は一定の高さ（標準2m）まで巻き上げてからの水平移動	クレーン則 32
	⑨フックの外れ止め装置はよいか		クレーン則 20 の 2
	⑩暴風時・強風時の措置はよいか	暴風：瞬間風速 30 m /sec 以上 強風：10 分間平均風速 10 m /sec 以上 1．危険防止措置 　・屋外走行クレーン〜逸走防止措置 　（アンカー、レールクランプ等） 　・タワークレーン等〜倒壊、損壊防止措置 　（控えロープ等による固定、立入禁止措置等） 2．作業中止	クレーン則 31 31 の 3 31 の 2
	⑪つり荷等の下の立入禁止措置はよいか	1．ハッカーによる玉掛け 2．つりクランプ1個による玉掛け 3．ワイヤロープ、つりチェーン等による1カ所での玉掛け 4．荷がバラ物のとき 5．マグネット、バキュームによる玉掛け	クレーン則 29
	⑫点検・補修時の措置はよいか（天井クレーン等）	1．運転禁止 2．操作部分に運転禁止表示	クレーン則 30 の 2
	⑬作業開始前点検は行われているか	1．巻過防止装置、ブレーキ、クラッチ及びコントローラーの機能 2．ランウェイの上及びトロリーが横行するレールの状態 3．ワイヤロープが通っている箇所の状態	クレーン則 36
	⑭暴風、中震後の点検はよいか	1．瞬間風速 30 m /sec を超えたとき 2．中震（震度4以上のとき） 3．各部分の異常の有無点検	クレーン則 37
	⑮自主検査の実施及び記録はよいか	1．資料Ⅲ 別表（4）参照 2．異常のあるときは直ちに補修 3．記録は3年間保管	クレーン則 39 38
	⑯組立て、解体作業時の措置はよいか	1．作業指揮者の選任 2．関係作業員以外の立入禁止措置 3．強風、大雨、大雪時は作業中止	クレーン則 33

〔床上操作式クレーン〕

（平成10.2.25 基発第65）

1．床上で運転し、運転者が荷と共に走行横行方向に移動するクレーンで無線操作方式、メッセンジャー方式等運転する者が荷とともに移動しない方式のクレーンは該当しない

2．操作スイッチボックスのケーブルが直接ホイスト等に取り付けられているものに限らず、ホイスト等に取り付けられた支持棒を介して取り付けているものも該当する

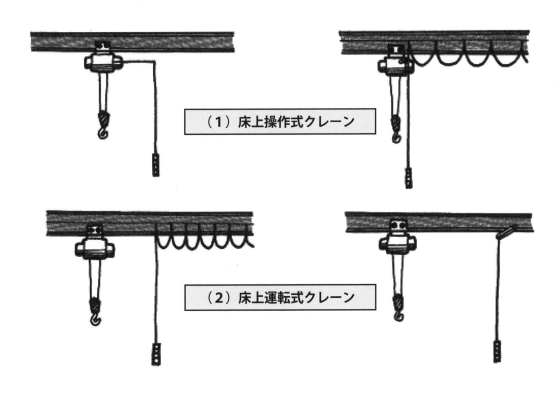

（1）床上操作式クレーン

（2）床上運転式クレーン

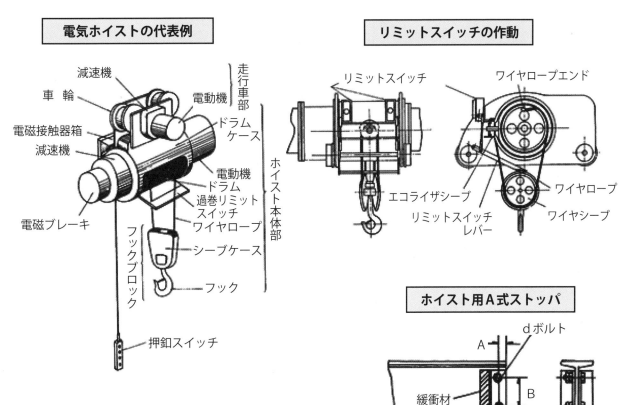

電気ホイストの代表例

リミットスイッチの作動

ホイスト用A式ストッパ

区分	点検項目	参考	関係条文
2 建設用リフト（ロングスパンリフトを含む）	①設置の手続きをしているか（労基署）	1．設置届、落成検査 ・積載荷重 0.25 t 以上でガイドレールの高さが 18 m 以上のもの	クレーン則 174 175
	②昇降路等に異常はないか	1．締付ボルト、金具等のゆるみ 2．囲い、金網 ・昇降路塔の側面から 1 m 以内に通路や作業床がある場合は、床面から高さ 1.8 m の囲いを設ける 3．ガイロープ	クレーン則 181 リ構造 15-5 17
	③タワーピットはよいか	1．清掃時の落下物防止措置 2．水はけ、不同沈下 3．土止め	クレーン則 188 リ構造 18 19
	④ウインチの据付状況はよいか	(P.97 参照)	リ構造 29 30 34
	⑤ワイヤロープに異常はないか	1．断線、磨耗、キンク等 2．安全係数（巻上用ワイヤロープ：6、在ロープ：4） 3．乱巻防止	リ構造 36
	⑥立入禁止措置はよいか	1．ワイヤロープの内側 2．搬器の昇降による危険箇所	クレーン則 187
	⑦表示事項はよいか	1．積載荷重 2．立入禁止 3．とう乗禁止 4．運転責任者（特別教育修了者） 5．運転の合図	リ構造 39 クレーン則 187 186 183 185
	⑧巻過防止措置はよいか	1．巻過警報装置 2．ロープに標識	クレーン則 182
	⑨材料取入口の防護はよいか	1．荷台と取込口の間隔は 4 cm 以下 2．しゃ断装置、手すり	リ構造 20
	⑩点検の実施状況はよいか	1．作業開始前 2．月例自主検査 3．暴風後等 （資料Ⅲ 別表 (4) 参照） 4．記録（3 年間保存）	クレーン則 193 192 194 195
	⑪強風時の措置はよいか	1．控えロープ等の補強 ・瞬間風速 35 m /sec 以上の暴風	クレーン則 189
	⑫組立、解体時の措置はよいか	1．作業指揮者の選任 2．関係者以外立入禁止 3．悪天候時の作業中止	クレーン則 191

※リ構造：建設用リフト構造規格

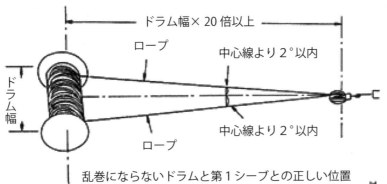

乱巻にならないドラムと第1シーブとの正しい位置

ロープはドラムに最少2巻き以上の「すて巻」を残す

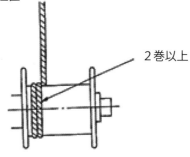

巻上用ワイヤロープのまわりや内角側には
丈夫な囲い、又は仮渡しの設備（通路）を
設ける

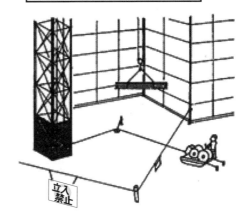

建設リフトの合図法

	種類	合図	摘要		種類	合図	摘要
1	指　示	インジケータランプ	作業階数の指示	5	停　止	━━━━	
2	発　進	━━━━━━	運転者から各階の作業者に対する通報	6	微　動	━━━━●	チョイ上げ（下げ）
3	巻上げ	━ ━ ━ ━	荷台上昇	7	作動完了	━━━━━	
4	巻下げ	━━ ━━ ━━	荷台下降				

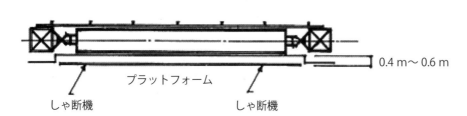

材料取入口のしゃ断装置例

平　面　図

0.4 m～0.6 m

しゃ断機　　　プラットフォーム　　　しゃ断機

正　面　図

しゃ断機

0.75 m～0.9 m

上図のような位置にしゃ断機装置を設ければよい。なお、しゃ断機装置が開いたときに電源が入らないようなインターロック装置があることが望ましい

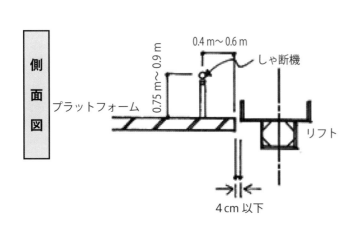

側面図

0.4 m～0.6 m

0.75 m～0.9 m

プラットフォーム

しゃ断機

リフト

4 cm 以下

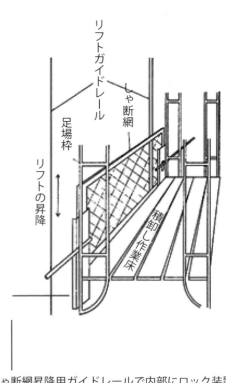

リフトガイドレール

しゃ断網

足場枠

リフトの昇降

積卸し作業床

しゃ断網昇降用ガイドレールで内部にロック装置を備えるガイドレールの取付けは、足場枠の外側に単管を取付け、これに固定する

区分	点検項目	参考	関係条文
3　工事用エレベーター	①設置届等の提出はよいか	1．設置届～1 t 以上（様式ク様式 26 号） ・落成検査申請書（様式ク様式 4 号） 2．設置報告書～0.25 t 以上 1.0 t 未満 ・設置期間 60 日未満は適用除外 ・（様式ク様式 29 号）	クレーン則 140 141 145
	②検査証を備えているか	1．有効期間 1 年 2．更新～性能検査	クレーン則 144 162
	③搬器内の表示はよいか	1．積載荷重（最大定員） ・ロングスパンエレベータの最大定員は搭乗席の床面積を 0.25m² / 人で除して得た人数とする 2．運転方法 3．故障した場合の措置	I構造 42 クレーン則 151
	④手すり、ヘッドガードはよいか	〔ロングスパンの場合〕 1．高さ 90cm 以上の手すり、中さん、幅木 2．搭乗席にヘッドガードの設置	I構造 21-2
	⑤安全装置の調整はよいか	1．動力しゃ断装置 2．降下自動制止装置 3．ファイナルリミット装置 4．緩衝装置 5．水平維持装置（ラック式を除く）	クレーン則 149 I構造 30-5 30-7 30-8 32-3
	⑥非常連絡装置はよいか	1．停電等の際 （搬器→外部）	I構造 34
	⑦点検の実施状況はよいか	1．月例検査 2．年次検査 3．瞬間風速 30 m /sec を超えたとき 4．中震（震度 4 以上）のとき 資料Ⅲ 別表（4）参照	クレーン則 155 154 156

※I構造：エレベーター構造規格

エレベーターとリフト

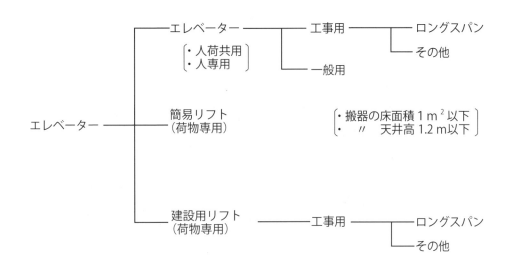

人荷共用建設工事用エレベーター

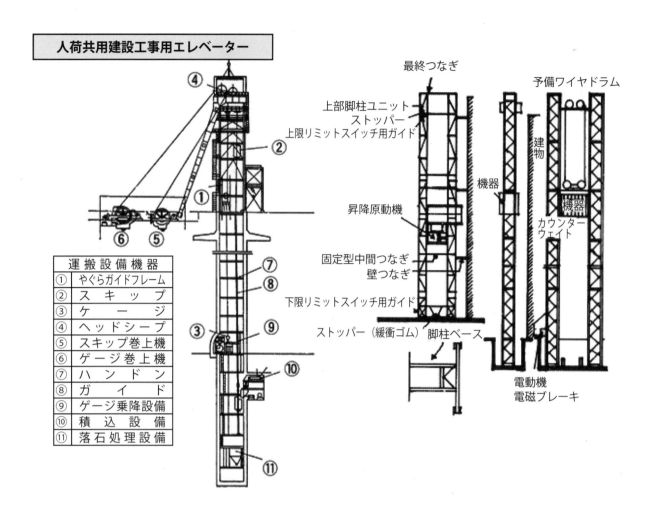

運搬設備機器	
①	や ぐ ら ガ イ ド フ レ ー ム
②	ス キ ッ プ
③	ケ ー ジ
④	ヘ ッ ド シ ー プ
⑤	ス キ ッ プ 巻 上 機
⑥	ゲ ー ジ 巻 上 機
⑦	ハ ン ド ン
⑧	ガ イ ド
⑨	ゲ ー ジ 乗 降 設 備
⑩	積 込 設 備
⑪	落 石 処 理 設 備

最終つなぎ
上部脚柱ユニット
ストッパー
上限リミットスイッチ用ガイド
昇降原動機
固定型中間つなぎ
壁つなぎ
下限リミットスイッチ用ガイド
ストッパー（緩衝ゴム）
脚柱ベース
機器
予備ワイヤドラム
建物
機器
カウンター
ウェイト
電動機
電磁ブレーキ

ロングスパン工事用エレベーター

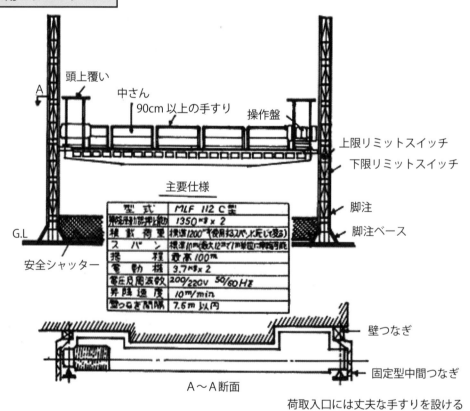

頭上覆い
中さん
90cm以上の手すり
操作盤
上限リミットスイッチ
下限リミットスイッチ
脚注
脚注ベース
G.L
安全シャッター

主要仕様

型 式	MLF 112 C型
昇降時加速時起動	1350㎏ × 2
積 載 荷 重	横連1200㎏使用するスパンにより変る
ス パ ン	標準10m最大12m（1m単位に変更可能）
揚 程	最高100m
電 動 機	3.7㎾ × 2
電圧及周波数	200/220V 50/60HZ
昇 降 速 度	10m/min
壁つなぎ間隔	7.5m 以内

壁つなぎ
固定型中間つなぎ

A〜A断面

荷取入口には丈夫な手すりを設ける

区分	点検項目	参考	関係条文
4 ゴンドラ	①「ゴンドラ」に該当しないか	定義 1．つり足場及び昇降装置で構成 2．作業床が専用の昇降装置により上昇、又は下降する設備 3．能力等による適用除外なし	安令　1-11 ゴンドラ則 1
	②設置届を提出しているか	1．設置届（様式第10号） 2．可搬式ゴンドラで、固定方法一定の場合は第2回以降提出の必要なし	ゴンドラ則 10
	③積載荷重等の表示はあるか	1．積載荷重 2．製造年月日、製造者	
	④安全装置の調整はよいか	1．巻過防止装置、警報装置 2．下降速度自動制御装置	

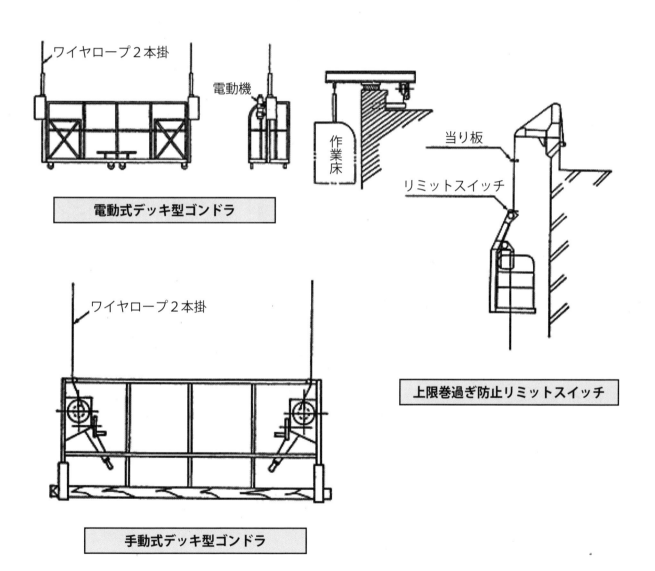

ワイヤロープ2本掛

電動機

作業床

当り板

リミットスイッチ

電動式デッキ型ゴンドラ

上限巻過ぎ防止リミットスイッチ

ワイヤロープ2本掛

手動式デッキ型ゴンドラ

区分	点検項目	参考	関係条文
4 ゴンドラ	⑤運転者の資格はよいか	1．特別教育修了者	ゴンドラ則 12
	⑥立入禁止措置はよいか	1．表示 ・下方への立入禁止 2．道路上空の場合 ・警察～道路使用許可 3．監視員の手配	ゴンドラ則 18
	⑦安全帯を着用しているか	1．つり下げワイヤロープ1本の場合はゴンドラ以外のライフライン等に取付け 2．ライフラインの安全率10以上	ゴンドラ則 17
	⑧停電・故障時の措置は適切か	1．手動切換え ・安全な位置まで上昇、降下する	
	⑨禁止事項は守られているか	1．過荷重の禁止 2．脚立の使用禁止 3．運転者の離脱禁止	ゴンドラ則 13 14 15

項目	わずかに上げる （ちょい上げ）	わずかに下げる （ちょい下げ）	急 停 止	電源を切れ	落 と せ
合図指示方法	半円を描くよう手をまわす	建物と直角に手を広げ下にわずかに振る	建物と平行に手を広げ左右に激しく振る	キャップタイヤを示して両手で抜くマネをする	頭上に両手を上げ下に振る

項目	上げる（巻け）	下げる（降ろせ）	停 止	おどれ	完了（OK）
合図指示方法	丸く円を描くように手をまわす	建物と直角に手を広げ手を振る	建物と平行に手を広げ手を振る	握りこぶし又は脚で建物をたたく	親指と人差指で丸を作る

区分	点検項目	参考	関係条文
4 ゴンドラ	⑩悪天候時の作業禁止措置は適切か	1．強風～10m/sec 以上 （10分間平均） 2．大雨～1降り 50mm 以上 3．大雪～1降り 25cm 以上	ゴンドラ則 19
	⑪照度は確保されているか	1．照明器具の点灯点検	ゴンドラ則 20
	⑫点検の実施状況はよいか	1．始業前点検 2．月例点検 3．悪天候後 　　　　　　　資料Ⅲ 別表（4）参照	ゴンドラ則 22 21 22-2

作業開始前点検項目（例）

区分	点検項目	参考	関係条文
5 高所作業車	①構造規格に適合しているか	1．高所作業車構造規格（H2.9.26 告示第70号）	
	（イ）安定度 ・垂直昇降型 ・ブーム型 ・高所作業車全般	1．作業状態で5度まで傾けても転倒しない 2．作業状態で1.3倍以上の安定モーメントを有する 3．走行状態で30度傾けても転倒しない	高構造 2 3 4
	（ロ）平衡装置	ブーム型に具備	高構造 8
	（ハ）自動停止装置	1．作業範囲を超えた場合 2．傾斜安定度を超えた場合 3．積載荷重を超えた場合	高構造 9 〃 10 11
	（ニ）非常停止装置	1．作業停止装置 2．地上への降下装置・器具	高構造 13
	（ホ）作業床	1．床板～すき間が無く、枠に固定 2．囲い、手すり～高さが 90cm 以上 3．手すりの場合～中さん、幅木 10cm 以上	高構造 23
	（ヘ）ロープ	1．安全率8以上 2．断線、摩耗、キンク等	高構造 24
	（ト）表示	1．製造者名、製造年月日 2．積載荷重、製造番号 3．作業床高さ、作業範囲	高構造 26
	②前照灯、尾灯を備えているか	※走行に必要な照度確保の場合は不要	安則 194の8

※高構造：高所作業車構造規格

区分	点検項目	参考	関係条文	
5 高所作業車	③作業計画はよいか	1．作業場所の状況及び種類・能力との適合 2．関係労働者への周知	安則	194の9
	④作業指揮者を定めているか	1．作業計画に基づく指揮	安則	194の10
	⑤転倒等危険防止措置はよいか	1．アウトリガの張出し 2．地盤の不同沈下防止 3．路肩の崩壊防止	安則	194の11
	⑥合図を定めているか	1．作業員と運転手 2．合図者の指名	安則	194の12
	⑦運転位置から離れる場合の措置はよいか	1．作業床を最低降下位置に置く 2．逸走防止装置 　（原動機停止、ブレーキ）	安則	194の13
	⑧運転者の資格はよいか（道路上走行を除く）	1．機械性能が作業床高さ10ｍ以上 ・技能講習修了者 2．機械性能が作業床高さ2ｍ以上10ｍ未満 ・特別教育	安令 安則	20-15 36-10の5
	⑨移送時の措置はよいか	1．平坦堅固な場所 2．道板は適当な長さ・幅・強度・こう配で取り付ける	安則	194の14
	⑩禁止事項は守られているか	1．乗車席・作業床以外は搭乗禁止 2．積載荷重・能力超過 3．用途外使用	安則	194の15 194の16 194の17
	⑪修理、作業床の装着、取外し作業の方法はよいか（ブーム作業を含む）	1．作業指揮者の選任 2．作業手順の決定、直接指揮 3．安全支柱、安全ブロック	安則	194の18 194の19
	⑫走行時の搭乗制限措置はよいか	［運転席で走行操作するもの］ 1．走行中の高所作業車の作業床への搭乗は原則禁止 2．例外として平坦で堅固な場所 (a) 誘導員による誘導 (b) 合図の決定と実施 (c) 制限速度を定める ［作業床で走行操作するもの］ 3．堅固な場所以外での措置 (a) 誘導員による誘導 (b) 合図の決定と実施 (c) 制限速度を定めた運転	安則	194の20 194の21
	⑬安全帯を着用しているか	1．垂直上昇式以外の作業床上	安則	194の22
	⑭点検の実施状況はよいか	1．始業前点検（資料Ⅲ 別表（4）参照） 2．月例検査 3．年次検査〜特定自主検査 ・検査員・検査業者による	安則	194の27 194の24 194の23 194の26

ブーム型

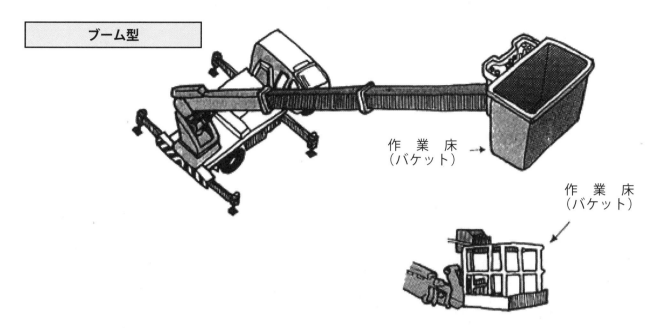

作　業　床
（バケット）→

作　業　床
（バケット）

垂直昇降型

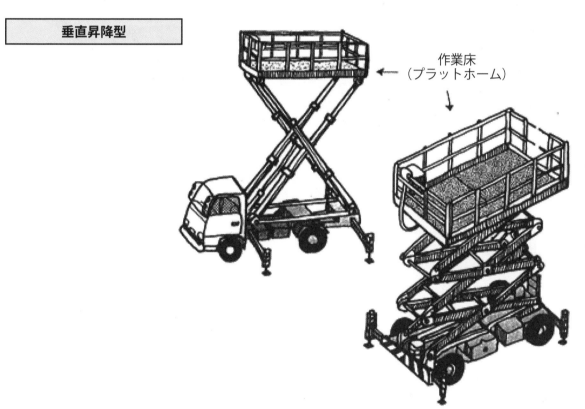

作業床
（プラットホーム）←

区分	点検項目	参考	関係条文
6 玉掛け	①玉掛け用具の管理はよいか （ワイヤロープ、つりチェーン、フック、 シャックル、繊維ロープ等）	1．一定の場所に整理 2．作業別に区分 3．不適格なものは使用禁止（廃棄）	クレーン則 215 216 217 218

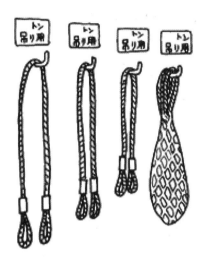

●玉掛用具は荷に応じて選べるよう
　備えておく

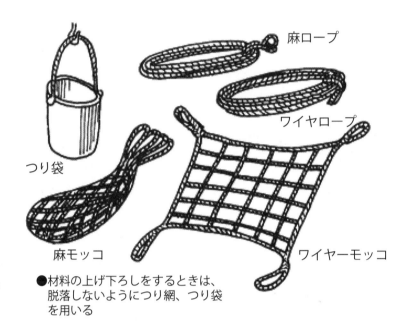

つり袋

麻モッコ

麻ロープ

ワイヤロープ

ワイヤーモッコ

●材料の上げ下ろしをするときは、
　脱落しないようにつり網、つり袋
　を用いる

使用禁止のワイヤロープ

1　1よりの間で素線数の 10％以上の
　　素線が切断したもの

←1より→

2　キンクしたもの

3　著しい形くずれ（ストランドのへこみ、
　　心綱のはみだし）

4　著しい腐食があるもの

1．その日の作業を開始する前に当該ワイヤ
　ロープ等の異常の有無について点検する

2．異常を認めたときは直ちに補修する

つりチェーン
（使用禁止）

基準長

L（5リンク）

1．伸びが製造時の
　5％以上

2．リンク断面の直
　径の減少 10％
　以上

3．き裂のあるもの

繊維ロープ
（使用禁止）

1．ストランドが切
　断しているもの

2．著しい損傷・腐食のあるもの

繊維ベルト
（使用禁止）

傷や腐食のあるもの

（使用禁止）

変形・き裂のあるもの

区分	点検項目	参考	関係条文
6 玉掛け	②強度は十分か	安全荷重（t）＝ $\dfrac{\text{破断荷重（kN）}}{9.8 \times \text{安全係数}}$ ・ワイヤロープ　6以上 ・つりチェーン　5以上 （一部のつりチェーン　4以上） ・フック・シャックル　5以上 ◎ワイヤロープの破断荷重 概算（t）＝ $\dfrac{(\text{ロープ径 m/m})^2}{20}$	クレーン則 213 213 の 2 214
	③ワイヤロープの端末処理方法はよいか	1．アイスプライス 　・丸差し3回、半差し2回以上 2．圧縮止め	クレーン則 219

（注）台付けロープ（荷物の固定用）と玉掛けロープとを混同しないこと。

ワイヤロープの端末の止め方と補強

取付け方法	強度%	備考
1．合金止め	100	
2．クリップ止め	80～85	加工不適当なものは 50% 以下
3．クサビ止め	65～70	
4．シンブル付スプライス	75～90	直径 16mm より細いロープ　90%
		直径 16mm～26mm　85%
		直径 26mm～38mm　80%
		直径 39mm 以上の太物　75%
5．圧縮止め	90～100	

1.合金又は亜鉛止め

2.クリップ止め

3.くさび止め

4.シンブル付スプライス又はアイスプライス

5.圧縮止め

区分	点検項目	参考	関係条文
6 玉掛け	④作業員の資格はよいか	1．技能講習修了者 　・クレーンのつり上げ能力1t以上の機械を用いた玉掛け作業 　・つり荷の重量ではない 2．特別教育修了者 　・クレーンのつり上げ能力1t未満の機械を用いた玉掛け作業 　・つり荷の重量ではない	クレーン則 221 222
	⑤定められた用途別及び荷重範囲内で使用しているか	1．チェーンブロック、チェーンレバーホイスト等 2．つりクランプ	クレーン則 219 の 2
	⑥始業前点検を実施しているか	1．玉掛用具の異常の有無	クレーン則 220
	⑦玉掛けの方法はよいか	1．1本づり禁止 2．重量目測、重心位置の判定 3．ワイヤロープ等つり用具のつり角度 4．作業手順 5．まくら（敷材）の選定	

○つりチェーンの内安全係数4以上のもの

1. 日本工業規格B 8816（巻上用つりチェーン）に適合するもののチェーン部分
2. 刻印・タグ等により使用荷重が表示されているものは、その荷重に従って使用できる

チェーンスリング各部の名称

結合リンク（結合金具）　　結合リンク（結合金具）

フック　　チェーン　　マスター・リンク

つり角度による荷重の増加

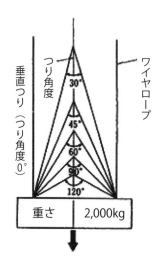

つり角度とワイヤロープにかかる荷重の関係

つり角度	ワイヤロープにかかる荷重
0°	1,000kg
30°	1,035
45°	1,086
60°	1,155
90°	1,414
120°	2,000
140°	2,942
150°	3,863
160°	5,759
180°	∞

つり荷は思った荷重の80%に

1本づりは危険

玉掛方法

(1) 2本つりを原則とする（1本つりは禁止）

(2) 目通しつりはワイヤロープの損傷を早め強度が低下するので好ましくない

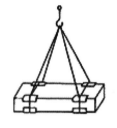

安全荷重＝$\dfrac{\text{ロープ保証破断荷重}}{\text{安全率}} \times 0.75$　　安全荷重＝$\dfrac{\text{ロープ保証破断荷重}}{\text{安全率}} \times 1.73$

(3) あだまき（ロープをつり物に1回巻く）

鉄筋、パイプ、丸太等長尺物をつるとき

(4) あて物（角のある物をつるとき）

・物の角とロープの強度低下

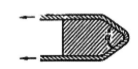

先端角度（$\alpha°$）	120°	90°	60°	45°
ロープ切断荷重の低下率（%）	30	35	40	47

(5) はかま

棒状のもの（半管パイプ、角パイプ、角材等）をまとめてつるとき

㊟ 一部のものが落ちないように固定すること

〈かいしゃく綱の使用〉

長尺物等を移動させる場合は、かいしゃく綱を使用して、荷の振れを防止する

この位置は必ず重心より上にする　2回以上巻く　丈夫な布袋　パイプ

(6) ワイヤーもっこ

数多い小物品をつるとき

円形の物とか、掛けどころのないもの等、つりにくいものを運ぶとき

㊟ 運搬途中にこぼれ落ちないよう積み過ぎに注意する。
小物は、袋に入れる等、網の目からこぼれ落ちないようにする

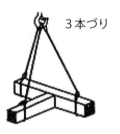

(7) その他

あやがけ　　3本づり

「玉掛3・3・3運動」

・ 地切の際は、30cm以内の高さで、一旦停止する。
・ 玉掛者は、クレーン操作者が地切をしてから、3秒待つ。
・ 玉掛者は、玉掛ワイヤーを張った状態でつり荷から3m離れる。

「3・3・3運動の見える化（例）」

クレーン作業における玉掛作業の飛来落下災害防止である「3・3・3運動」を活性化させるため、三色介錯ロープを使用。

赤・黄・緑の順に介錯ロープを持つように習慣づける。

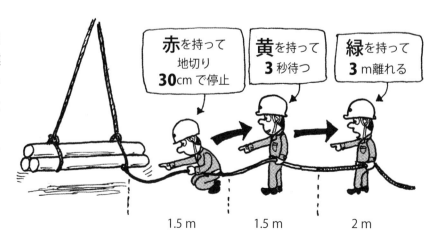

赤を持って地切り30cmで停止　黄を持って3秒待つ　緑を持って3m離れる

1.5m　　1.5m　　2m

玉掛ワイヤロープの破断荷重と重量

号別及び構成	切断荷重（t）				6 × 24の標準荷重(kg / m)
	4号　6 × 24		6号　6 × 37		
より方	普通Z	普通Z又はS	普通Z	普通Z又はS	
種別　　　ロープの径	メッキ類	A種（裸）	メッキ類	A種（裸）	
8　mm	2.97	3.21	3.19	3.46	0.212
9	3.75	4.06	4.04	4.38	0.269
10	4.64	5.02	4.99	5.41	0.332
11.2	5.82	6.29	6.26	6.79	0.416
12.5	7.25	7.84	7.80	8.45	0.519
14	9.09	9.83	9.81	10.60	0.651
16	11.90	12.80	12.80	13.80	0.850
18	15.00	16.20	16.20	17.50	1.080
20	18.50	20.10	19.90	21.60	1.330
22.4	23.30	25.20	25.00	27.10	1.670
25	29.00	31.30	31.20	33.80	2.080
28	36.40	39.30	39.00	42.40	2.600
30	41.80	45.10	44.80	48.70	2.990

◎計量法の改正により、平成11年10月1日から全面的にSI単位系に移行したので左表の破断荷重（t）は、kN（キロニュートン）に換算して使用する必要があります。

Nの値＝ kgfの値× 9.8

力		N	kgf
		1	0.102
		9.6	1

計算の目安

	1N ≒	0.1kgf
	10N ≒	1kgf
	100N ≒	10kgf
1kN ＝	1000N ≒	100kgf
10kN ＝	10000N ≒	1000kgf ＝ 1tf

玉掛け用ワイヤロープの安全荷重の計算例
条件：6 × 24　普通より　裸A種　ロープ径16mm　破断荷重＝ 12.80(t) × 9.8 ≒ 126kN
玉掛ワイヤロープの安全係数＝ 6以上（クレーン則による）
・安全荷重の求め方

$$\frac{破断荷重（kN）}{安全係数} = \frac{126kN}{6} ≒ 21.0kN$$

安定荷重 (t) ＝ 21.0kN ÷ 9.8 ≒ 2.14 t
この計算を式にすると、次のようになります。

$$安定荷重 (t) ＝ \frac{破断荷重（kN）}{9.8 ×安全係数}$$

区分	点検項目	参考	関係条文
7 移動式クレーン	①検査証を備えているか	1．有効期間：2年 2．検査証の備付け	クレーン則 60 63
	②安全装置の調整はよいか	1．巻過防止装置 2．巻過防止警報装置 3．回転部分の防護 4．警報装置 5．傾斜角指示装置 6．フックの外れ止め装置	移構造 24、25 24，26 29 30 31 32
	③過負荷防止装置を備えているか （つり上げ荷重が3t以上のもの）	1．モーメントリミッター 2．荷重計等	移構造 27
	④運転者の資格はよいか	1．作業場内 ・つり上げ能力5t以上…免許所持者 ・つり上げ能力1t以上5t未満…免許又は技能講習修了者 2．大型特殊免許、普通乗用車免許等	クレーン則 67 68 道交法

玉掛業務従事者安全衛生教育カリキュラム　（H5.12.22 基発第709号）

科目	範囲	細目	時間
・玉掛用具等の特徴	(1) 玉掛用具等の構造上の特徴	イ．荷役形態の動向 ロ．玉掛用具等の構造	1.0
	(2) クレーン等の安全装置等の特徴	イ．安全装置等の種類 ロ．安全装置等の機能と特性	
・取扱いと保守管理	(1) 玉掛作業の安全	イ．作業計画の作成 ロ．作業手順ごとの安全上の留意事項	2.5
	(2) 玉掛用具等の点検整備	イ．作業開始前の点検 ロ．点検結果に基づく措置	
・災害事例 ・関係法令	(1) 災害事例と防止対策	イ．玉掛けの災害発生状況 ロ．災害の原因と対策 ハ．災害事例研究	1.5
	(2) 玉掛に関する条項	イ．労働安全衛生法 ロ．同上　施行令 ハ．クレーン等安全規則	
計			5.0

区分	点検項目	参考	関係条文
7 移動式クレーン	⑤作業方法等を定めているか	1．作業の方法 2．転倒防止の方法 3．作業員の配置、指揮系統	クレーン則 66の2
	⑥作業前の打合せ等はよいか	1．作業方法の周知徹底 2．TBM－KYK	クレーン則 66の2
	⑦電線等の距離は十分あるか	1．防護管の装着 2．接近限界距離の確保 3．監視人等の配置	安則 349
	⑧据付場所は転倒の危険がないか	1．据付禁止場所 ・軟弱地盤 ・埋設物損壊→地盤沈下 ・法肩→崩壊	クレーン則 70の3
	⑨転倒防止措置はよいか	1．鉄板・敷角の敷設 ・本体、アウトリガー共 2．アウトリガ、クローラーの張出し ・最大限	クレーン則 70の4 70の5
	⑩ジブの傾斜角は規定内か	1．作業半径の検討 2．機種の選定（能力）	クレーン則 70
	⑪定格荷重の表示等はよいか	1．定格荷重を常時知ることができるように表示の措置	クレーン則 70の2

転倒の原因

●規定の作業半径より大きな
作業半径でつり上げたとき
（ジブを倒したり伸長す
ると作業半径も増大す
るので注意すること）

旋回中心

作業半径

●転倒支点である
アウトリガが地
面にめり込んで
しまったとき

●強風下で作業を行ったため、
つり荷があおられたとき

区分	点検項目	参考	関係条文
7 移動式クレーン	⑫運転操作方法はよいか	1．ちょい上げ～重心確認 2．急速旋回、急ブレーキ禁止 3．下げ、ジブの同時操作禁止 4．着地前30cmで一旦停止	
	⑬合図の方法はよいか	1．合図の決定と合図者の指名	クレーン則 71
	⑭立入禁止の措置はよいか	1．上部旋回体との接触範囲内 2．つり荷の下（玉掛け方法による危険） ・ハッカーによる玉掛け ・つりクランプ1個による玉掛け ・ワイヤロープ、つりチェーン等1カ所での玉掛け ・荷がばら物のとき ・マグネット、バキュームによる玉掛け 3．自由落下による下降	クレーン則 74 74の2 29 74の2
	⑮強風の措置はよいか	強風：10分間平均風速10m/sec以上 1．危険が予想されるとき作業中止 2．ジブの固定等転倒防止	クレーン則 74の3 74の4
	⑯その他の禁止措置は守られているか	1．搭乗禁止 2．運転位置からの離脱禁止	クレーン則 72 75
	⑰ジブの組立・解体作業の措置はよいか	1．作業指揮者の選任 2．立入禁止措置及び表示 3．悪天候（強風・大雨・大雪）時の作業中止	クレーン則 75の2
	⑱作業指揮者の作業指揮方法はよいか	1．作業の方法・労働者の配置 2．材料・器具・工具の点検 3．安全帯・保護帽の使用状況監視	クレーン則 75の2
	⑲点検実施状況はよいか	1．始業前点検 2．月例検査 3．年次検査 資料Ⅲ 別表（4）参照	クレーン則 78 77 76

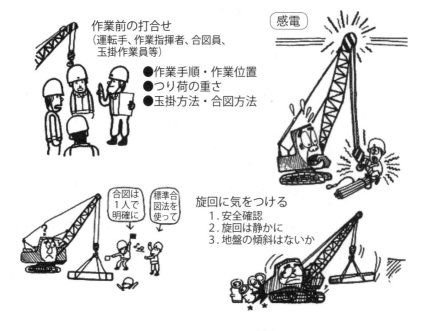

作業前の打合せ
（運転手、作業指揮者、合図員、
玉掛作業員等）
●作業手順・作業位置
●つり荷の重さ
●玉掛方法・合図方法

感電

合図は
1人で
明確に

標準合
図法を
使って

旋回に気をつける
1．安全確認
2．旋回は静かに
3．地盤の傾斜はないか

アウトリガ設置要領

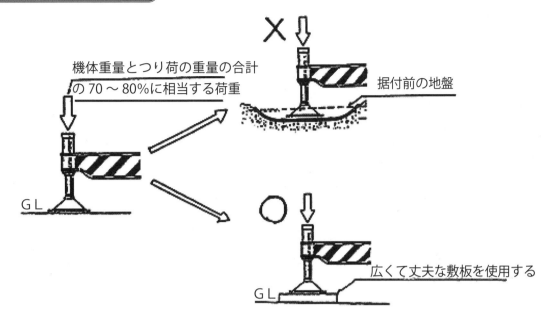

機体重量とつり荷の重量の合計の70〜80%に相当する荷重

GL

✕

据付前の地盤

◯

広くて丈夫な敷板を使用する

GL

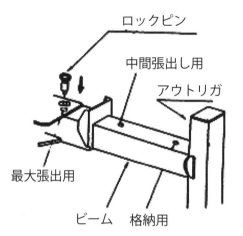

ロックピン

中間張出し用

アウトリガ

最大張出用

ビーム　格納用

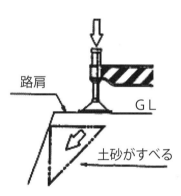

路肩

GL

土砂がすべる

・路肩から十分離して設置

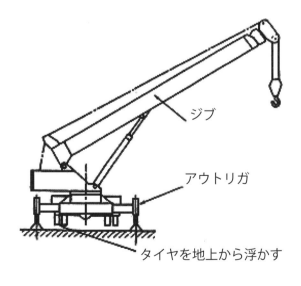

ジブ

アウトリガ

タイヤを地上から浮かす

トラッククレーン

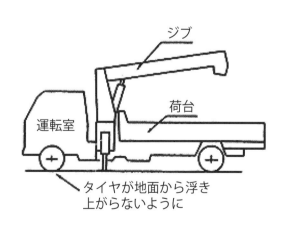

ジブ

荷台

運転室

タイヤが地面から浮き上がらないように

積載形トラッククレーン

クレーン　始業点検基準（例）

					日付			
1．走行装置	1．走行レールは床上より見渡して異常はないか							
2．電気装置	1．集電装置のホイルピン等は磨耗していないか							
	2．ガータートロリー線はホイルから外れていないか							
3．ペンダントスイッチ	1．押ボタンを1つずつ押して正しく円滑に運行するか確かめる 押ボタン4点：上・下・左・右 押ボタン6点：上・下・東・西・南・北							
4．リミットスイッチ	1．巻き上げて作動したら、もう一度繰り返す							
5．ブレーキ	1．押ボタンをはなしてから止まるまでの距離が、30mm 以内かどうか							
6．異常音、異常振動の有無	1．平素と変わりはないか							
7．ワードブロック	1．シーブ、フックは円滑に回転するか							
	2．フック、ナットの回り止めに異常はないか（ゆるみはないか）							
8．つり上げワイヤロープ	1．油切れ、素線切れ、キンクはないか							
	2．ドラムに正しく巻かれているか							
	3．シーブから外れることはないか							

建設用リフト始業点検表（例）

（ユニバーサルリフト・二本溝タワー・ロングリフト・
　コンクリートタワー・スキップホッパー）

印	印	印	印

会 社 名：＿＿＿＿＿＿＿＿　　機械形式・名称：＿＿＿＿＿＿＿＿

作業所名：＿＿＿＿＿＿＿＿　　機 械 番 号：＿＿＿＿＿＿＿＿

No.	点検項目 / 点検内容	点検結果 / / / / / / / / /									特記事項
1	取扱責任者の表示（運転は特別教育修了者）										
2	検査証と積載荷重表示はあるか										
3	合図の統一及び連絡装置のチェック										
4	リミットスイッチは正しく作動するか										
5	安全装置レバーのスプリングが締めつけてあるか（ロングユニバーサルリフト）										
6	踊り場及び荷台の手すりは安全か										
7	ギア及びファンのカバーを取り外したままになっていないか										
8	ブレーキの作動は正確か										
9	電源及び漏電しゃ断装置のチェック										
10	手元スイッチの表示どおりの作動をしているか										
11	ガイドレール等が著しく曲がっていないか										
12	ワイヤロープの異常はないか（乱巻き、キンク、トラワイヤのゆるみ）										
13	ワイヤクリップ、シンプル、シャックル、ターンバックルの異常はないか										
14	機械周囲の状態はどうか（立入禁止、ピット、飛来防止網）										
15	自動停止装置のチェック										
16	荷台は水平に昇降しているか										
17	ガイドローラー等のチェック										
18	アースは完全であるか（緑）										
19											
記事	レ：良好　　　○：処理済 ×：不良　　　／：該当無し	点検者									
		確認者									

高所作業車作業開始前点検表（例）

会 社 名： _____　　　機械形式・名称： _____

作業所名： _____　　　機 械 番 号： _____

印	印	印	印

No.	点検項目		点検内容	点検結果 / / / / / / / /								特記事項
1	原動機	ラジエータ	冷却水の良否									
2		バッテリ	バッテリ液量の良否									
3		燃料タンク	燃料の良否									
4		オイルパン	エンジンオイル量の良否									
5		作動油タンク	作動油の良否									
6												
7	下部走行体	タイヤ	損傷・磨耗の有無、タイヤの空気圧の良否									
8		履帯（クローラ）	損傷・磨耗の有無、履帯の張りの良否									
9		走行台	損傷の有無									
10		かじ取り装置	作動状態									
11												
12	旋回体	旋回減速機	作動状態									
13												
14	ブーム装置	ブーム、アーム	き裂・変形の有無、取付け状態									
15		ブーム起状・伸縮シリンダ	作動状態、油漏れ、自然降下の有無									
16		昇降装置（垂直昇降型）	作動状態、油漏れ、自然降下の有無									
17	作業床	作業床（手すり）	損傷の有無									
18		作業床平衡装置	作動状態									
19		作業床首振り装置	作動状態									
20		つり上げ装置	き裂・損傷の有無、作動状態									
21	操作装置	操作レバー、操作スイッチ	作動状態、操作方法表示の有無									
22		フートパダル	作動状態									
23		誤操作防止安全カバー	カバーの有無									
24	安全装置	計器類	作動状態									
25		警報装置	作動状態									
26		前照灯、尾灯、方向指示器	灯火状態									
27		非常用ポンプ	作動状態									
28		走行ブレーキ	作動状態									
29		アウトリガ	作動状態									
30		エンジン停止装置	作動状態									
31												
記事	レ：良好　　○：処理済 ×：不良　　／：該当無し			点検者								
				確認者								

第8章　くい打・くい抜機、ボーリングマシン、ジャッキ式つり上げ機械

区分	点検項目	参考	関係条文
1 共通	①転倒防止装置はよいか	1．軟弱地盤での据付方法 ・沈下防止～敷角、鉄板等 2．脚部、架台の固定 3．レールクランプ、歯止め ・軌道、コロで移動するもの 4．頂部の固定 ・三以上の控え、控え線 5．バランスウエイトの固定	安則　173
	②巻上用ワイヤロープはよいか	1．継目のないもの 2．損傷、磨耗、腐食のないもの 3．安全係数6以上 4．長さ～ドラムに2巻き以上残す 5．ハンマー等との取付け部 （クリップ、クランプ）	安則　174 175 176
	③ウインチの据付け及び機能はよいか	ウインチの項参照	安則　178 179
	④みぞ車・滑車等の取付け状態はよいか	ウインチの項参照	安則　180 181
	⑤ホースの破損・外れはないか	1．ロープ等でハンマーに固定	安則　183
	⑥運転合図の方法はよいか	・標準合図法（P.103参照）	安則　189
	⑦運転中の禁止措置は守られているか	1．巻胴の乱巻き時ワイヤーへの負荷禁止 2．巻上装置停止中…歯止め、止め金具付きブレーキ 3．運転位置からの離脱禁止	安則　184 185 186
	⑧立入禁止措置はよいか	1．巻上ロープ屈曲部の内側 2．崩壊、接触、飛来による危険範囲	安則　187
	⑨作業指揮者の指名の有無	1．組立、解体、移動の作業時	安則　190
	⑩移動作業時の転倒防止措置はよいか	1．ウインチ等による脚部移動時 2．反対側からテンションブロックやウインチ等で制動	安則　191
	⑪組立時の点検を実施しているか	1．緊結部のゆるみや損傷の状態 2．巻上用ワイヤロープ、みぞ車、滑車の取付状態 3．巻上装置のブレーキや歯止めの機能 4．ウインチの据付状態 5．控え頂部における控えのとり方と固定	安則　192
	⑫ガス導管等 　埋設物に対する措置はよいか	1．管理者に確認 2．試し掘り等による探査	安則　194
2 くい打・くい抜機	①キャップの取付け状態はよいか		
	②杭の集積方法はよいか	1．種別による分類整理 2．ころがり、荷くずれ等の防止	
	③つり込み方法はよいか	1．斜めつりの禁止 ・玉掛部…滑車装置の直下 2．玉掛技能講習修了者を配置する	安則　188
	④運転者の資格はよいか	1．自走式以外のもの ・特別教育 2．自走式 ・機体重量3t以上～技能講習 ・〃3t未満～特別教育 ・作業装置の操作～特別教育 （P.131参照）	安則　36-9の2 41 36-9 36-9の3

区分	点検項目	参考	関係条文	
3 ボーリングマシン	①ロッド等取付け、取外し時の措置はよいか	1．ロッド等の回転動力を確実に遮断 （クラッチレバーを固定） 2．ロッドをホルダー等により確実に保持	安則	194の2
	②ホース巻き込まれ防止方法はよいか	1．やぐら等に固定	安則	194の3
	③運転者の資格はよいか	1．特別教育	安則	36-10の3
4 ジャッキ式つり上げ機械	①作業計画は作成されているか	1．作業の方法・順序 2．機械の崩壊・倒壊防止方法 3．墜落防止設備 4．機械の種類・能力	安則	194の5
	②作業計画の周知は十分か	1．作業前の打合せ等 2．ＴＢＭ、ＫＹＫ		
	③立入禁止措置はよいか	1．関係労働者以外の立入禁止 2．危険区域の設定	安則	194の6
	④悪天候時の措置は適切か	1．強風・大雨・大雪 2．危険が予想される場合での作業中止	安則	194の6
	⑤機械の据付方法はよいか	1．つり上げ装置は垂直に 2．施設・仮設物等に据付けるは場合はボルト等で確実に固定 3．施設・仮設物の耐力確認	安則	194の6
	⑥始業前の点検はよいか	1．つり材の損傷、固定状態 2．保持機構の動作確認 3．油圧ジャッキ、制御装置、非常停止装置の作動確認		
	⑦特別教育の実施状況はよいか	1．機械の調整又は運転の業務 2．教育内容（P.277参照）	安則	36-10の4

ボーリングマシン点検表（例）

点検月日　　　　年　　月　　日〜　　月　　日

機　　種

点　検　者

現場名称

		点検箇所	点検内容	月日						措置
ボーリングマシン	1	スピンドル	異音・もれはないか 給油脂はよいか							
	2	フィードシリンダー	損傷・もれはないか 作動はよいか							
	3	スピンドルギアケース	異音・発熱はないか 給油脂はよいか							
	4	チャック体	異音・すべり・ガタはないか							
	5	ミッションギアケース	異音・発熱はないか 油量はよいか							
	6	ギアチェンジレバー	損傷・ガタはないか							
	7	クラッチ・レバー	すべり・発熱・損傷はないか							
	8	ホイスト	異音・損傷はないか 作動はよいか							
	9	油圧ポンプ	異音・発熱はないか							
	10	油圧操作レバー	損傷・ガタはないか							
	11	油圧タンク	汚損・もれはないか 油量はよいか							
	12	スピンドル部カバー	損傷はないか 動作はよいか							
	13	Vベルト・カバー	損傷・ゆるみ・異音はないか							
	14	配電盤	損傷・汚れ・ゆるみはないか 作動はよいか							
	15	漏電しゃ断機	損傷はないか 動作はよいか							
	16	モーター	異音・発熱・損傷はないか							
	17	アウトリガ	損傷・もれはないか 動作はよいか							

バイブロ・ハンマー（例）

〈作業前点検〉

責任者	係員

クローラー式・機械式

機種及び能力	機械番号	機械所有者	点検者氏名	点検実施作業所

〈チェック記号例〉 ○異常なし ×要修理・要調整 △使用可

項目		月日						措置
1	本低及び作業装置に破損変形箇所はないか。							
2	外観上脱落部品等はないか。							
3	地面上にオイル、水等の洩れた跡はないか。							
4	給油を必要とする部分に対する給油脂は適正に行われているか。							
5	始動スイッチ、始動モーターの作動はよいか。							
6	回転の円滑度、排気の色はよいか。異常音はないか。							
7	各種計器の作動はよいか。							
8	ラジエーター内の冷却水、不凍液はよいか。ファンに異常はないか。							
⑨	起状、巻上げ、補巻用ウインチドラム、同クラッチ、ブレーキ等に異常はないか。							
⑩	操向クラッチ、同ブレーキ及び走行クラッチ、同ブレーキに異常はないか。							
⑪	レバー、ペダル、クラッチ等の作動はよいか。							
12	リーダー、スラーに歪み・損傷はないか。							
13	ワイヤロープに磨耗損傷はないか。乱巻きはないか。シーブ類はないか。							
14	各部のボルトにゆるみはないか。							
15	本体つり上げ用ワイヤ、シャックル、スプリング及び架構に亀裂損傷はないか。							
16	起振用モーター、起振用装置の作動はよいか。Ｖベルトの張りはよいか。磨耗損傷はないか。							
17	キャブタイヤケーブル、配線に損傷はないか。							
18	垂直儀はよいか。警報機はよいか。							
記事								

点検項目番号で○印は法定点検を示す。

第9章　車両系建設機械

区分	点検項目	参考	関係条文
1 共通	①構造規格に適合しているか	1．車両系建設機械構造規格 　（S47 労働省告示第 150 号）	
	(イ) 座席より転落のおそれはないか	1．運転者、補助者 2．肘かけ、背もたれ等 3．物体の飛来を防止する	構造　9
	(ロ) 昇降設備はよいか	1．運転席の床面 1.5m 以上のもの	構造　10
	(ハ) 警報装置はよいか	1．警音器	構造　13
	(ニ) 表示事項はよいか	1．製造者名、製造年月日、No. 2．機体重量及び総重量 3．安定度、定格出力 4．最高走行速度 5．平均接地圧	構造　15
	②強固なヘッドガードを備えているか	1．岩石落下等（鉄骨切断物を含む）危険のある場所 　ブルドーザ、トラックショベル 　ずり積機、パワーショベル、 　ドラグショベル、ブレーカー等	安則　153 建災規　73
	③前照灯の照度はよいか	照明不十分な場所	安則　152
	④作業計画に基づいて作業が行われているか	1．使用機械の種類、能力 2．運行経路 3．作業方法 4．前期2．3．の周知	安則　155 建災規　67
	⑤制限速度は守られているか	1．地形、地質に適合する速度を定め、表示する	安則　156 建災規　72

○　車両系建設機械の分類と運転者の資格（道路上の操行運転を除く）

分類		種別	運転者の資格			
			区分	技能講習	特別教育	建設機械施工技士（選択工法による）
1	整地 運搬・積込	ブル・ドーザー、モーター・グレーダー、トラクター・ショベル、ずり積機、スクレーパー、スクレープ・ドーザー		機体重量 3 t 以上	機体重量 3 t 未満	機体重量 3 t 以上 （3 t 未満含）
2	掘削	パワー・ショベル、ドラグ・ショベル、ドラグライン、クラムシェル、バケット掘削機、トレンチャー				
3	基礎工事	くい打機、くい抜機、アース・ドリル、リバース・サーキュレーション・ドリル、せん孔機（チュービングマシンを有するものに限る）、アース・オーガー、ペーパー・ドレーン・マシン	自走式	同上 機体装置の操作業務 （運転席）	同上 機体装置の操作業務	同上
			その他		全部	
4	締固め	ローラー（ハンドガイドを含む）			機体重量による作業区分なし	
5	コンクリート打設	コンクリートポンプ車			機体装置の操作業務	
6	解体	ブレーカー		機体重量 3 t 以上	機体重量 3 t 未満	機体重量 3 t 以上 （3 t 未満含）

区分	点検項目	参考	関係条文
1 共通	⑥転落、転倒の防止装置はよいか	1．路肩の崩壊防止 2．地盤の不等沈下防止 3．幅員の保持	安則　157
	⑦接触防止装置はよいか	1．立入禁止措置 2．バックブザーの取付け 3．警報回転灯～旋回時	安則　158 建災規　71
	⑧誘導員の配置及び誘導合図はよいか	1．転落等の危険がある場所 2．作業員との接触の危険がある場所 3．一定の合図を定める	安則　157 158 159 建災規　71
	⑨運転者が機械を離れるときの措置はよいか	1．バケット等作業装置を地上に降ろす 2．エンジン停止、走行ブレーキ 3．キーの取外し、保管管理	安則　160 公（土）38 公（建）39
	⑩主たる用途以外に使用されていないか	1．バケット等による荷のつり上げ等 2．クラムシェルによる人の昇降	安則　164
	⑪やむを得ず荷のつり上げ作業を行う場合の措置はよいか ・掘削作業の一環として矢板、ヒューム管等のつり上げ ・狭い場所で、移動式クレーンでは危険が増大するとき	1．バケット等にフック等の取付け ・十分な強度（安全係数5以上） ・外れ止め装置等落下防止 ・バケット等から外れるおそれがないもの 2．合図を定め、合図者を指名 3．平たんな場所で作業 4．立入禁止（接触・落下） 5．玉掛用具として使用する 　ワイヤロープ、チェーンはクレーン則215条、 　216条による （P.116玉掛け参照）	公（建）36
	⑫運転者の資格はよいか（P.131参照）	1．機体重量3t以上 　（技能講習修了者） 　（建設機械施工技士） 2．3t未満 　（特別教育修了者） 3．基礎工事用作業装置、締固め機械 　（特別教育修了者）	安則　36 79 建設業法27
	⑬運転者の氏名表示はよいか		建災規　68
	⑭誘導員の教育を実施しているか	1．誘導に関する事項 2．合図の方法、機械の死角等	建災規　71
	⑮禁止事項は守られているか	1．最大使用荷重、安定度等の厳守 2．乗車席以外とう乗禁止	安則　162～163
	⑯アタッチメントの装脱、修理等を行うときの方法はよいか	1．作業指揮者の氏名 2．作業手順 3．安全ブロック、安全支柱	安則　165 166
	⑰積降ろし作業（輸送先）の方法はよいか	1．平たんな堅固な場所で 2．坂道～十分な長さ、幅、強度 3．盛土、仮設台～十分な幅、強度 4．適切な勾配の確保	安則　161
	⑱点検の実施状況はよいか	1．始業点検　　資料Ⅲ 別表（4）参照 2．月例検査 3．年次検査～特定自主検査 　検査済票の添付	安則　168～170

区分	点検項目	参考	関係条文
2　コンクリートポンプ車	①輸送管・ホースの脱落・振れの防止措置はよいか	1．継手金具 → 確実に接続 2．輸送管の固定～堅固な建設物	安則　171の2
	②連続合図の方法はよいか（ホース先端部保持者と作業装置の作業員）	1．電話・電鈴等の措置 　（装置の使用者指名） 2．一定の合図 　（合図者の指名）	安則　171の2
	③コンクリート等の吹出し防止の措置はよいか	1．危険箇所～立入禁止 2．輸送管・ホースの切離し時 　（バルブ・コック開放～減圧）	安則　171の2
	④輸送管の内部洗浄作業時の措置はよいか	1．洗浄ボールの飛出防止器具の取付け	安則　171の2
	⑤輸送管の組立・解体作業時の措置はよいか	1．作業方法・手順の決定及び周知 2．作業指揮者の指名	安則　171の3
	⑥運転者の資格はよいか	1．作業装置の操作 ・特別教育	安則　36-10の2

閉塞の原因と要素

区分	閉塞原因
コンクリート性状	①スランプが一定でない（混合不良） ②単位セメント量や砂率が過少 ③スランプ過少 ④骨材の形状が悪い ⑤粗骨材の過大 ⑥人口軽量骨材で過圧吸水性が特に著しい ⑦混練後の経過時間過大 ⑧砂や骨材の粒度分布が悪い
コンクリート輸送管	①規定部品以外の過小曲率半径の曲り管使用 ②規定部品以外の過大絞り管の使用 ③管の凹み及び段差 ④骨材径に対して使用管径過小 ⑤管や継手の水漏れ
運　転　方　法	①吐出レバー位置過大 ②待ち時間、休止時間過大
コンクリートポンプ	①吸入吐出弁部品の過大摩耗 ②ピストンパッキン又はシリンダの過大摩耗 ③油圧系統調整不足

区分	点検項目	参考	関係条文
3 リース機械	◎リース機械 1．つり上げ荷重 0.5 t 以上の移動式クレーン 2．車両系建設機械（コンクリートポンプ車、ブレーカーを含む） 3．不整地運搬車 4．高所作業車（作業床高 2 m 以上）		安令　10
	①リース業者の措置は適切か	1．点検、整備の実施 2．書面の提出 ・機械の能力、特性 ・使用上の注意事項 3．月例、年次検査写	安法　33 安則　666
	②持込時の手続きはすんでいるか	1．使用届（次頁参照） 2．点検 3．受理証の表示（貼付）	
	③運転者に対する措置はよいか （運転者付きリース）	1．免許等資格の確認 2．通知すべき事項 ・作業内容、指揮系統 ・合図の方法 ・運行経路、速度制限等 ・災害防止に関する事項	安則　667

令和　年　月　日

重 機 械 持 込 届

_____作業所長　殿

（協力会社名）

〒

このたび下記重機械を法令に基づく点検整備の上持込使用しますのでお届けします。

使用に際して取扱責任者（運転者）に次の事項を遵守させます。

（1）法令に基づき必要とされる資格、技能の所持者であることを証す免許等を携帯すること。

（2）法令の定に従い、作業開始前点検及び定期自主検査を行いその記録を提出すること。

（3）重機械の使用に際しては作業の内容、指揮系統、連絡合図等の方法を確認の上作業所の指示に従うこと。

（4）その他法令に定められた事項を厳守のこと。

_____印

TEL　　　　　　FAX

番号	機械の名称 / 形式・能力	所有者	正 運転者氏名（免許番号） / 点検者氏名	副 運転者氏名（免許番号） / 点検者氏名	使用予定期間
1					～
2					
3					
4					
5					
6					

重機械等持込時に作業所より「持込確認票」を受取り機械に掲示し、持出時には返却すること。

機械名	基礎工事機械 （アースオーガ、杭打機等）	作 業 前 点 検 表					

作業所 _____

| 機械所有者 | 自下J・Vリース 社請リース | | 形式 | | 機械番号 | | 運転取扱者 | | 管理担当者 | |

番号	項目	点検項目	主眼点	月　　日 /////////////////////////////////////
1	本体	外観	損傷、ゆるみ、油もれ	
②		走行、操向クラッチ、ブレーキ	すべり、切れ、効き	
③		ホイスト、クラッチ、ブレーキ	〃	
④		旋回、クラッチ、ブレーキ	〃	
5	作業装置	ブーム、リーダ等	損傷、ゆるみ	
⑥		ワイヤロープ、シーブ、フック	摩耗、損傷、脱索防止	
7		付属機械、コントローラ	損傷、作動	
8		チャック、油圧ホース等	〃	
9		電気ケーブル	損傷	
10	安全装置等	過巻、過負荷防止装置等	作動	
11		各ロック装置等	〃	
12		計器	指針	
13		検査票、取扱者表示等	確認	
⑭		倒壊防止	支持盤の耐力・控え	
15				
記号	V：良好　　○：処置ずみ △：要修理　欠：欠品 X：要交換　L：給油脂 A：要調整　／：該当なし	点検者印 （サイン）		
		担当者印 （サイン）		

記事	

機械名	ブルドーザー、 （トラクターショベル）	作 業 前 点 検 表		

作業所

機械所有者	自下J・Vリース 社請		形式		機械番号		運転取扱者		管理担当者	

番号	項目	点検項目	主眼点	月　　　日
①	本体	クラッチ、変速機	すべり、切れ、異音	
②		ステアリング	すべり、切れ、遊び	
③		ブレーキ	効き	
4		履帯（タイヤ）	損傷、張り、ボルト	
5	作業装置	取付状況	損傷、摩耗、ゆるみ	
6		組立用ピン	抜け止め	
7		ワイヤロープ、シーブ、油圧装置	損傷、摩耗、油もれ	
8	安全装置等	ヘッドガード	取付、損傷	
9		灯火、警報	作動	
10		安全ロック等	〃	
11		計器	指針	
12		検査票、取扱者等の表示	確認	
13				
14				
15				
記号	V：良好　　○：処置ずみ △：要修理　欠：欠品 X：要交換　L：給油脂 A：要調整　／：該当なし	点検者印（サイン）		
		担当者印（サイン）		
記事				

機械名	油圧ショベル

作 業 前 点 検 表

_____作業所

機械所有者	自社下請J・Vリース	形式		機械番号		運転取扱者		管理担当者	

番号	項目	点検項目	主眼点	月　　　日
①	本体	履帯（タイヤ）走行装置	損傷、張り、ボルト	
2	作業装置	アーム、バケット	損傷、摩耗、ゆるみ	
3		油圧装置	作動、油もれ	
4	安全装置等	灯火、警報	作動	
5		安全ロック等	〃	
6		計器	指針	
7		検査票、取扱者等の表示	確認	
8				
9				
10				
11				
12				
13				
14				
15				

記号	V：良好　　○：処置ずみ △：要修理　欠：欠品 X：要交換　L：給油脂 A：要調整　／：該当なし	点検者印（サイン）	
		担当者印（サイン）	

記事
......
......
......
......
......
......
......

機械名	ローラ

作 業 前 点 検 表

　　　　　　　　　　　　　　　作業所

機械所有者	自下J・Vリース社請	形式		機械番号		運転取扱者		管理担当者	

番号	項目	点検項目	主眼点	月　　　日
1	本体	外見	損傷、ゆるみ	
②		走行、操向ハンドル、クラッチ	切れ、遊び、すべり	
③		ブレーキ	効き	
4		タイヤ	損傷、空地圧	
⑤	安全装置等	灯火（前、後、制、方）	確認	
⑥		警報機、ミラー	作動、損傷	
7		計器	指針	
⑧		車止	確認	
9		運転者等の表示	〃	
10				
11				
12				
13				
14				
15				

記号	V：良好　　○：処置ずみ　△：要修理　欠：欠品　X：要交換　L：給油脂　A：要調整　／：該当なし	点検者印（サイン）	
		担当者印（サイン）	

記事

機械名	トラッククレーン （ホイールクレーン）	作 業 前 点 検 表

作業所

機械所有者	自下JリースＴ社請Ｊ・Ｖ	形式		機械番号		運転取扱者		管理担当者	

番号	項目	点検項目	主眼点	月　　日																			
1	本体	外観	損傷、脱落部品等																					
②		操向、走行ハンドル、ブレーキ、クラッチ	遊び、切れ、効き																					
③		ワイヤロープ、シーブ、フック等	損傷、摩耗、脱索防止																					
④	安全装置等	過巻防止装置	作動																					
⑤		過負荷防止、その他警報装置	〃																					
6		灯火、バックミラー等	損傷、作動																					
7		計器	指針																					
8		アウトリガー設置状況	確認																					
9		作業半径内立入禁止措置	〃																					
10		検査証、運転者の表示	〃																					
11		定格荷重の表示	〃																					
12																								
13																								
14																								
15																								
記号	Ｖ：良好　　○：処置ずみ △：要修理　欠：欠品 Ｘ：要交換　Ｌ：給油脂 Ａ：要調整　／：該当なし	点検者印（サイン）																					
		担当者印（サイン）																						
記事																								

| 機械名 | クレーン付トラック | | 作 業 前 点 検 表 | | | | |

作業所 _____

| 機械所有者 | 自下J・Vリース 社請 | | 形式 | | 機械番号 | | 運転取扱者 | | 管理担当者 | |

番号	項目	点検項目	主眼点	月　　日																				
①	本体	ブレーキ、クラッチ、ハンドル	効き、切れ、遊び																					
2		タイヤ	損傷、空気圧																					
③		灯火（前、後、側、方）	点灯確認																					
④		警報機、ミラー	作動、損傷																					
5		計器、タコメーター	指針、作動、用紙																					
6		荷台、シート、ロープ	有無、損傷																					
7	作業装置	ブーム、アウトリガー	損傷、作動																					
8		操作レバー	〃																					
⑨		ワイヤロープ、シーブ、フック	損傷、摩耗、脱索防止																					
⑩	安全設備等	過巻防止装置	作動																					
11		その他警報設備等	〃																					
12		アウトリガー敷材、設置状況	有無、確認																					
13		車検証、保険証	有効期限																					
14		運転者等の表示	有無、確認																					
15																								
記号	V：良好　○：処置ずみ　△：要修理　欠：欠品　X：要交換　L：給油脂　A：要調整　／：該当なし		点検者印（サイン）																					
			担当者印（サイン）																					

記事

機械名	クローラクレーン（機械式）				作 業 前 点 検 表																			

作業所 _____

機械所有者	自下JリースV社請		形式		機械番号		運転取扱者		管理担当者															

番号	項目	点検項目	主眼点	月　　　日																		
①	本体	主クラッチ、変速機	すべり、切れ、異音																			
②		クラッチ、ブレーキ（操向、走行）	すべり、切れ、効き																			
③		クラッチ、ブレーキ（旋回）	〃																			
④		クラッチ、ブレーキ（起伏）	〃																			
⑤		クラッチ、ブレーキ（巻上）	〃																			
⑥		ワイヤロープ、シーブ、フック等	損傷、摩耗、脱索防止																			
⑦	安全装置等	過巻防止装置	作動																			
⑧		過負荷防止、その他警報装置	〃																			
9		計器	指針																			
10		作業半径内立入禁止措置	確認																			
11		検査証、運転者の表示	〃																			
12		定格荷重の表示	〃																			
13																						
14																						
15																						
記号	Ｖ：良好　　○：処置ずみ △：要修理　欠：欠品 Ｘ：要交換　Ｌ：給油脂 Ａ：要調整　／：該当なし		点検者印（サイン）																			
			担当者印（サイン）																			
記事																						

機械名	フォークリフト

作 業 前 点 検 表

作業所

機械所有者	自下J・Vリース社請		形式		機械番号		運転取扱者		管理担当者	

番号	項目	点検項目	主眼点	月　　　日																
1	本体	外観	損傷、ゆるみ																	
②		走行、操向ハンドル、クラッチ	切れ、遊び、すべり																	
③		ブレーキ	効き																	
④		タイヤ	損傷、空気圧、ボルト																	
⑤		フォーク、マスト	損傷、ゆるみ																	
⑥		油圧装置	損傷、油もれ																	
⑦	安全装置等	灯火（前、後、側、方）	確認																	
⑧		警報機、ミラー	作動、損傷																	
9		計器	指針																	
10		運転者等の表示	確認																	
11																				
12																				
13																				
14																				
15																				
記号	V：良好　○：処置ずみ △：要修理　欠：欠品 X：要交換　L：給油脂 A：要調整　／：該当なし	点検者印（サイン）																		
		担当者印（サイン）																		

記事	

機械名	ロッカーショベル		作 業 前 点 検 表															

作業所

| 機械所有者 | 自下J・Vリース 社請 | | 形 式 | | 機械番号 | | 運転取扱者 | | 管理担当者 | |

番号	項目	点検項目	主眼点	月　　日																			
①	本体作業装置	走行、旋回装置	作動																				
2		操作レバー	作動、ロック																				
3		バケット、ワイヤロープ、バンパー	損傷、摩耗																				
4		エアーホース、ホース金具	損傷、ゆるみ																				
⑤		プラットホーム、ヘッドガード	損傷																				
6	安全装置等	旋回固定ピン	有無																				
⑦		ベルコンチェーンカバー	損傷																				
8		検査票、取扱者等の表示	確認																				
9																							
10																							
11																							
12																							
13																							
14																							
15																							
記号	V：良好　　○：処置ずみ△：要修理　欠：欠品X：要交換　L：給油脂A：要調整　／：該当なし		点検者印（サイン）																				
			担当者印（サイン）																				

記事	....

車両系建設機械（ブレーカ）作業開始前点検表（例）

会 社 名：_____　　機械形式・名称：_____　　令和　　年　　月　　日

作業所名：_____　　機 械 番 号：_____

No.	点検項目		主眼点	月日	／	／	／	／	／	／	／	措置・補修記事等
1	エンジン始動前	水・油もれ	配管・ホース継目等からのもれ跡の有無									
2		冷却水・油量	規定量の有無									
3		覆帯	張りの良否、ボルト類のゆるみ、欠落の有無									
4		タイヤ	摩耗・損傷の有無、空気圧の良否									
5		燃料タンク・フィルターの水	バルブ操作による水の有無									
6		ファン・ダイナモ駆動ベルト	張りの良否、摩耗・損傷の有無									
7		ボルト・ナット（覆帯を除く）	ゆるみ、欠落の有無									
8		電気配線	ターミナルのゆるみ、短絡・断線の有無									
9	エンジン始動後	計器類	作業及び指度の良否									
10		エンジンの調子	排気色・色振動等の異常の有無									
11		水・油・空気のもれ	各部からのもれの有無									
12		警報・灯火装置等	行動の良否									
13		ブレーキ・駐車ブレーキ	効きの良否、ペダル等の遊び、踏み台等の良否									
14		操向装置（レバー、ハンドル）	行動の良否、（効き、切れ）									
15		作業装置（ブレーカユニット）、（ブームアーム等）	行動の拒否									
記号	レ：良否　　○：処理済 ×：不良　　／：該当なし			点検者								
				確認者								

作業装置の作動点検

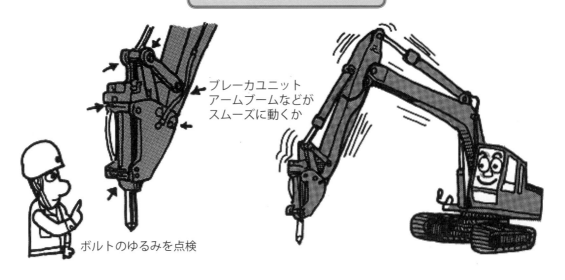

ブレーカユニット
アームブームなどが
スムーズに動くか

ボルトのゆるみを点検

第10章　車両系荷役運搬機械等

車両系荷役運搬機械等とは、次の各号のいずれかに該当するものをいう（安則151の2）。

1）フォークリフト

2）ショベルローダー

3）フォークローダー

4）ストラドルキャリヤー

5）不整地運搬車

6）構内運搬車（もっぱら荷を運搬する構造の自動車（長さが4.7m以下、幅が1.7m以下、高さが2.0m以下のものに限る）

のうち、最高速度が毎時15km以下のもの（前号に該当するものを除く）をいう）

7）貨物自動車（もっぱら荷を運搬する構造の自動車（前2号に該当するものを除く）をいう）

1）フォークリフト	2）ショベルローダー	3）フォークローダー	4）ストラドルキャリヤー	5）不整地運搬車

■車両系荷役運搬機械等の共通点検項目

区分	点検項目	参考	関係条文
1 共通	①作業計画はよいか	注）作業計画の作成にあたっては、リスクアセスメントを実施し、決定したリスク低減措置を織り込む。 1．作業場所、機械の種類・能力 　荷の種類・型状に適応 2．運行経路・作業方法の明示 3．関係労働者への周知 4．作業指揮者の選定	安則 151の3 151の4
	②走行路の整備状況はよいか	1．路肩の崩壊、路面不陸等 2．制限速度の表示 3．危険箇所の表示	安則 151の5 151の6
	③誘導員を配置する必要はないか	1．路肩・傾斜地等の作業 2．接触危険箇所 3．明り掘削～後進等 4．一般道路との交差点 5．後進の場合	安則 151の6 151の7
	④誘導合図はよいか	1．一定の合図	安則 151の8

接触防止を図るための措置（安則151の7）

車両のバックブザーと誘導員の配置

1．ダンプトラックにバックブザーを設置しなければならない。

2．事業者は作業開始前に点検し、不良のものは修理點せ無ければならない。

3．運転者は、これを修理しなければならない。

誘導員モデル

1．誘導員は若い人で経験のある者を選ぶこと。

2．車両の運転手の見えやすい場所で合図すること。

車両がバックで作業員に接近又は転落するおそれがある場合は、誘導員を置かなければならない。

区分	点検項目	参考	関係条文	
1 共通	⑤立入禁止措置はよいか	1. 立入禁止措置（荷台を上げたとき）	安則	151の9
	⑥積荷の状態はよいか	1. 荷くずれ、はみ出し 2. ロープ、シート掛け 3. 最大積載量超過	安則	151の10 151の44 151の61 151の66
	⑦運転位置から離れる場合の措置はよいか	1. 原動機停止、ブレーキ 2. キーの取外し保管	安則 公（土） 公（建）	151の11 38 39
	⑧移送時の措置はよいか	1. 平たん、堅固な場所 2. 道板・架台等の強度・勾配（15°以上）	安則	151の12
	⑨荷台等への乗車制限は守られているか	1. 乗車席以外（不整地運搬車・貨物自動車を除く） 2. 荷台、積荷上	安則	151の13 151の50 151の72
	⑩修理・アタッチメントの装着及び取外し作業を行うときの措置はよいか	1. 作業指揮者の選定 2. 作業手順の決定、作業の直接指揮 3. 安全支柱・安全ブロック	安則	151の15
	⑪昇降設備はよいか	1. 床面と荷と上面間の昇降 （5ｔ以上の不整地運搬車及び貨物自動車の荷の積卸し）	安則	151の45 151の67

危険の防止を図るための措置（安則151の11、12、13）

運転位置から離れる場合の措置（安則151の11）

駐車ブレーキ

搭乗の制限（安則151の13）

運転席以外の乗車禁止！

車両系荷役運搬機械等の移送（安則151の12）

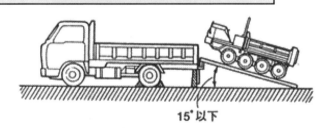

15°以下

移送するための荷降ろし

区分	点検項目	参考	関係条文	
1 共通	⑫重量物の積卸し作業時の措置 （1個100kg以上）	1．作業指揮者の選定 2．作業手順・作業方法の決定 3．器具・工具の点検 4．関係者以外立入禁止	安則	151の48 151の62 151の70
	⑬荷降ろし作業中の中抜き禁止は守られているか		安則	151の49 151の71
	⑭始業点検の実施状況はよいか		安則	151の57 151の63 151の75

積卸し時の措置

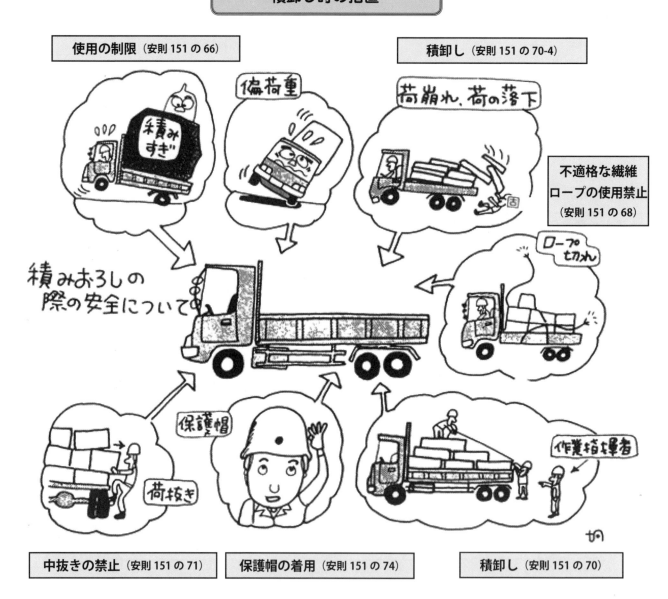

使用の制限（安則151の66）

積卸し（安則151の70-4）

不適格な繊維ロープの使用禁止（安則151の68）

中抜きの禁止（安則151の71）　保護帽の着用（安則151の74）　積卸し（安則151の70）

■不整地運搬車の点検項目

区分	点検項目	参考	関係条文	
2 不整地運搬車	①構造規格に適合しているか	前照灯及び尾灯の備え 最大積載量その他の能力以上の使用制限	安則	151 の 43 151 の 44
	②積卸し作業指揮者は定まっているか	100kg ／個以上の荷は作業指揮者を定める	安則	151 の 48
	③繊維ロープの点検はよいか	不適格な繊維ロープの使用禁止 繊維ロープの点検	安則	151 の 46 151 の 47
	④荷の積卸しの作業方法はよいか	最大積載量 5 t 以上は昇降設備を設置 荷下ろし作業時に中抜き禁止 荷台への乗車制限 人を荷台に乗せて走行する場合の措置 保護帽の着用	安則	151 の 45 151 の 49 151 の 50 151 の 51 151 の 52
	⑤運転者の資格はよいか （道路上の走行を除く）	1．最大積載量 1 t 以上 ・技能講習修了者 2．最大積載量 1 t 未満 ・特別教育	安令 安則	20-14 36-5 の 3
	⑥自主検査を実施しているか	1．定期〜 2 年以内 1 回及び月次 2．特定自主検査 　（検査済票の貼付） 　作業開始前点検 　補修等	安則	151 の 53 〜 151 の 58

クローラー式

ホイール式

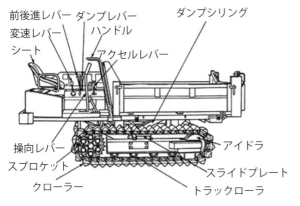

前後進レバー　ダンプレバー
変速レバー　　ハンドル
シート
アクセルレバー
ダンプシリング
操向レバー
スプロケット
クローラー
アイドラ
スライドプレート
トラックローラ

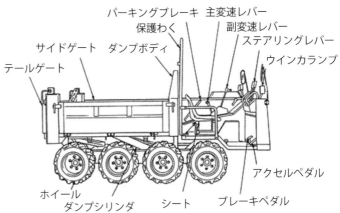

パーキングブレーキ　主変速レバー
保護わく
副変速レバー
サイドゲート　ダンプボディ
ステアリングレバー
テールゲート
ウインカランプ
ホイール
ダンプシリンダ
シート
アクセルペダル
ブレーキペダル

点検（安則 151 の 57-3）

ゴムシューが緩んだままで
走行しない。

水洗いを励行

不整地運搬車による作業の留意点

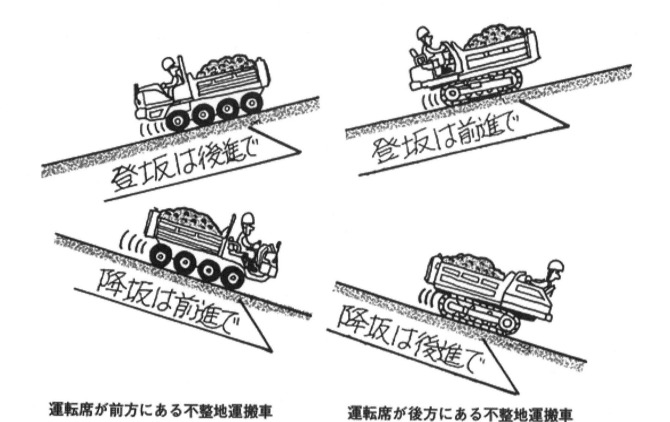

運転席が前方にある不整地運搬車   運転席が後方にある不整地運搬車

作業指揮者の職務

a　作業手順及び作業手順ごとの作業方法を決定し、安全ミーティングなどにより、作業手順の周知を図る

b　作業を直接指揮する

c　器具及び工具を点検し、不良品を取り除く

d　作業を行う箇所には、関係労働者以外の者の立入りを禁止する

e　ロープ解きの作業及びシート外しの作業を行うときは、荷台上の荷の落下の危険のないことを確認した後に作業に着手する

■構内運搬車、貨物自動車の点検項目

区分	点検項目	参考	関係条文	
3　構内運搬車・貨物自動車	①積卸し作業指揮者を指名しているか	1つの荷が100kg以上の場合	安則	151の70
	②構造はよいか（制御装置等）（安全走行に必要な最低基準）	1．有効なブレーキ 2．運転席～安全ガラス 3．警音器 4．前照灯・尾灯 5．方向指示器～左右各1 6．バックミラー・反射ミラー・障害物確認ミラー 7．速度計 8．タイヤは著しい損傷がない	安則	151の65
	③使用の制限はよいか	最大積載量その他の能力を超えて使用しない	安則	151の66
	④繊維ロープの点検はよいか	不適格な繊維ロープの使用禁止 繊維ロープの点検	安則	151の68 151の69
	⑤荷の積卸しの作業方法はよいか	5t以上の車に安全昇降設備 積み荷の中抜き禁止 荷台への乗車制限（アオリ無し） 荷台への乗車制限（アオリ有り）	安則	151の67 151の71 151の72 151の73

貨物自動車の点検事項の留意点

作業前の点検はよいか

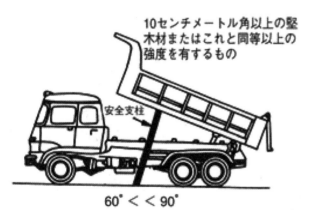

10センチメートル角以上の堅木材またはこれと同等以上の強度を有するもの

安全支柱

60°＜＜90°

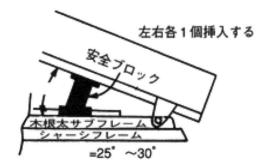

左右各1個挿入する

安全ブロック

木根太サブフレーム
シャーシフレーム

＝25°～30°

その日の運転開始前の点検

点検事項	点検内容
ハンドル	著しい遊び、ガタ、重たい感じ
ブレーキ	ブレーキ・ペダルの踏みしろきき具合、ブレーキ・レバーの引きしろきき具合
タイヤ	空気の入り具合、摩耗、損傷
シャシばね	損傷
原動機	排気ガスの色
灯火装置	点検具合、汚れ、損傷
警音器、方向指示器、窓ふき器	作動状態
計器類	作動状態
ガソリン及びオイル	もれ、量不足
エア・タンク	空気圧の状態、タンク内の水の有無
冷却水	もれ、量不足

ダンプトラックの作業標準

（トラック移動の場合）

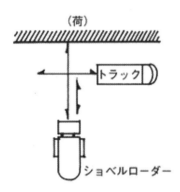

作業標準（例）

	手順	急所
1	前進してすくい込む（ショベル）	荷に直進してゆっくり
2	後進する（ショベル）	トラックの入る間隔を十分とって、合図して
3	トラックが後進する（トラック）	ゆっくり、積み込む位置まで
4	積み込む（ショベル）	バケットをあげすぎない
5	後進する（ショベル）	ゆっくり、トラックから十分はなれて
6	トラックが前進する（トラック）	元の位置に、ゆっくり

（トラック停止の場合）

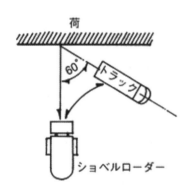

作業標準（例）

	手順	急所
1	トラックを停める（トラック）	図のように60°の角度で
2	前進してすくう（ショベル）	荷に直進して、ゆっくり
3	後進する（ショベル）	ゆっくり、十分な間隔をとって
4	向き変えて前進する	トラックに直角になるよう、積込場所に向かって
5	積み込む	バケットを高くあげすぎない
6	後進する	元の位置まで

ダンプトラックの接触防止（誘導員の配置、安則151の7）

貨物自動車の荷の積卸し作業における安全対策のポイント

①作業指揮者を定め作業手順及び作業手順ごとの作業方法を決定し、作業を直接指揮すること（安則 151 の 4）。

②不安定な荷の上はできるだけ移動しない。いったん荷台から降りて地面を移動する。

③荷や荷台の上ではできるだけ作業を行わず、可能な限り地上から又は地上での作業とする（ラベル貼り等荷の積卸し以外の作業は、荷や荷台の上で行わない）。

④荷や荷台の上で作業を行う場合であって、安全帯を取り付けることができる設備（親綱等）が設置されているときは、安全帯を使用する。

⑤荷や荷台の上で作業を行う場合は、安全な立ち位置を確保する（フォークリフト等での荷の積卸しの場合には、荷の作業範囲に入らないとともに、フォークリフト等の運転者から見える立ち位置とする）。

⑥荷や荷台の上で作業を行う場合は、基本的な姿勢として、背を荷台外側に向けないようにし、荷台外側に後ずさりしないようにする。

⑦特に雨天時に荷や荷台の上で作業を行う場合には、耐滑性のある靴を使用する（JIS 適合品は「F」のマークが表示されている）。

⑧荷の積卸し作業時のトラック等の逸走を防止するため、歯止め等の措置を講じる。

⑨あおりを立てる場合は必ず固定する。

⑩荷卸し作業の墜落による作業員の危険を防止するための昇降設備の設置及び墜落災害用の保護帽を必ず着用する（安則 151 の 67、74）。

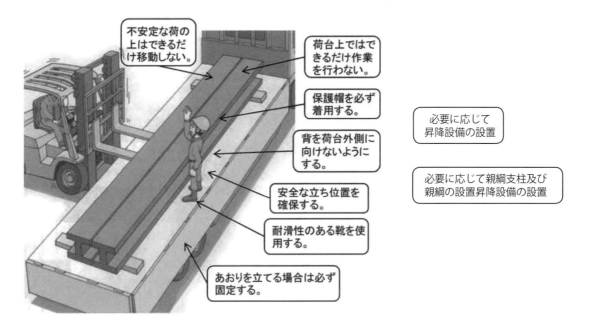

荷役作業時における墜落・転落災害防止のための安全マニュアル（厚生労働省ほか）抜粋

貨物自動車の荷締めの作業における安全対策のポイント

①作業指揮者を定め作業手順及び作業手順ごとの作業方法を決定し、作業を直接指揮すること（安則 151 の 4）。

②荷締め作業は、できるだけ荷の上ではなく、地上から行う。必要により、足場や脚立を使用する。

③荷の上で荷締め作業を行う場合であって、安全帯を取り付けることができる設備（親綱等）が設置されているときは、安全帯を使用する。

④荷の上で荷締め作業を行う場合は、背を荷台内側に向けた姿勢で作業を行い、後ずさりしないようにする。

⑤特に雨天時に荷の上で荷締め作業を行う場合は、耐滑性のある靴をしようする（JIS 適合品は「F」のマークが表示されている）。

⑥荷締め作業時のトラック等の逸走を防止するため、歯止め等の措置を講じる。

⑦あおりの上に立つ場合には、あおりが固定されていることを確認する。

⑧荷締め器具の機能等について、作業前に点検する。

⑨荷締め作業の墜落による作業員の危険を防止するための昇降設備の設置及び墜落災害用の保護帽を必ず着用する（安則 151 の 67、74）。

⑩ロープ解きの作業及びシート外しの作業を行うときは、荷台上の荷の落下の危険がないことを確認した後に作業する（安則 151 の 70-4）

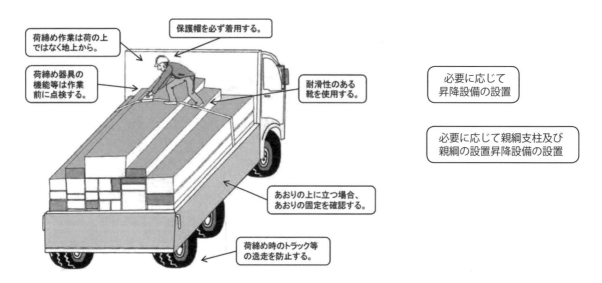

荷役作業時における墜落・転落災害防止のための安全マニュアル（厚生労働省ほか）抜粋

■フォークリフトの点検項目

区分	点検項目	参考	関係条文	
4 フォークリフト	①作業計画はよいか	関係労働者への周知（運行経路・作業方法）	安則	151の3
	②作業指揮者は選任しているか	作業計画に基づく作業指揮 修理又はアタッチメント交換時の指揮	安則	151の4 151の15
	③危険防止・接触防止・合図はよいか	転倒・転落による危険防止 接触の防止 誘導者を置く場合の一定の合図 立入禁止の措置 運転位置から離れる場合の措置 移送するための積卸し 主たる用途以外の使用の制限 使用の制限（荷重・速度）	安則	151の6 151の7 151の8 151の9 151の11 151の12 151の14 151の20
	④構造規格に適合しているか	前照灯及び尾灯の備え ヘッドガード パレット又はスキッド	安則	151の16 151の17 151の18 151の19
	⑤自主検査を実施しているか	1年以内毎に1回の定期自主検査 1カ月以内毎に1回の定期自主検査 定期自主検査の記録と3年間の保管 検査標章の貼付け 作業開始前点検の実施 検査点検で異常があれば直ちに補修	安則	151の21 151の22 151の23 151の24 151の25 151の26
	⑥運転者の資格はよいか （道路上の走行を除く）	1．最大荷重1t以上 　技能講習修了者 2．最大荷重1t未満 　特別教育	安令 安則	20-11 36-5

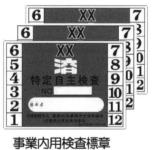

事業内用検査標章

▲検査業者検査用

出典：フォークリフトの安全な作業のために（豊田労働基準監督署／公益社団法人建設荷役車両安全技術協会）抜粋
安全法令ダイジェスト（労働新聞社）抜粋

フォークリフト作業計画
（労働安全衛生規則第１５１条の３に基づく）

社内審査確認印	事業主	安全管理者等	作業指揮者	フォークリフト運転者
	印	印	印	印印

1.作成年月日	平成27年4月10日	**2.計画作成者** ○○ ○○ **3.作業名** 大豆コンテナのトラック荷台積込み作業

4.作業の具体的内容（荷の運搬工程等を記入する）	①倉庫コンテナ取り降ろし②バック走行③旋回エリアで方向転換④倉庫出口一旦停止(ミラー確認)⑤前進走行(制限速度遵守)⑥作業指揮者指示確認⑦右折⑧誘導者指示確認⑨トラック積込み⑩バック走行⑪待機場所へ⑫別リフト通過後倉庫へ前進走行⑬倉庫入口一旦停止(ミラー確認)

5.実施期間	平成27年4月10日（金）曜～平成27年10月30日（金）曜 ・ 無期限	**6.作業人数** 5 名

7.作業時間

0	2	4	6	8	10	12	14	16	18	20	22	24
				←→			←→					

8.荷

品 名	荷 姿	形 状	個 数	1個の重量
大 豆	箱（コンテナ）	四角柱	1回当り20個	1.5トン

9.荷の状況	(ア.はい積) イ.バラ積 ウ.その他( ) 移動させる距離 (30)m

10.作業指揮者（安衛規則第151条の4）

氏 名	職制上の地位	当該作業の経験年数	フォークリフトの知識
○○ ○○	作業班長	20 年	(有) ・ 無

11.フォークリフト運転者

氏 名	技能講習修了番号	資格取得年月日	当該作業の経験年数
○○ ○○	第1234号	平成10年10月1日	8年
○○ ○○	第5678号	平成 8年 8月1日	10年2ヶ月

12.フォークリフトの種類・能力・点検状況

車両番号	能 力（最大荷重）	作業開始前点検状況	月例検査実施状況（安衛規則第151条の22）	特定自主検査実施日（安衛規則第151条の21）
GTR－5837（1号車）	2100kg	(良) ・ 否	平成27年 4月 1日	平成26年12月20日
GTR－1017（2号車）	2100kg	(良) ・ 否	平成27年 4月 1日	平成26年12月20日
		良 ・ 否	平成 年 月 日	平成 年 月 日

13.パレット等の能力・点検状況

荷の重量に応じた十分な強度	割れ・ひび・変形の有無	釘等突起物の有無
(良) ・ 否	(良) ・ 否	(良) ・ 否

14.作業場所状況 〔作業図に必要に応じて記入する〕

作業場所の広さ	ア.十分に広い (イ.広い) ウ.やや狭い エ.非常に狭い
路面状況	(ア.舗装) イ.砂利敷 ウ.土間　場所区分　ア.屋内のみ イ.屋外のみ (ウ.屋内外)
坂道等傾斜	有 ・ (無)　作業床面段差等　有 ・ (無)
走行路幅員狭小箇所	有 ・ (無)　高さ制限箇所　(有) ・ 無
路肩危険箇所	有 ・ (無)　一旦停止の必要箇所　(有) ・ 無
障害物	有 ・ (無)　明るさ　(ア.明るい) イ.少し暗い ウ.暗い

15.制限速度（安衛規則第151条の5）

当該作業に係る場所の地形・地盤の状態等に応じた適正な制限速度	当該作業場所における制限速度掲示の有無
(20)km／時	(有) ・ 無

16.誘導者

配置の有無	氏 名	合図の定め	退避場所
(有) ・ 無	○○ ○○	(有) ・ 無	(有) ・ 無

フォークリフトの安全な作業のために（豊田労働基準監督署）抜粋

フォークリフト
作業開始前・作業中の留意事項と確認（この欄はフォークリフト運転者が記入）

留意事項	確認欄		
①保護帽・安全靴等保護具を正しく着用する			
②シートベルトを着用する			
③フォークリフト運転技能講習修了証を携帯する			
④作業開始前点検を確実に行う			
⑤作業場で定められた制限速度以内で走行する			
⑥他の作業者に接触するおそれのあるときは、立入禁止にするか、誘導者を配置する			
⑦走行時は、進行方向及び側方の安全を常に確認する			
⑧フォーク又は荷の下に作業者を立ち入らせない			
⑨許容荷重を超えた荷を積載しない			
⑩急発進・急停車・急旋回をしない			
⑪運転席を離れるときは、作業や通行の障害とならないよう駐車する。鍵を必ず抜くこと			
⑫駐車ブレーキを確実にかけ、輪止めをする			
⑬運転中は乗車席以外に人を乗せてはならない			
⑭フォークの上に人を載せて昇降機として使用してはならない			
⑮フォークの先端をてこ代わりに使用したり、他の車両を押したりしてはならない			

関係労働者への周知

サイン欄	誘導者	倉庫作業者		トラック運転手	工場作業者	事務員
	㊞	㊞	㊞	㊞	㊞	㊞

フォークリフトの安全な作業のために（豊田労働基準監督署）抜粋

不整地運搬車履帯式ホイール式始業前・月例点検表（例）

作 業 所 名 _____

点 検 者 名 _____

会 社 名 _____

型式・能力 _____

統責者	元方管理者	担当者

点検項目			主眼点	点検日				点検日						
エンジン	冷却装置（ファンベルトを含む）		水量、水漏れ、ベルトの張り、ファンの目詰まり、変形											
	M 潤滑油系統・フィルタ（オイル・燃料・エアー）		ケースの油量、油、フィルタの汚れ、燃料漏れ											
	電装品・バッテリー		計器の作動、配線のゆるみ、損傷、液量											
	M エンジンの調子		異音、かかり具合、排気色、加減速の調子											
足まわり	履帯式	M 履帯・ロープ・誘導輪	張り、摩耗、損傷、き裂、ガタ、振れ、給油脂											
		M 起動輪・駆動装置	異音、摩耗、損傷、空気圧、取付けのゆるみ											
	ホイール式	M タイヤ（ホイールを含む）	振れ、摩耗、損傷、空気圧、取付けのゆるみ											
		サスペンション・駆動装置	へたり、き裂、損傷、駆動チェーンの伸び、給油脂											
	シャシ・フレーム等		き裂、変形、曲がり、損傷、緩衝装置良否、給油脂											
動力伝達機構	主クラッチ、伝達クラッチ		作動、かみ合い、遊び、ガタ、摩耗、すべり、異音											
	速度変換装置（トランスミッション）		作動、異音、油量、もれ、レバーの遊び、ガタ											
	プロペラシャフト・伝達チェーン		振れ、曲がり、ガタ、伸び、損傷、給油脂											
操縦装置	M 操向装置、操向ハンドル		作動、衝撃、油量、もれ、汚れ、給油脂											
	M レバー・ペダル・ロック		遊び、ガタ、踏みしろ、曲がり、変形、ロック											
	M ブレーキ（駐車ブレーキ含む）		効き、ライニングの摩耗、ロック											
油圧装置	油圧ポンプ・油圧モータ・P.T.O		油量、もれ、汚れ、異音、振動、発熱											
	油圧タンク、配管、ホース		フィルタの汚れ、ゆるみ、損傷、油量、もれ											
ダンプ装置	操作レバー・ペダル（バルブを含む）		ガタ、曲がり、変形、油もれ											
	油圧シリンダ・ロット		作動、油もれ、ゆるみ、損傷、異音											
	M 荷台（降下防止装置を含む）		変形、損傷、あおり、ハッカの摩耗、ガタ、降下防止装置の欠落											
その他	M 運転席まわり（バックミラー等を含む）		ドアーロック、ゆるみ、損傷、昇降、保護装置の											
	M 灯火装置、警報機、方向指示器		作動、破損、警報音、配線のゆるみ、損傷											
	M 各種計器、警報灯、ボルト・ピン		作動、破損、ゆるみ、欠落											
	運転責任者の表示はあるか													
点 検 者 （ 運 転 者 ） サ イ ン														
元 請 確 認 サ イ ン														

記入要領
１．点検者
原則として当該作業を行う者のうちから事業者が指名した者が点検する。
２．点検方法
当該場所で点検項目で点検する。使用前項目はMについて行う。
３．記入方法
筆記用具は黒色のボールペンとする。
記入は良好○、その場で是正したもの△、不良×と記入し、点検表の備考欄に改善事項など記入しておく。該当事項がない場合は／線を記入する。
４．点検結果
即時是正できる事項は、是正を行った後作業を行い、すぐに是正できない事項については、作業を中止して、元請の係員に報告する。

また、元請への提出は、その都度提出してサインを受ける。
６．点検時期
その日の使用前 M事項（休憩も含む）と、月例点検は全項目で行う。

注意事項
１．作業は計画どおりに行う。
２．路肩、のり面付近の走行は行わない。
３．合図・誘導に従って作業する。
４．ダンプの周囲に立ち入らせない。
５．荷台を上げたまま運転席を離れない。
６．運転席を離れるときは、エンジンを止め、キーを抜きブレーキを確実にかける。

（社）北海道建設業協会　労務研究会　抜粋

フォークリフト作業計画書
（労働安全衛生規則第151条の3に基づく）

フォークリフト　（仮設材搬出工事）作業計画書

令和　○年　○月　○日
作成者　　　　㊞

作成会社	㈱○○○○建設

作業名	地下機械駐ピット支保工足場解体に伴う仮設材搬出作業
作業期間	令和 ○年 ○月 ○日 ～ 令和 ○年 ○月 ○日 （○日間）

工事名	○○○○新築工事

元方確認	
確認日	○月○日

［作業方法］

- 地下作業時、搬出入車両フォークリフト移動時は
- ライト常時点灯の事。移動は徐行にて行う。
- 資材ヤードに関しては、海側にカラーコーンにて
- 区画を行う。
- ダメ穴、床下点検口、床下開口部に関しては、指定鉄板
- 開口蓋を設置し、開放時はポータブル屏風、カラーコーン
- にて表示区画を行う。
- 長尺物は4mを上限とし、重量は900キロを上限とする。
- フォーク可動範囲にて高所作業車作業禁止
- 各機械駐ピット支保工解体材を解体しながら、フォーク
- 可動範囲でできるエリアを確保し集積し、強固に結束した
- 物を車輌前部を通行し、C横スロープから1階地上部に上り
- DC棟間開放ストックヤードにフォークにて移動・集積を行う。
- フォーク可動範囲内にて高所作業車作業禁止。
- 荷の種類：仮設材
- 荷の形状：番線結束したものメッシュパレット
- 荷の重量：900kg未満にする。

フォークリフトの種類・能力

使用機械名	能力	使用目的
0.9t電動フォークリフト	0.9t	資材移動

作業場所状況

場所の広さ	1.広い・2.狭い・3.狭小
路面状況	1.橋面・2.砂利・土間
坂道等傾斜	有・無
路肩危険箇所	有・無
障害物・段差	有・無
高さ制限	有・無
一旦停止箇所	有・無

作業者の配置

会社名	氏名	役割	所有資格
○○工業	○○○○	（作指）	（技）足場組立・フォーク
○○建設	○○○○	（作指）	（技）足場組立・フォーク
△△△△	○○○○	（作）	（特）フォークリフト
	○○○○	（作）	（技）玉掛
	○○○○	（作）	（特）フォークリフト
	○○○○	（作）	（特）不整地運搬車
元請担当者	○○	統括管理	（技）フォークリフト・（技）技能講習終了、（特）：特別教育終了

(作指)：作業指揮者、(作)：作業者、(誘)：誘導者、(技)：技能講習終了、(特)：特別教育終了

［記載事項］重要なポイントは赤字にて記入

フォークリフトの作業場所及び作業方法

フォークリフトの作業場所及び作業方法
フォークリフトの運行経路を図示
フォークリフト運転者技能講習終了書を携帯
周辺労働者の立入り禁止箇所及びフォー・作業開始前の点検を実施する
クリフトの走行禁止箇所を具体的に記載・定められた制限速度以内で走る
他の作業者に接触する恐れのある時は・運転席を離れるときは、作業や通行の障害
各種標識、作業指揮者及び誘導者・運転席を離れるときは、鍵を必ず抜くこと
者の配置場所を記入・立入り禁止にするか誘導者を配置する
保護帽・安全靴等保護具を正しく着用・走行時、進行方向・側方の安全を確認する
シートベルトを着用する・フォークの上に人を乗せて昇降機として使用
一旦停止箇所・フォーク又は荷の下では作業を立入禁止・してはならない
・許容荷重を超えた荷を積載しない
・急発進・急停車・急旋回をしない

C〜E配置図

E棟配置図

- スロープにて地上へ
- フォーク可動範囲
- 資材ヤード　カラーコーンにて区画表示
- フォーク充電待機場所
- 指揮者
- タワークレーン基礎　H鋼　高さ・幅員注意

フォークリフト作業計画書
（労働安全衛生規則第151条の3に基づく）

作成会社 ㈱○○○○建設

工事名 ○○○○新築工事

フォークリフト（　　工事）作業計画書

		作成会社		責 任 者
作業名		元方確認		
作業期間	令和 ○年 ○月 ○日 ～ 令和 ○年 ○月 ○日 （○日間）	確認日	確認日	

令和　　年　　月　　日 ㊞

作成者　　　　　　　㊞

確認日

[作業方法]
足場解体後、枠は25段りゃんこ積・アンチは20段積み上げた

荷の種類：仮設材
荷の形状：番線結束したもの
荷の重量：900kg未満とする。

作業者の配置

会 社 名	氏 名	役 割	所有資格

(作指)：作業指揮者、(作)：作業者、(誘)：誘導者、(技)：技能講習終了、(特)：特別教育終了

フォークリフトの種類・能力

機 械 名	能 力	使用目的

作業場所状況

場所の広さ	1.広い 2.狭い 3.狭小
路面状況	1.舗面 2.砂利敷 3.土間
坂道等傾斜	有 ・ 無
路肩危険箇所	有 ・ 無
障害物・段差	有 ・ 無
高さ制限	有 ・ 無
一旦停止箇所	有 ・ 無

[記載事項] 重要なポイントは赤字にて記入

フォークリフトの作業場所及び作業方法

フォークリフトの運行経路を図示	フォークリフト運転技能講習修了書を携帯	許容荷重を超えた荷を積載しない
周辺労働者の立ち入り禁止箇所及びフォークリフトの走行禁止箇所を具体的に記載	作業開始前点検を実施する	急発進・急停車・急旋回をしない
	定められた制限速度以内で走る	運転中は乗車席以外に人を乗せない
各種標識：一旦停止・作業指揮者及び誘導者の配置を記入	他の作業者に接触する恐れのある時は立ち入り禁止にするか誘導者を配置する	運転席を離れるときは、作業や通行の障害とならないよう駐車する、鍵を必ず抜くこと
保護帽・安全靴等保護具を正しく着用	走行時、進行方向・側方の下は作業者を立入禁止	フォークの上に人を載せて昇降機として使用してはならない
	シートベルトを着用する	

第11章　公衆災害の防止

区分	点検項目	参考	関係条文
1　交通車両	①関係者との打合せは十分か	1．付近住居者等への周知 2．警察、道路管理者、消防等との打合せ及び届出 3．隣接工区との調整	公（土）10 　　　　13 道交法 77
	②管理体制はよいか （イ）安全運転管理者の選任（自家用）	選任した日より15日以内に考案委員会（所轄警察署）へ届け出る。	道交法 74の3
	（ロ）整備管理者の選任	○選任基準	道車法 50 道交則 9の8 　　　　9の11 道車則 31の3
		<table><tr><td>自動車の種類</td><td>安全運転管理者</td><td>整備管理者</td></tr><tr><td>乗車定員11人以上</td><td>1台以上</td><td>1台以上</td></tr><tr><td>車両総重量8t以上</td><td>5台以上</td><td>5台以上</td></tr><tr><td>その他</td><td>5台以上</td><td>10台以上</td></tr></table>	
	（ハ）運行管理者の選任（営業用）	○二輪車は1台を0.5台として計算 ○20台以上の場合は副安全運転管理者を選任 ・運行管理者試験に合格した者等 ○選任基準	貨運法 18 貨運則 18
		<table><tr><td>30台未満の事業場</td><td>1名</td></tr><tr><td>30台以上の事業場</td><td>30台ごと1名</td></tr></table>	
	③施工体制の把握	1．施工体制台帳の整備 2．施工体系図の掲示 3．任意保険加入状況	建設業法 24の8
	④車両の構造及び装置はよいか	1．持込機械として届出書の提出 2．自重計 3．運行記録計（タコメーター） 4．消火器、非常信号用具	道車法 40 　　　　41 道交法 63の2 保安基準 43の2 　　　　47
	⑤点検整備記録はよいか	1．始業前点検 2．定期点検整備記録（1カ月ごと実施）	道車法 47の2 　　　　48
	⑥運転手の管理状況は適切か	1．服装 2．免許証等の確認、指名掲示 3．名簿の整備 4．労働時間…過労運転の防止 自動車運転者の労働時間等の改善基準…厚生労働省通達 5．運転日誌・作業日報等の記入	

始業点検の励行

区分	点検項目	参考	関係条文
1 交通車両	⑦運行状況はよいか	1．運行ルート遵守（ルート図の交付） 2．経路の交通事情、路面の状態等	
	⑧安全運転は守られているか	1．積載制限の厳守 2．制限速度の遵守 3．無資格運転の禁止 4．酒気帯び、過労運転の禁止 5．歩行者優先	道交法 57 22 84 65 38
	⑨踏切の安全対策は適切か	1．踏切警備員の配置 2．安全施設の整備	
	⑩左折時の安全確認はよいか	1．後輪による巻込防止	道交法 34
	⑪学童通学路に対する措置はよいか	1．誘導員の配置 2．登下校時の運行制限	
	⑫作業場出入口及び道路交差部の措置はよいか	1．誘導員の配置 2．標灯、標識等の配置	公（土）16 23
	⑬路面の整備状況はよいか	1．補修 2．撒水 3．標識等の設置 4．洗車設備等	公（土）26
	⑭積載方法はよいか	1．過積み等の禁止 乗車定員、重量、幅、高さ、長さ（制限外許可） 2．荷の落下防止	道交法 55〜57
	⑮パトロールの実施状況はよいか	1．パトロール車による運行状況点検指導 2．違反車に対する注意書等の交付	

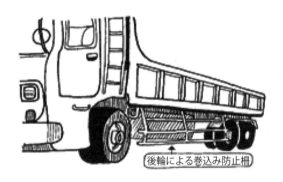

後輪による巻込み防止柵

点滅灯　ブザー　誘導員

車の出入口には点滅灯及び
ブザーを取付けること

荷の積み過ぎ！

踏切保安要員

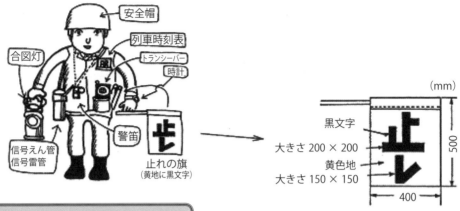

- 安全帽
- 列車時刻表
- 合図灯
- トランシーバー
- 時計
- 信号えん管
- 信号雷管
- 警笛
- 止れの旗（黄地に黒文字）

（mm）
- 黒文字
- 大きさ 200 × 200
- 黄色地
- 大きさ 150 × 150
- 500
- 400

列車停止用具（信号えん管の使い方）

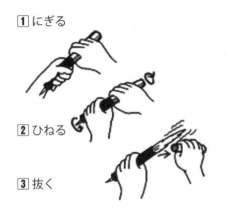

1 にぎる
2 ひねる
3 抜く

使用上の注意
○キャップを外側に向けて引き抜く
○信号を現示するときはゆっくり円形にまわす
○信号えん管は 5 分間燃える

信号雷管の使い方

(1) 信号雷管の大きさ　(2) 鉛の帯を横に広げる　(3) 鉛の帯をレール頭部に巻きつける

使用上の注意
○ 90cm 以上高いところから落とすと爆発の危険がある
○列車に向かって右側のレールに取付ける
○爆音と同時に破片が飛ぶから、レールに取付けたら 30 m 以上離れる

区分	点検項目	参考	関係条文
2 路上作業等	①仮囲い等の設置はよいか	仮囲いの高さ 1.8 m 以上 道路上では（固定柵）高さ 1.2 m 以上 （移動柵）高さ 0.8 ～ 1.0 m	建基令 136 の 2 の 20 公（土）29
	②作業場出入り口及び車両の出入りはよいか	1．引戸式の扉（立入禁止表示） 2．誘導員の配置	公（土）16 　　　22
	③落下物に対する防護はよいか	1．落下物防止の項参照（P.56） 2．防護棚（朝顔）の設置 3．ネット類又はシートで覆う	建基令 136 の 5 公（土）31 公（建）15

区分	点検項目	参考	関係条文
2 路上作業等	④工事標識の設置はよいか	1．工事標板（内部照明式） 2．保安灯（夜間150mから視認できる光度） ・注意灯（夜間200mから視認できる光度を有する黄色又は赤色の回転式か点滅式） 3．工事予告板（夜間照明） ・工事箇所前方50m～500m ・路側・中央帯 4．道路管理者及び所轄警察署の指示によりまわり道案内用掲示板（夜間照明）を設置	公（土）24 25
	⑤工事場所の区分及び表示はよいか	1．作業場の区分 2．移動柵の設置及び撤去	公（土）15
		<table><tr><td>区分</td><td>間隔</td><td>その他</td></tr><tr><td>一般</td><td>柵の長さ以下</td><td>中間に保守灯又はセイフティコーン</td></tr><tr><td>交通流に対面</td><td>あけない</td><td>すり付け区間を設ける</td></tr><tr><td>歩道、自転車道</td><td>あけない</td><td>―――――</td></tr></table>3．保安灯（視認距離150m） ・設置間隔～4m以下 （交通流に対面の場合は2m程度） ・高さ1m程度	24
	⑥車道の幅員を確保しているか	1．制限後一車線となる場合は3m以上 2．二車線となる場合は5.5m以上 3．必要に応じ誘導員を配置	公（土）25
	⑦路面の整備状況はよいか	1．掘削箇所を通行させる場合は、埋戻し後、仮舗装又は履工を行う 2．周囲路盤との段差が生じた場合は5％以内の勾配ですりつける。 3．通路の排水は良好にする	公（土）26
	⑧機械類等の照明は十分か	高い工事用機械若しくは構造物を設置する場合は白色照明灯を設置	公（土）24

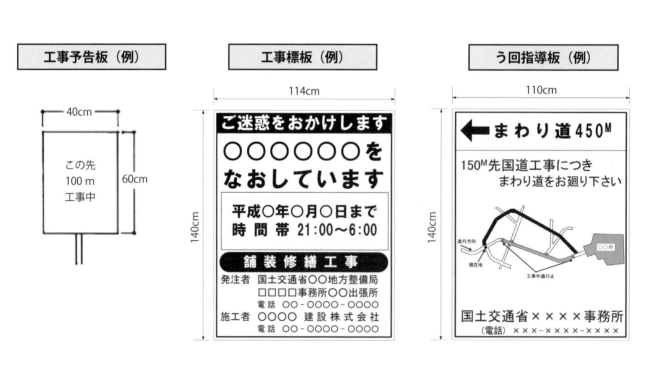

工事予告板（例）

40cm

この先
100m
工事中

60cm

工事標板（例）

114cm

ご迷惑をおかけします
○○○○○○を
なおしています
平成○年○月○日まで
時間帯 21：00～6：00
舗 装 修 繕 工 事
発注者 国土交通省○○地方整備局
　　　　□□□□事務所○○出張所
　　　　電話 ○○-○○○○-○○○○
施工者 ○○○○ 建設株式会社
　　　　電話 ○○-○○○○-○○○○

140cm

う回指導板（例）

110cm

←まわり道450M
150M先国道工事につき
まわり道をお廻り下さい
進行方向
現在地
工事中通行止
○○市
国土交通省×××事務所
（電話）×××-××××-××××

140cm

保安施設設置要領

道路中央部施工する場合

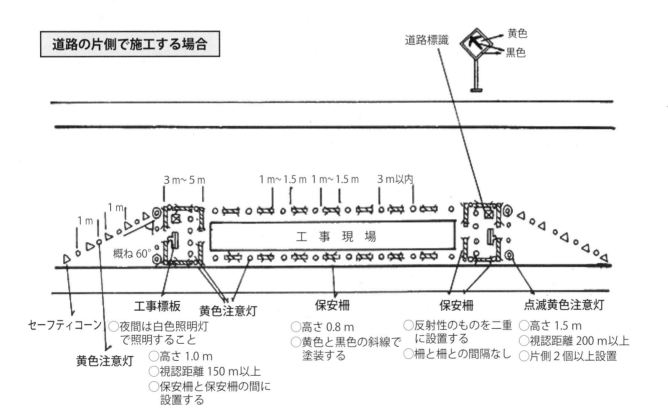

道路の片側で施工する場合

セーフティコーン

黄色注意灯
○夜間は白色照明灯で照明すること

工事標板
○高さ1.0 m
○視認距離150 m以上
○保安柵と保安柵の間に設置する

黄色注意灯

保安柵
○高さ0.8 m
○黄色と黒色の斜線で塗装する

保安柵
○反射性のものを二重に設置する
○柵と柵との間隔なし

点滅黄色注意灯
○高さ1.5 m
○視認距離200 m以上
○片側2個以上設置

区分	点検項目	参考	関係条文
2 路上作業等	⑨歩行者の安全通路を確保しているか	1．幅 0.90 m 以上 2．歩行者の多い箇所は 1.5 m 以上 3．柵等により区分 4．路面は凸凹をなくする	公（土）27 公（建）33

歩行者通路の確保要領

（1）歩道上に歩行者通路を確保する場合

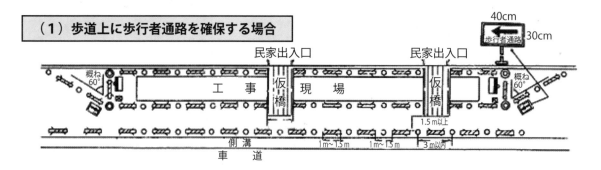

（2）歩道を全面掘削し、車道上に歩行者道路を確保する場合

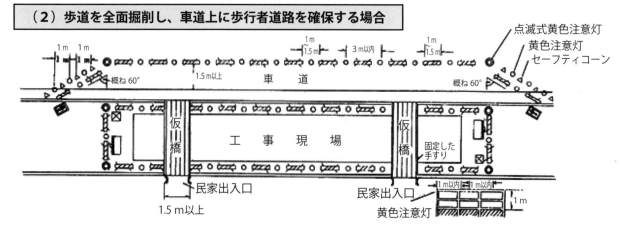

（注）1．掘削が深く危険性のある場合は、保安柵にかえ、容易に移動しない堅固な固定柵とすること
　　　2．掘削開口が長期（概ね1カ月以上）にわたる場合は、歩行者通路の両側の保安柵は、ガードレールとすること

取 付 部

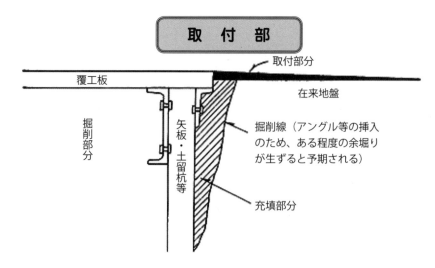

区分	点検項目	参考	関係条文
2 路上作業等	⑩覆工板に異常はないか	1．段差が生じた場合はすり付け。履工板との間はすき間なし 2．道路との取付け部はすき間を充填 3．鋼製覆工板はすべり止めのあるもの 4．保安要員を配置し常時点検 5．予備覆工板の用意	公（土）26
	⑪材料等搬入時覆工板を取り外す際の措置はよいか	1．関係者以外の立入りを禁止する（保安柵、照明、誘導員の配置）	公（土）57
	⑫巡回点検の実施状況はよいか		公（土）21 公（建）30
	⑬台風・強風時の措置はよいか	1．倒壊防止 　足場、鉄骨、リフト等 2．飛散防止 工事用材料、保安柵等	
3 地下埋設物	①埋設物の調査及び確認は十分か	1．埋設物管理者との協議・事前打合せ 2．試掘は手掘りで行い目視で確認（埋設物の種類、位置、規格、構造） 3．試掘深さは2ｍ程度まで行い露出させる	公（土）42 43 安則　194

誘導員の位置 ⊗

後退の場合

後退の場合は運転手と同じ側で
車側より2ｍ以上、自動車後部
から5～10ｍ離れて位置する

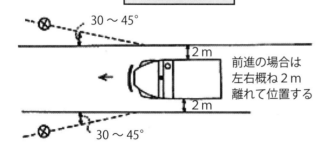

前進の場合

前進の場合は
左右概ね2ｍ
離れて位置する

区分	点検項目	参考	関係条文
3 地下埋設物	②防護方法はよいか	1．つり防護、受け防護 2．ジョイント部の防護	公（土）44
	③支持具等に異常はないか	1．ゆるみ、変形、腐食 2．継手部のボールト、ナットのゆるみ	
	④埋設物の表示はよいか	1．名称、保安上の必要事項、埋設物の位置 2．連絡先（管理者名）	公（土）44
	⑤近接位置掘削時の措置はよいか	1．埋設物の補強等保安に必要な措置を講じる。あらかじめ、補強、移設、掘削後の管理について発注者及び埋設物管理者と協議が必要	公（土）45
	⑥火気の使用	1．可燃性物質の輸送管付近では、溶接機、切断機等火気を伴う機械器具の使用はできない	公（土）46
	⑦緊急時の通報体制はよいか	1．ガス爆発事故防止に関する通達（建設省（現国交省））参照	
4 公害（廃棄物の処理）	①騒音・振動対策	（騒音規制法） （振動規制法）	
	（イ）特定建設作業に該当しないか	1．作業開始7日前までに特定建設作業実施届出書を提出 2．該当作業は（P.173 参照）	振動　14
	（ロ）基準値を超えていないか	1．騒音　85dB（各都道府県に条例があるので注意） 2．振動　75dB（各都道府県に条例があるので注意）	
	（ハ）測定及び記録はよいか	1．暗騒音、暗振動 2．施工時の測定	
	（ニ）作業時間の制限を守っているか	1．作業時間帯 2．1日の延作業時間 3．日曜、休日の作業	

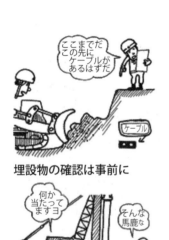

埋設物の確認は事前に

埋設物は
正確に知る

区分	点検項目	参考	関係条文
	②排水処理対策 (イ) 排水基準値を超えていないか	1．一律基準～国 　（P.173 参照） 2．上乗せ基準～都道府県条例	（水質汚濁防止法）
	(ロ) 処理方法はよいか	1．河川、下水道等に排水する場合は当該管理者に届出、あるいは許可が必要 2．土粒子を含む排水は沈砂・ろ過施設等を経て排水	公（土）55
	(ハ) 測定及び記録はよいか	1．PH、SS、COD、BOD 等 2．有害物	
	③地盤沈下対策 (イ) 周辺の家屋、構築物などの調査を実施しているか	1．薬液注入工法による異常の有無を常時監視する 2．地下水低下工法による異常の有無を常時監視する 3．周囲の地盤のゆるみ又は沈下、構造物の損傷に注意する 4．写真、記録の整備（撮影日時、撮影者）	公（土）52 　　　53 公（建）47
	(ロ) 井戸等の渇水対策はよいか	1．地下水位の測定・記録 2．仮設水道等の設置	
	(ハ) 地下水を汚染していないか	1．薬液注入箇所付近の地下水（井戸水）、河川等 2．上下水道のジョイント部からの侵入	
	④粉じん対策 (イ) 防じん措置はよいか	1．カバー、覆等 2．散水、清掃等	公（建）16
4 公害（廃棄物の処理）	⑤苦情処理の方法を決めているか	1．苦情受付～処理の手順、体制を周知 2．作業員に対する教育	
	⑥一般廃棄物 (イ) 処理方法はよいか	1．分別等市町村の定めによる 2．投棄の禁止 3．焼却の禁止（焚火等は可）	産廃法 6 　　　16 　　16の2
	⑦産業廃棄物 (イ) 処理計画を作成提出しているか	1．多量排出事業者→都道府県知事等 　（前年実績 1,000 t 以上）	産廃法 12
	(ロ) 計画内容はよいか	1．管理体制、減量・分別・再生等	
	(ハ) 処理委託方法はよいか	1．処理業者の事業範囲及び処理能力の確認 2．運搬・処分夫々の業者と別箇書面契約（二者間契約） 3．中間処理委託の場合は最終処分場所・方法・能力等も記載する	産廃法 12
	(ニ) 現場の管理体制はよいか	1．責任者の指名及び選任 2．関係業者間の連絡周知 3．運搬経路 4．処分施設及び方法確認	
	(ホ) 産業廃棄物管理票の交付、返送の流れはよいか	1．産業廃棄物管理票の流れ（P.172 参照） 2．保管期間 5 年（環境省令）	産廃法 12の3
	(ヘ) 保管方法はよいか	保安基準に則った分別保管 1．周囲のかこい 2．掲示板（60cm × 60cm 以上） 　・種類・管理者氏名等 3．飛散・浸透・流出・悪臭等の防止措置 石綿含有廃棄物 1．仕切の設置 2．かこい・梱包による飛散防止	産廃則 8
	(ト) 報告書を提出しているか （都道府県知事宛）	1．管理票交付等状況報告書 　（様式 3 号）毎年 6 月 30 日まで都道府県知事へ報告	産廃則 8の27

区分	点検項目	参考	関係条文
4 公害（廃棄物の処理）	⑧特別管理産業廃棄物 （イ）保管方法はよいか	1．周囲のかこい 2．掲示板（60cm × 60cm 以上） 3．種類・管理者氏名等 4．飛散・浸透・流出・悪臭等の防止措置 5．仕切の設置 廃石綿 1．梱包等による飛散防止	産廃則 8 の 13
	（ロ）処理を委託する者に対する通知をしているか	1．種類、数量、性状、荷姿等 2．取扱注意事項	産廃令 6 の 6 産廃則 8 の 16
	（ハ）帳簿記載事項は適切か	運搬 1．当該特別管理産業廃棄物を生じた事業場の名称及び所在地 2．運搬年月日 3．運搬方法及び運搬先ごとの運搬量 4．積替え又は保管を行った場合には場所ごとの搬出量 処分 1．当該特別管理産業廃棄物の処分を行った事業場の名称及び所在地 2．処分年月日 3．処分方法ごとの処分量 4．処分（埋立処分を除く）後の廃棄物の持出先ごとの持出量	産廃則 8 の 18
5 建設リサイクル法	①分別解体及び再資源化 （イ）対象建設工事か	対象工事： | 対象工事	規模
---	---
建物の解体	床面積 80 m² 以上
〃 新築・増築	500 m² 以上
〃 修繕・リフォーム等	1 億円以上 請負金
建物以外の工作物の解体・新築等（土木工事等）	500 万円以上	 1．届出書（着工 7 日前） 2．特定建設資材の種類・数量 3．分別解体等の計画	リサイクル 10
	（ロ）再資源化等の実施はできているか	1．特定建設資材廃棄物について、再資源化をしなければならない 特定建設資材 ・コンクリート ・コンクリート及び鉄から成る建設資材 ・木材 ・アスファルト・コンクリート	リサイクル 16
	（ハ）報告・記録はよいか	1．発注者に対する報告（再資源化等報告書） 2．記録の作成保存	リサイクル 18

◎都道府県条例の基準を確認すること

廃棄物の分類

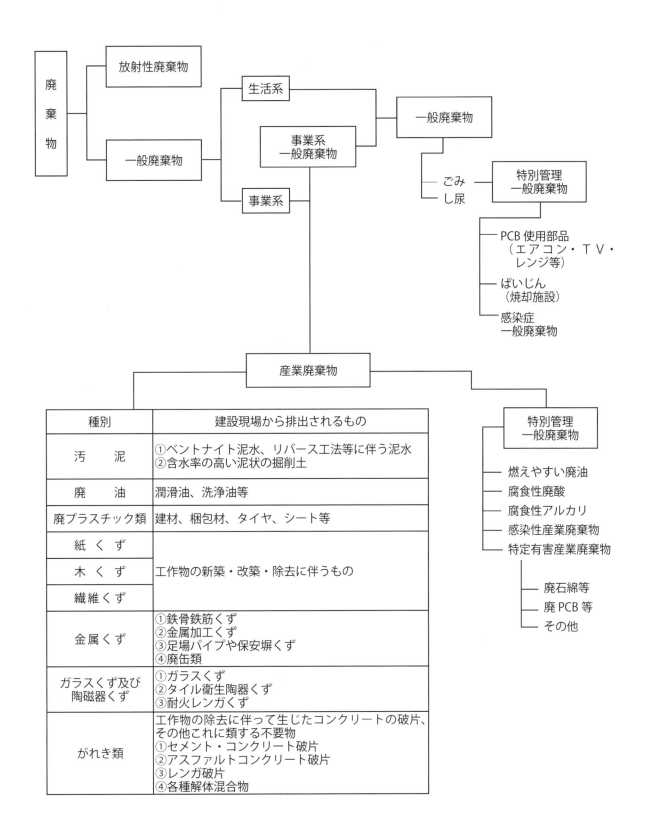

種別	建設現場から排出されるもの
汚 泥	①ベントナイト泥水、リバース工法等に伴う泥水 ②含水率の高い泥状の掘削土
廃 油	潤滑油、洗浄油等
廃プラスチック類	建材、梱包材、タイヤ、シート等
紙 く ず	
木 く ず	工作物の新築・改築・除去に伴うもの
繊 維 く ず	
金属くず	①鉄骨鉄筋くず ②金属加工くず ③足場パイプや保安塀くず ④廃缶類
ガラスくず及び 陶磁器くず	①ガラスくず ②タイル衛生陶器くず ③耐火レンガくず
がれき類	工作物の除去に伴って生じたコンクリートの破片、その他これに類する不要物 ①セメント・コンクリート破片 ②アスファルトコンクリート破片 ③レンガ破片 ④各種解体混合物

産業廃棄物管理票（マニフェスト）制度

●廃棄物の処理及び清掃に関する法律（12条の3）

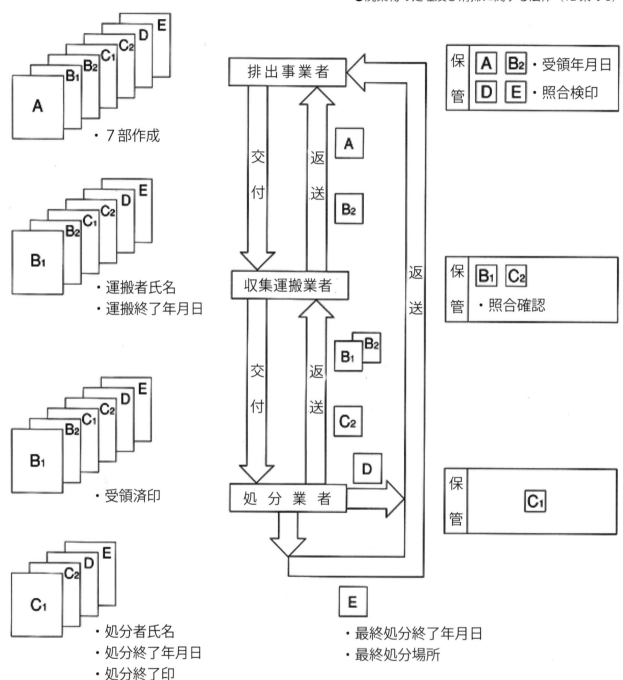

・7部作成

B₁
・運搬者氏名
・運搬終了年月日

B₁
・受領済印

C₁
・処分者氏名
・処分終了年月日
・処分終了印

排出事業者
収集運搬業者
処分業者

交付　返送

A　B₂

B₁　B₂

C₂

D

E
・最終処分終了年月日
・最終処分場所

保管	A	B₂	・受領年月日
	D	E	・照合検印

保管	B₁	C₂	
	・照合確認		

保管		C₁	

1．措置内容等報告書〜都道府県知事等宛

$\left(\begin{array}{l}\text{管理票の返送期限を守らないとき}\\ \quad\text{・}B_2\text{票・D票 〜 90日}\\ \quad\text{・E票 〜180日}\end{array}\right)$

2．管理票の保管期間〜5年間

○汚水等の処理と排出基準値

廃棄汚水 （一般的性状）	1．PH　7.5 ～ 12.5 2．SS　50,000 ～ 400,000 3．含水率　　　60% ～ 95%					

処理方法	関係法		一律排水基準値					

排出水	公共用水域へ	水質汚濁防止法	生活環境	PH	SS (mg/ℓ)	BOD (mg/ℓ)	COD (mg/ℓ)	油分 (mg/ℓ)	その他
				5.8 ～ 8.6 （海域 5.0 ～ 9.0）	200 （日平均 150）	160 （日平均 120）	160 （日平均 120）	5 （鉱油類）	フェノール、鋼、亜鉛等 14 項目

			健康保護	カドミュウム	シアン	有機リン	鉛	六価クロム	ヒ素	総水銀	アルキル水銀	PCB
				(mg/ℓ) 0.03	(mg/ℓ) 1	(mg/ℓ) 1	(mg/ℓ) 0.1	(mg/ℓ) 0.5	(mg/ℓ) 0.1	(mg/ℓ) 0.005	検出されないこと	(mg/ℓ の) 0.003

	公共用下水道へ	下水道法	PH	SS (mg/ℓ)	BOD (mg/ℓ)	油分 (mg/ℓ)	温度（℃）	その他
			5 ～ 9	600 未満	600 未満 （5 日間）	5 以下 （鉱油類）	45 未満	フェノール、シアン、鉛等 22 項目

直接投棄又は固形物処理 （埋立処分）	廃棄物の処理及び清掃に関する法律	処理方法
		1．汚泥～焼却又は含水率 85% 以下とする。 2．有害物を含む～コンクリート固型化又は汚泥～総理府令で定める基準による 3．廃油～焼却

（H28.11.15 環境省令第 25 号による）

○特定建設作業

騒音規制法（施行令第 2 条別表第二）	1．くい打・くい抜作業（もんけん、圧入式、アースオーガ併用を除く） 2．びょう打機を使用する作業 3．さく岩機を使用する作業（1 日の移動地点 50 m 以内に限る） 4．空気圧縮機を使用する作業 　　・電動機以外の原動機を用いるもので、定格出力 15kW 以上のものに限る 　　・さく岩機の動力として使用するものを除く 5．コンクリートプラント（混練容量 0.45 m 3 以上）又はアスファルトプラント（混練重量 200kg 以上）を設けて行う作業（モルタル製造の作業を除く） 6．バックホウ（80kW 以上） 7．トラクターショベル（70kW 以上） 8．ブルドーザー（40kW 以上） 　　※但し、6 ～ 8 号のうち国土交通省指定の低騒音型建設機械は除く 　　参照　旧建設省告示第 54 号
振動規制法（施行令第 2 条別表第二）	1．くい打・くい抜作業（もんけん、圧入式、油圧式くい抜機を除く） 2．鋼球を使用して建築物その他の工作物を破壊する作業 3．舗装版破砕機を使用する作業（1 日の移動距離 50 m を超えない作業） 4．ブレーカー（手持式を除く）を使用する作業（1 日の移動地点 50 m 以内に限る）

○騒音と騒音レベル（参考）

騒音の種類・程度	騒音レベル（dB）	目安（うるささ）	建設機械騒音（例）（10 m～30 m地点）
ジェットエンジンの近く	140		
耳が痛くなる	130		
飛行機のエンジンの近く	120		
自動車の警笛（2 m前方）	110	きわめてうるさい	
電車通過時のガード下	100		
騒々しい工場、ブルドーザー（5 m）	90		
ＪＲの中、普通の工場、防犯ブザー	80		
騒がしい事務所、電話のベル	70	うるさい	
普通の会話、静かな自動車	60		
静かな事務所、換気扇	50	普通	
市内深夜、図書館	40		
郊外深夜、ささやき声	30	静か	
木の葉のふれあう音	20		

建設機械騒音（例）：30 m、10 m／ディーゼルハンマー、リベットガン、コンプレッサー、ミキサー車、ウィンチ、ブルドーザー

（平成8年2月）
（平成21年3月改正）

○震度階級（気象庁）抜粋

震度階級	人の体感・行動	屋内の状況	屋外の状況
0	人は揺れを感じないが、地震計には記録される。		
1	屋内で静かにしている人の中には、揺れをわずかに感じる人がいる。		
2	屋内で静かにしている人の大半が、揺れを感じる。眠っている人の中には、目をさます人もいる。	電灯などのつり下げ物が、わずかに揺れる。	
3	屋内にいる人のほとんどが、揺れを感じる。歩いている人の中には、揺れを感じる人もいる。眠っている人の大半が、目をさます。	棚にある食器類が、音を立てることがある。	電線が少し揺れる。
4	ほとんどの人が驚く。歩いている人のほとんどが揺れを感じる。眠っている人のほとんどが、目を覚ます。	電灯などのつり下げ物は大きく揺れ、棚にある食器類は音を立てる。座りの悪い置物が、倒れることがある。	電線が大きく揺れる。自動車を運転していて、揺れに気づく人がいる。
5弱	大半の人が、恐怖を覚え、物につかまりたいと感じる。	電灯などのつり下げ物は激しく揺れ、棚にある食器類、書棚の本が落ちることがある。座りの悪い置物の大半が倒れる。固定していない家具が移動することがあり、不安定なものは倒れることがある。	まれに窓ガラスが「割れて落ちることがある。電柱が揺れるのがわかる。道路に被害が生じることがある。
5強	大半の人が、物につかまらないと歩くことが難しいなど、行動に支障を感じる。	棚にある食器類や書棚の本で、落ちるものが多くなる。テレビが台から落ちることがある。固定していない家具が倒れることがある。	窓ガラスが割れて落ちることがある。補強されていないブロック塀が崩れることがある。据付けが不十分な自動販売機が倒れることがある。自動車の運転が困難となり、停止する車もある。
6弱	立っていることが困難になる。	固定していない家具の大半が移動、倒れるものもあるドアが開かなくなることがある。	壁のタイルや窓ガラスが破損、落下することがある。
6強	立っていることができず、はわないと動くことができない。揺れにほんろうされ、動くこともできず、飛ばされることもある。	固定していない家具のほとんどが移動し、倒れるものが多くなる。	壁のタイルや窓ガラスが破損、落下する建物が多くなる。補強されていないブロック塀のほとんどが崩れる。
7		固定していない家具のほとんどが移動したり倒れたりし、飛ぶこともある。	壁のタイルや窓ガラスが破損、落下する建物がさらに多くなる。補強されているブロック塀も破損するものがある。

始業点検基準（交通車両）

点検箇所		点検内容	チェック欄									
			/	/	/	/	/	/	/	/	/	/
1	かじ取りハンドル	1．著しい遊び又はガタがないか										
		2．異常に、振れたり、取られたり又は重かったりしないか										
2	ブレーキ	1．ブレーキ・ペダルの踏みしろが適当で、ブレーキのききが十分であり、かつ、片ぎきがないか										
		2．ブレーキの液量が十分であるか										
		3．空気圧力の上り具合が不良でないか										
		4．ブレーキ・ペダルを踏み込んで放した場合にブレーキ・バルブからの空気弁が正常であるか										
		5．ブレーキ・レバーの引きしろが適当で、かつ、ブレーキのききが十分であるか										
3	タイヤ	1．タイヤの空気圧が適当であるか										
		2．亀裂及び損傷がないか										
		3．異常な摩滅がないか										
		※4．溝の深さが十分であるか										
		※5．金属片、石その他の異物がないか										
4	シャシばね	シャシばねに折傷がないか										
5	原動機	1．排気の色が不良でないか										
		※2．ラジエータ等の冷却装置から水漏れがないか										
		※3．冷却水量が十分であるか										
		※4．ラジエータ・キャップが確実に装置されているか										
		※5．ファンベルトの張り具合が適当であり、かつ、ファンベルトに損傷がないか										
		※6．オイルの量が適当であるか										
6	燃料装置	※燃料の量が十分であるか										
7	乗車装置	1．ドア・ロックが正常であるか										
		2．座席ベルトに損傷がなく、かつ、確実に取り付けられているか										
8	物品積載装置	物品を安全かつ確実に積載できるか										
9	灯火装置	点滅具合が不良でなく、かつ、汚れ及び損傷がないか										
10	警音機及び方向指示器	作用が不良でないか										
11	窓拭器、洗浄液噴射装置デフロスタ	1．作用が不良でない										
		2．洗浄液量が十分であるか										
12	後写鏡及び反射鏡	写影が不良でないか										
13	反射器及び自動車登録番号票又は車両番号票	汚れや損傷がないか										
14	計器	作用が不良でないか										
15	エア・タンク	1．エア・タンクに凝水がないか										
		2．空気圧力が適当であるか										
16	前日の運行において異常が認められた箇所	当該箇所に異常がないか										

第12章　防火

区分	点検項目	参考	関係条文
1 防火	①防火管理者の選任及び届出はよいか	1．作業場〜勤務者 50 人以上 2．寄宿舎〜住居者 50 人以上	消法　8 消令　1の2 消則　2〜4
	②消防計画の作成及び届出はよいか	1．自衛消防の組織に関すること 2．消火器等の点検、整備に関すること 3．避難経路の維持管理及びその案内に関すること 4．火気の使用又は取扱いの監督に関すること 5．工事中に使用する危険物等の管理に関すること 6．防火上必要な教育に関すること 7．消火、通報及び避難の訓練の実施に関すること 8．火災、地震その他の災害が発生した場合における消火活動、通報連絡及び避難誘導に関すること 9．防火管理についての消防機関 10．その他防火管理に関し必要な事項	消則　3
	③消火設備は十分か	1．消火器具の必要数 2．消火器の有効期間 3．設置場所	消法　17 消則　6 　　　9
	④警報設備はよいか	1．自動火災報知設備 　（延面積〜 500㎡以上） 　（東京都〜 200㎡以上） 2．漏電火災警報器 　・寄宿舎〜 150㎡以上及び契約 　電流容量が 50 アンペア以上 　・作業場〜 300㎡以上 3．非常用警報器具 　20 人以上 50 人未満 　（警鐘、携帯用拡声器、手動式サイレン） 4．非常用警報設備 　自動式サイレン、放送設備 　（50 人以上）	消令　21 　　　22

○防火管理者を選任しなければならない建築物

1．新築工事の場合

　　外壁及び床又は屋根を有する部分が次の1．2．3に定める規模以上である建物

　　1）地階を除く階数が 11 以上で、かつ、延べ面積が 10,000㎡以上

　　2）延べ面積が 50,000㎡以上

　　3）地階の床面積の合計が 5,000㎡以上

2．増・改築の場合

　　1）建築基準法第7条の6に基づき特定行政庁に仮使用するための申請がなされたもの

　　2）消防法第 17 条の消防用設備等の増設、移設等の工事を行う防火対象物で、当該設備の機能を停止させるもの又は機能に著しく影響を及ぼすもの

　　3）防火対象物の構造、用途等から人命安全対策上又は火災予防上必要と認めるもの

3．新築工事で、地階の階数が4以上のもの又は地階を除く階数が 11 以上で延べ面積が 3,000㎡以上のものでは、工事施工責任者が防火管理責任者を定め防火管理者と同様の防火管理業務をする。また、下記の内容を定めた工事中の消防計画を作成し、管轄消防署に届ける

　　1）すべての工事中の消防計画に定める事項

　　　①工事計画及び施工に関すること

　　　②工事中の防火管理体制に関すること

　　　③工事期間中の工事人の教育・訓練の実施及び工事中の消防計画の周知に関すること

　　　④その他工事に伴う特異事項

　　2）該当する場合に定める事項

　　　①工事に伴い機能に支障が生じる消防用設備等の代替措置に関すること

　　　②工事に伴い機能に支障が生じる避難施設等の代替措置に関すること

　　　③火災発生危険等に対する対策に関すること

　　　④工事に伴い使用する危険物等の管理に関すること

○防火管理

　　1）自衛消防組織

　　○火災時の活動

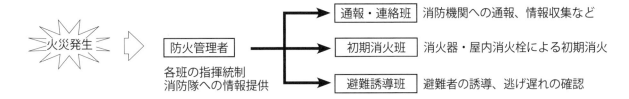

○自衛消防の組織体制

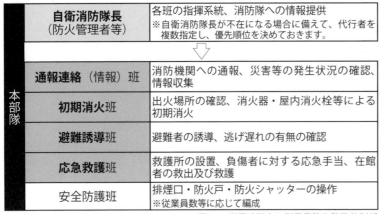

本部隊	**自衛消防隊長**（防火管理者等）	各班の指揮系統、消防隊への情報提供 ※自衛消防隊長が不在になる場合に備えて、代行者を複数指定し、優先順位を決めておきます。
	通報連絡（情報）班	消防機関への通報、災害等の発生状況の確認、情報収集
	初期消火班	出火場所の確認、消火器・屋内消火栓等による初期消火
	避難誘導班	避難者の誘導、逃げ遅れの有無の確認
	応急救護班	救護所の設置、負傷者に対する応急手当、在館者の救出及び救護
	安全防護班	排煙口・防火戸・防火シャッターの操作 ※従業員数等に応じて編成

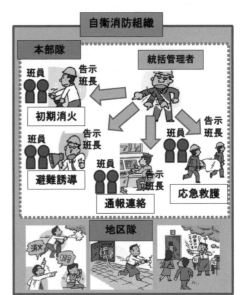

自衛消防組織

大規模な事業所では、必要に応じて地区隊を編成します。

夜間

営業時間中に従業員数や勤務体制が大幅に変わる場合（少人数で営業する時間帯等）は、組織を別に編成しておきます。

本部隊（夜間体制） 自衛消防隊長（代行者）	
通報連絡	初期消火
安全防護	避難誘導
応急救護	

２）自衛消防訓練の定期的な実施

訓練種別	訓練回数		
	特定防火対象物※１	地下駅舎	非特定防火対象物※２
消火訓練	年２回以上		消防計画に定めた回数
避難訓練			
通報訓練	消防計画に定めた回数		

工事現場、宿舎はこれに該当

※１：例えば映画館、カラオケボックス、飲食店、ホテル、病院など。詳細略
※２：工事現場、宿舎のほか学校、図書館、寺院、工場、倉庫など。詳細略

３）防火管理体制と消防機関との連絡等

○営業時間外等の防火管理体制

通常の防火管理体制とは異なるため、通常時とは別に計画を立て、任務を定める

例）

自衛消防隊長（代行者）
　┬─ 初期消火班
　├─ 避難誘導班
　└─ 応急救護班
　┄┄ 休日出勤者等

緊急連絡先　　防火管理者　TEL ○○○○
　　　　　　　火元責任者　TEL ○○○○

○消防機関との連絡等

届出等には

①防火管理者選任（解任）届出　　②消防計画作成（変更）届出
③自衛消防訓練通知　　　　　　　④消防用設備等点検結果報告
⑤防火対象物点検結果報告　　　　⑥工事中の消防計画届出
⑦禁止行為の解除承認申請　　　　⑧消防用設備等設置届
⑨防火対象物一時使用届出　　　　⑩防火対象物工事等計画届出

などがある

4）防火訓練

消防計画に基づき
計画を立てる

日時・場所・訓練の内容を決め、
参加者に周知します。

訓練で気がついた点について話し合い、次回の訓練に活かしましょう（※防災管理に係る消防計画に基づき実施した場合は、実施した訓練結果を踏まえた当該消防計画の検証及び検証の結果に基づく見直しが必要となります。）

| 管理権原者 |
| ↓選任 |
| 防災管理者（＝防火管理者） |
| ↓消防計画 |
| 訓練 |

消防署へ連絡する

検討会を開く

自衛消防訓練実施結果記録書は、
訓練を実施した日から
３年間保存してください。

「自衛消防訓練通知書」を
管轄消防署に提出してください
（電話、ＦＡＸでも可）。

自衛消防訓練実施
結果記録書の作成

訓練の実施

訓練中の事故防止に留意し、
安全管理を徹底してください。

5）防火管理者資格フロー

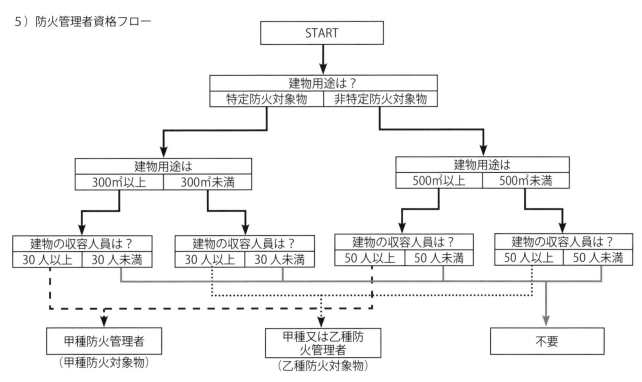

※工事現場、宿舎の建物用途は、非特定防火対象物

○延面積× 1/100 ≦消火能力合計

種別		1個当容量	個数	消火能力
バケツ		8ℓ 以上	3	1.0
水槽		80ℓ 以上	1（バケツ3）	1.5
		190ℓ 以上	1（バケツ6）	2.5
乾燥砂		50ℓ 以上	1（スコップ）	0.5
酸・アルカリ		6ℓ〜7ℓ	1	1.0
炭酸ガス		1.3 k〜2.5 k	1	1.0
四塩化炭素		2.8ℓ〜3ℓ	1	1.0

消火器の種類 ＼ 性能諸元	薬剤重量	総重量	適応火災及び消火能力単位	放射距離	放射時間	消火作用 冷却	窒息	負触媒
粉末（A，B，C）蓄圧式	6kg	10.0kg	A－5，B－12，C	4－7 m	18 秒		○	○
粉末（A，B，C）加圧式	6kg	12.5kg	A－5，B－12，C	4－8 m	16 秒		○	○
強化液 蓄圧式	8ℓ	15.3kg	A－3，B－1，C	5－10 m	60 秒	○		○
機械泡 蓄圧式	6ℓ	11.5kg	A－1，B－10，	3－6 m	45 秒	○	○	
化学泡 反応式	7.5ℓ	12.0kg	A－1，B－3，	4－9 m	57 秒	○	○	
水 蓄圧式	6ℓ	12.0kg	A－3	6－11 m	30 秒	○		
ハロン 1301 蓄圧式	2kg	6.0kg	B－2，C	2－4 m	16 秒		○	○
二酸化炭素 蓄圧式	3.2kg	12.0kg	B－3，C	4－8 m	16 秒	○	○	

A…普通火災
B…油 火 災
C…電気火災

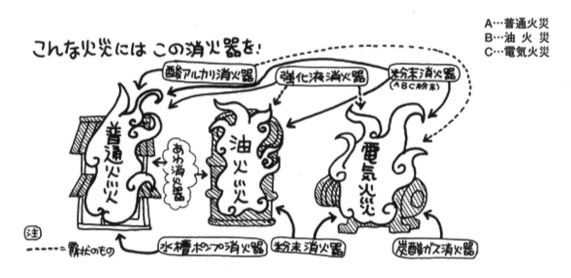

こんな火災には この消火器を！

① 粉末（ABC）消火器（加圧式）　② 粉末（ABC）消火器　③ 強化液消火器（蓄圧式）

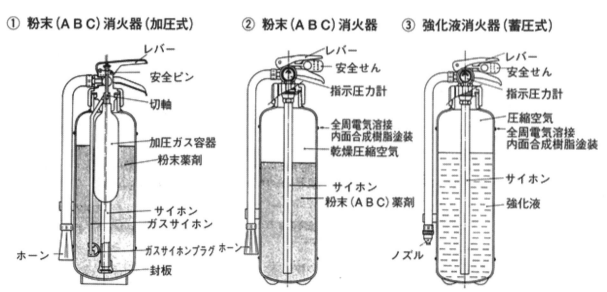

区分	点検項目	参考	関係条文
	⑤避難設備はよいか	1．寄宿舎〜2階以上の階の収容人員30人以上 （下階が事務所〜10人以上） 2．すべり台、すべり棒、避難はしご、避難ロープ、緩降機 3．避難口、階段、避難通路には、障害物となる施設、物品を置かない	消令 25 消則 26 27
	⑥火気使用場所の防火対策はよいか	1．火元責任者の表示 2．消火器の備付け 3．周囲の可燃物の片付け 4．残火の確認 5．火気の取扱いの指導・教育を行う	
	⑦宿舎の防火対策はよいか	1．すいがらによる火災防止 ・灰皿の備付 ・寝たばこの禁止 2．電気コタツ等 ・たこ配線の禁止 ・裸電球の使用禁止 3．巡回、点検の実施	
	⑧防火・防災教育	・社員・協力会社作業員に対して教育の実施	
	⑨放火防止対策	1．建物外周部・階段、トイレ等に可燃物を放置しない 2．事務所・倉庫・現場出入口の施錠や終業時の施錠の徹底	
1 防火	⑩煙突の防護はよいか	（60cm／不燃材料養生／15cm）	消法 9 準則 5 安則 290
	⑪湯沸設備の防護はよいか	1．上方〜可燃物から40cm以上 　側方〜可燃物から15cm以上 2．給湯湯沸設備 　上方〜60cm以上 　側方〜15cm以上	消法 9 準則 8 8-2
	⑫プロパンガス等の管理状況はよいか	1．ボンベの固定 2．ホースの損傷、き裂 3．通風・換気 4．元栓の締め忘れ 5．湯沸器〜種火の消し忘れ	
	⑬防火・避難訓練を実施しているか	1．通報・連絡 2．消火器具の使用方法 3．救急及び避難	

区分	点検項目	参考	関係条文
2 危険物	①貯蔵所、取扱所の設置、変更手続はよいか	1．指定数量以上の貯蔵・取扱い 　ガソリン〜　200ℓ以上 　軽油〜 1,000ℓ以上 　重油〜 2,000ℓ以上	消法　11 危令　15 公（建）19
	②圧縮アセチレンガス等の届出をしているか	1．貯蔵・取扱い 　・圧縮アセチレンガス〜 40kg 以上 　・液化石油ガス〜 300kg 以上 （液化ガス 10kg → 1 m³）	消法　9の3 危令　1の10
	③危険物取扱者の選任はよいか	1．指定数量以上の場合 2．免許の区分と取扱いできるもの 表： 甲種 乙種 ＝ 貯蔵所、取扱所の取扱業務 丙種 ＝ 上記以外で次の取扱業務 　ガソリン、灯油、軽油、重油、 　第4石油類、動植物油類	消法　13 　　　13の2 危令　31 危則　49
	④作業指揮者を定めているか	危険物取扱作業	安則　257 安令　別表第1
	⑤管理状況は適切か	1．立入禁止、火気厳禁の表示 2．取扱作業基準の設定及び遵守	安則　256
	⑥指定数量未満及び指定可燃物の貯蔵・取扱方法はよいか	1．指定数量未満の危険物 2．指定可燃物 　・油紙類、油かす、パラフィン等 　・ぼろ、紙くず、木くず、合成樹脂等	消法　9の4 準則　30 〜 34

区分	点検項目	参考	関係条文	
3 ガス溶接	①ガスボンベの貯蔵・保管方法はよいか	1．通風・換気良好な場所 2．火気・危険物・電気設備から隔離 3．転倒防止措置	安則	263
	②運搬、移動方法はよいか	1．キャップの取付け 2．専用運搬台の使用 3．衝撃を与えない	安則	263
	③有資格者か	ガス溶接技能講習修了者	安令	20-10
	④器具等の整備は十分か	1．ホースの損傷、き裂 2．圧力計の破損・不良 3．専用スパナ 4．吹管・点火具 5．逆火防止装置	安則	262
	⑤服装・保護具はよいか	1．作業服～油汚れ 2．防護眼鏡、保護手袋、防じんマスク等		
	⑥溶断火花に対する防護措置はよいか	1．周囲の可燃物の除去 2．スクリーン、防火シートによる防護 3．消火器の配置		
	⑦作業手順は守られているか	1．圧力の調整 2．点火 3．炎の調整 4．溶接、溶断 5．作業中断時の措置 6．作業終了時の措置	安則	262 263

ガスボンベ置場

夏期（直射日光不可）
40度以下に保つこと

空・充ボンベを
別にする

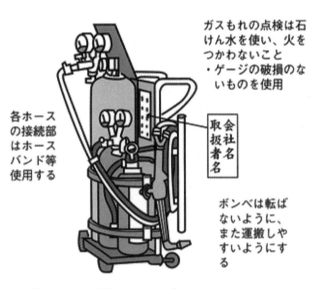

各ホース
の接続部
はホース
バンド等
使用する

ガスもれの点検は石
けん水を使い、火を
つかわないこと
・ゲージの破損のな
いものを使用

会社名
取扱者名

ボンベは転ば
ないように、
また運搬しや
すいようにす
る

使用後はホース等をきちんと丸めて
ふみつけられないようにする

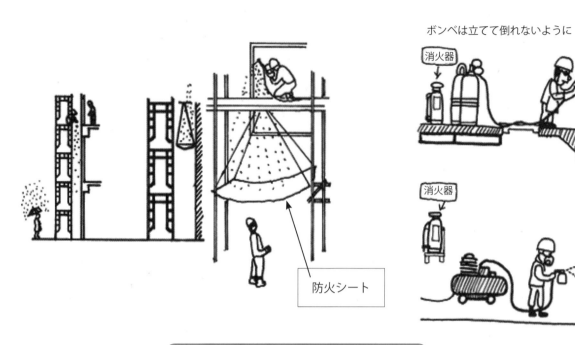

防火シート

消火器

ボンベは立てて倒れないように

消火器

ガス溶断火花の飛散の例（水平）

2.2m

7kg/cm²

2.5kg/cm²

5kg/cm²

0m   3.4   4.3   5.0   8.0   10.5m

4.9

ガス溶断火花の飛散の例（垂直）

酸素圧力　5 kg/cm²
板　　厚　25mm

高さ（m）

20

15

10

5

0   5   10   15   20

飛散距離（m）

塗装（シンナー）等の場所で
火気の取扱いの禁止 ✕

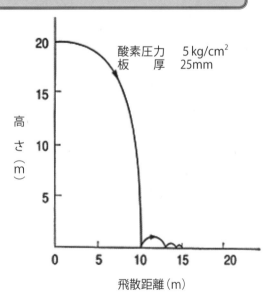

シンナー

調整器

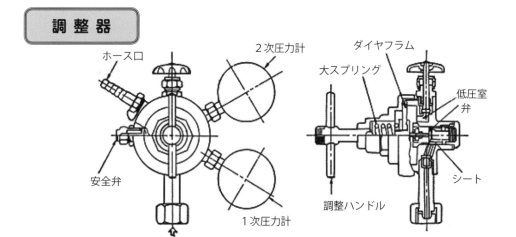

ホース口 / 2次圧力計 / ダイヤフラム / 大スプリング / 低圧室 / 弁 / シート / 安全弁 / 1次圧力計 / 調整ハンドル

○JISによる分類

種類	放出能力		最高使用圧力 MPa	圧力計 MPa	
	調整圧力 MPa	放出量 ℓ/min		高圧側	低圧側
酸素用1号	0.2	200 以上	0.4	20 〜 25	0.6
酸素用2号	0.5	600 以上	1.0	20 〜 25	1.5
酸素用3号	0.8	900 以上	1.5	20 〜 25	2.0
酸素用4号	1.0	1,200 以上	1.5 〜 2.5	20 〜 25	2.0 〜 3.0
溶解アセチレン用	0.07	150 以上	0.13	2.5 〜 3.0	0.2 〜 0.3

ゴムホースの取扱い例

通路上のゴムホースの保護板

悪　　い　　　　正　し　い

○火災の最高温度

支燃性ガス ＼ 可燃ガス	アセチレン	一酸化炭素	水素	メタン
空気	2,325	2,100	2,045	1,875
酸素	3,135	2,925	2,660	2,930

酸素・アセチレン火炎の温度分布

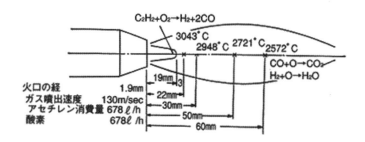

$C_2H_2+O_2 \rightarrow H_2+2CO$
3043°C　2948°C　2721°C　2572°C
$CO+O \rightarrow CO_2$
$H_2+O \rightarrow H_2O$
火口の経　　1.9mm
ガス噴出速度　130m/sec
アセチレン消費量 678 ℓ/h
酸素　　　　678ℓ/h
19mm / 3 / 22mm / 30mm / 50mm / 60mm

○火災の変調と対策

原因		結果	対策
アセチレンの供給不足	安全器の弁不良 導管の水抜不良 発生量不足 導管弁能力不足	火災の息吹き 点火の際の爆音 酸素の逆流 作業中音を発する	安全器、導管の適正調整 発生量適性維持
混合ガスの排除不完全		点火の際爆音を出す 吹管内へ逆火、内部で音を出し煙を出す	一度火を消して完全に排除したのち点火する
酸素圧力の過少		点火の際の爆音	圧力の調整をしなおし
火口の拡大変形		点火の際の爆音	火口の取替え
酸素圧力の過大		火炎の足切れ 酸素の逆流	圧力の調整
火口閉塞又は狭塞		点火の際の爆音 火炎の足切れ 作業中、パチパチ、ポンポン、シューシューの音を出す 時々火が消える	火口の掃除
吹管接合部又は火口のゆるみ		逆流 作業中に音を出す	火口のつけ替え 吹管修理
火口の過熱		逆火（吹管内の音、煙）	火口冷却
吹管に油脂などの使用		吹管内部の発煙	油脂の除去
混気不良		吹管内部で音を出す	吹管不良、取替えを要する

第13章　健康障害防止

区分	点検項目	参考	関係条文
1　酸欠防止	①酸素欠乏症等のおそれはないか	1．酸素濃度が18%未満の場合 2．硫化水素濃度が10ppmを超える場合	酸欠則　2
	②酸素欠乏のおそれがある場所はないか	1．次の地層に接し、又は通ずる井戸等の内部 ・上層に不透水層があり空隙にある礫 ・第一鉄塩類又は第一マンガン塩類を含有 ・メタン、エタン又はブタンを含有 ・炭酸水を湧出又は湧水するおそれがある ・腐泥層 2．長期間使用していない井戸等※の内部 3．地下に敷設される暗きょ、マンホール又はピットの内部	安令　別表6
	③近くで圧気工法による工事をしていないか	1．送気時期の相互連絡 2．送気圧の調整	酸欠則　10
	④測定機器は整備されているか	1．酸素、硫化水素、有害ガス、可燃性ガス 2．定期検定の実施	酸欠則　4
	⑤測定方法はよいか	1．毎日作業前 2．原則として外部より測定 3．立入測定を行うとき、空気呼吸器等、安全帯、監視員	酸欠則　3
	⑥測定記録はあるか	記録事項…資料Ⅲ 別表（5）参照 3年間保存	酸欠則　3

※井戸等とは井戸、井筒、たて坑、ずい道、潜函、ピットその他これらに類するものをいう

区分	点検項目	参考	関係条文
1 酸欠防止	⑦危険防止措置はよいか	1．換気は作業前及び作業中 ・ 酸素濃度 18%以上 ・ 硫化水素濃度 10ppm 以下 ・ 換気回数は 10 回／時間以上 ・ 気流は 0.5m ／ sec 以上 2．換気が困難な場合は、空気呼吸器等の使用（防毒マスク、防じんマスクは効力がない） 3．安全帯の使用（転落のおそれがあるとき）	酸欠則 5 6
	⑧作業員の点検が励行されているか	入場時及び退場時（氏名及び人員）	酸欠則 8
	⑨表示事項は適切か	1．立入禁止 2．記載事項 　イ．酸欠又は硫化水素中毒の危険があること 　ロ．立入る場合にとるべき措置 　ハ．事故発生時の措置 　ニ．空気呼吸器等、安全帯等、測定器等の保管場所 　ホ．酸素欠乏危険作業主任者の氏名	酸欠則 9
	⑩作業主任者を選任しているか	1．技能講習修了者（第一種、第二種） 2．氏名、職務の表示	酸欠則 11
	⑪作業者に対し特別教育を行っているか	・教育事項 　イ．酸欠の原因 　ロ．酸欠症の症状 　ハ．空気呼吸器等の使用法 　ニ．退避及び救急そ生法	酸欠則 12
	⑫異常の早期把握体制はよいか	1．常時作業状況の監視 2．異常の通報時の通報者の配置 3．自動警報装置の設置	酸欠則 13

21%					
18%	16%	12%	10%	8%	6%
安全限界 しかし連続換気が必要	呼吸、脈拍の増加、頭痛、悪心、吐き気	めまい、吐き気 筋力低下、体重支持不能 脱落 （死につながる）	顔面蒼白、意識不明、嘔吐（吐物で気道閉塞で窒息死）	失神昏倒 7～8分以内に死亡	瞬時に昏倒、呼吸停止、けいれん6分で死亡

区分	点検項目	参考	関係条文
1 酸欠防止	⑬緊急時の措置は検討されているか ・酸欠空気の噴出 ・換気装置の故障 ・圧気工法〜送気圧の低下 ・硫化水素の急激な発生	1．退避及び立入禁止措置 2．避難用具等 3．空気呼吸器等、はしご、ロープ、安全帯等 4．救出時は空気呼吸器を必ず使用する	酸欠則 14 15 16
	⑭周辺の調査を実施しているか （圧気工法を行うとき）	1．井戸及び配管の調査 　（半径 1 km 以内） 2．立入禁止措置 3．危険防止措置の教示	酸欠則 24

基礎坑内酸素欠乏の発生の仕組み

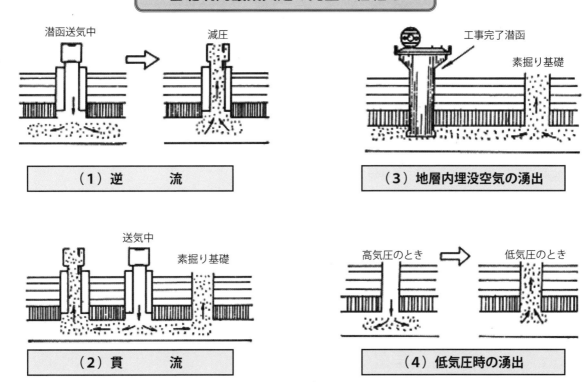

（1）逆　　流

（3）地層内埋没空気の湧出

（2）貫　　流

（4）低気圧時の湧出

排水暗渠内の酸素欠乏事例

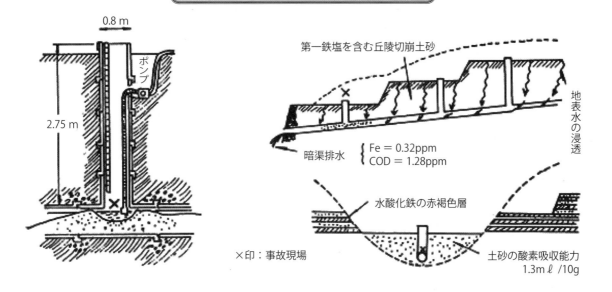

×印：事故現場

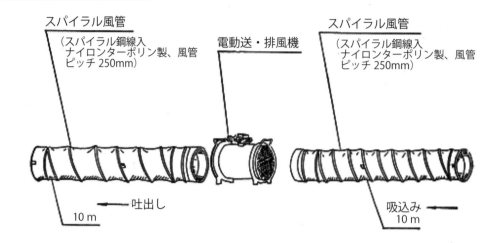

ポータブルファン

スパイラル風管
（スパイラル鋼線入
ナイロンターポリン製、風管
ピッチ 250mm）

電動送・排風機

スパイラル風管
（スパイラル鋼線入
ナイロンターポリン製、風管
ピッチ 250mm）

← 吐出し
10 m

吸込み ←
10 m

○使用時の点検事項

（イ）ポータブルファン

イ．電動機は故障していないか

ロ．電源コードの断線、コンセントの接触不良はないか

ハ．キャブタイヤコードと端子箱との接続はよいか

ニ．回転させたとき異常音や振動はないか

ホ．連続運転して過熱しないか

ヘ．コードの先端に「換気中、切るな」の表示板はついているか

（ロ）風管

イ．焼け穴や裂け目はないか

ロ．リング、スパイラルはつぶれていないか

ハ．内部にほこりが堆積していないか

ニ．接続部はしっかり固定されているか

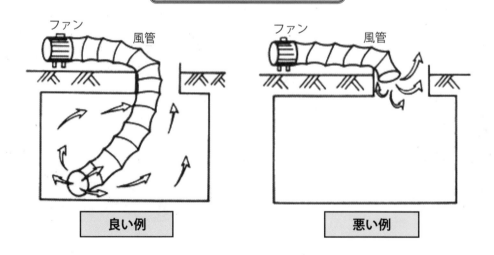

全体換気装置（例）

ファン　　　　　　　　風管

ファン　　　　　　　　風管

良い例

悪い例

○送気マスク

種類	形式		送気方法	ホース	
				内径	最大長さ
ホースマスク	吸引式		使用者の肺の力で吸引	19mm 以上 25.4mm 以上	10 m
	送風機式	電動	電動送風機	12.7mm 以上	40 m
		手動	手動送風機	25.4mm 以上	
エアラインマスク	一定流量式 デマンド式 複合式		コンプレッサー又は空気ボンベ	6.3mm 7.9mm 9.5mm	60 m

ホースマスク

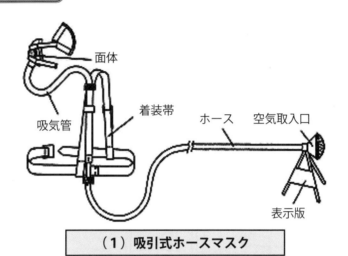

（1）吸引式ホースマスク

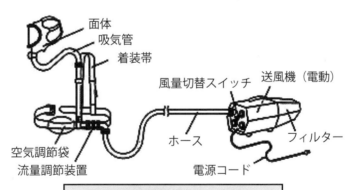

（2）電動送風式ホースマスク

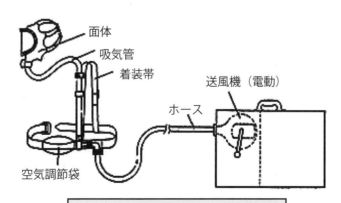

（3）手動送風式ホースマスク

エアラインマスク

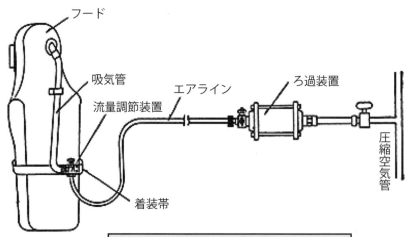

（1）一定流量式エアラインマスク

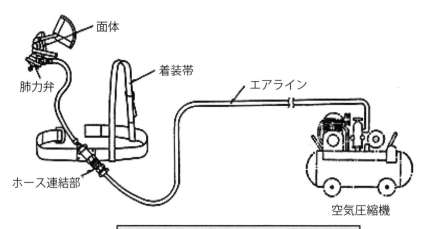

（2）デマンドエアラインマスク

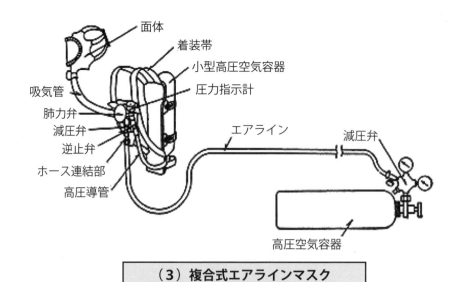

（3）複合式エアラインマスク

◎救急処置

1．意識の確認

　相手の耳元で「大丈夫ですか」など、大声で呼びかけながら、肩を軽くたたき、反応をみる

　2．助けを呼ぶ

　反応がなければ大声で助けを呼び、協力者が来たら、119 番への通報又は AED（自動体外式除細動器）を持ってきてもらうよう要請する

　3．気道確保

①喉の奥を広げて空気を肺に通しやすくする（気道の確保）

②片手を額に当て、もう一方の手の人差指と中指の 2 本をあご先（骨のある硬い部分）に当てて、あごを上げる

頭部後屈あご先挙上法

　4．呼吸の確認

　気道確保した状態で、正常な息をしているか調べる

　次のいずれかの場合には「正常な息なし」と判断する

> 胸、腹部→動きなし
> 呼吸音→聞こえない
> 息→感じられない
> 約 10 秒確認しても呼吸の状態が不明確
> しゃくりあげるような途切れた呼吸がみられる

　5．人工呼吸

　呼吸がなければ人工呼吸を開始する

①気道を確保したまま、傷病者の鼻をつまむ

②息を 1 秒かけて吹き込み胸が持ち上がるのを確認する

③いったん口を離し、同じ要領でもう一度息を吹き込む

④1 回目の吹き込みで胸が上がらなかった場合は、再度、気道確保をやり直し息を吹き込む。うまく胸が上がらなくても吹き込みは 2 回までとし、心臓マッサージに進む

　6．心臓マッサージ

①胸の真ん中（乳頭と乳頭を結ぶ線の真ん中）に片方の手の付け根を置き、他方の手をその上に重ね、両手の指を互いに組む

②ひじをまっすぐ伸ばして手の付け根の部分に体重をかけ、傷病者の胸が 4 〜 5 cm 沈むくらい強く圧迫する

a. 1 分間に 100 回の速いテンポで 30 回連続して圧迫する
b. 圧迫を緩める時は、胸がしっかり戻るまで十分に圧迫を解除する

力を加える位置　　　圧迫部位

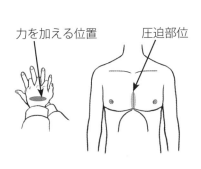

区分	点検項目	参考	関係条文
2 有機溶剤	①有機溶剤を取り扱っていないか	1．重量の5％を超えて含有する溶剤 2．塗装、接着剤等の作業	安令　別表第6の2
	②許容消費量を超えていないか	1．許容量の計算 （P.196参照）	有機則　2
	③健康診断を実施しているか	1．特殊健診 　雇入時、配置替え、定期（6カ月以内）	有機則　29
	④作業環境測定の実施状況はよいか	1．第1種、第2種有機溶剤 2．6カ月以内に1回 3．測定記録	有機則　28
	⑤掲示事項は適切か	1．有機溶剤等使用の注意事項 2．掲示方法（掲示板40cm×150cm以上、表面白色、文字黒色）	有機則　24
	⑥区分の表示はよいか	1．表示方法（旗、板、紙等） ・第1種有機溶剤等　赤 ・第2種有機溶剤等　黄 ・第3種有機溶剤等　青	有機則　25
	⑦保管・貯蔵方法は適切か	1．揮発の防止措置 2．立入禁止措置（施錠、区画表示等） 3．空容器は屋外の一定場所に集積	有機則　35
	⑧有機溶剤作業主任者等の選任はよいか	1．有機溶剤取扱作業	有機則　19
	⑨取扱作業員の教育を実施したか	1．労働衛生教育　P.197参照	
	⑩換気装置の性能は十分か	1．全体換気装置の性能～次頁参照	有機則　17

有機溶剤等使用の注意事項（厚生労働省告示による）

1．有機溶剤の人体に及ぼす作用　主な症状 　（1）頭痛　　　（2）けん怠感　　　（3）めまい　　　（4）貧血　　　（5）肝臓障害 2．有機溶剤等の取扱上の注意事項 　（1）有機溶剤を入れた容器で使用中でないものには、必ずふたをすること。 　（2）当日の作業に直接必要のある量以外の有機溶剤等を作業場内へ持ち込まないこと。 　（3）できるだけ風上で作業を行い、有機溶剤の蒸気の吸入をさけること。 　（4）できるだけ有機溶剤等を皮膚にふれさせないようにすること。 3．有機溶剤による中毒が発生したときの応急処置 　（1）中毒にかかった者を直ちに通風のよい場所に移し、速やかに衛生管理者その他の衛生管理を担当する者に連絡すること。 　（2）中毒にかかった者を横向きに寝かせ、気道を確保した状態で、身体の保温に努めること。 　（3）中毒にかかった者が意識を失っている場合は、消防機関への通報を行うこと。 　（4）中毒にかかった者の呼吸が止まった場合や正常でない場合は、速やかに仰向きにして心肺そ生を行うこと。

全体換気装置の性能（有機則17）

消費する有機溶剤等の区分	1分間当たり換気量（Qm²）
第1種	Q = 0.3 W　（g）
第2種	Q = 0.04 W　（g）
第3種	Q = 0.01 W　（g）

W：作業時間1時間あたりの消費量（g）

（例）第2種有機溶剤を使用する塗装作業

5時間で10kgを消費する場合の必要な性能は、次のとおりとなる

$Q = 0.04 W$

$$= 0.04 \times \frac{10\,（kg）\times 1,000}{5時間}$$

$$= 80\ m^3/min$$

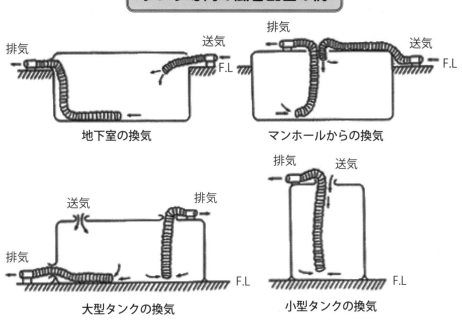

タンク等内の風管配置の例

地下室の換気　　　　　マンホールからの換気

大型タンクの換気　　　　小型タンクの換気

区分	点検項目	参考	関係条文
2　有機溶剤	⑪有効な保護具を着用しているか	1．送気マスク 2．有機ガス用防毒マスク	有機則 32 　　　　33
	⑫数量及び管理状況はよいか	1．就業人員以上の数量	安則　594
	⑬防火対策は十分か	1．消火器の配置 2．火気使用禁止	
	⑭電気器具等スパークのおそれはないか	1．照明器具 2．スイッチ、電動工具等 3．懐中電灯	
	⑮近接作業との打合せは十分か	1．立入禁止区域（風下等） 2．火気使用作業の禁止 （溶接、グラインダー等）	
	⑯近隣、第三者に対する危険はないか	1．特に風下方向	
	⑰救急、避難体制は整備されているか	1．訓練の実施 2．教育による周知徹底	

（参考）

有機溶剤について

１．有機溶剤業務（建設関係）

（1）有機溶剤含有物使用の文字の書込み、描画

（2）有機溶剤等を使用するつや出し、防水その他面の加工

（3）接着のための有機溶剤等の塗布及び接着

（4）有機溶剤を使用する洗浄、払しょく

（5）有機溶剤含有物を使用する塗装

（6）有機溶剤等が付着している物の乾燥

（7）有機溶剤等を入れたことがあるタンクの内部作業

２．有機溶剤等〔有機溶剤、有機溶剤含有物（重量５％以上混合）〕

(1) 第１種有機溶剤等～７種	クロロホルム、四塩化炭素、二塩化炭素等
(2) 第２種有機溶剤等～40種	アセトン、キシレン、トルエン、クレゾール等
(3) 第３種有機溶剤等～７種	ガソリン、石油ナフサ、テレピン油等
(4) 混合の場合～有機溶剤５％（重量比）以上	A．第１種４％、第２種４％～第２種 B．第１種２％、第２種２％～非該当

３．有機溶剤の性質

（1）蒸発しやすく、蒸気は空気より重い―下部に滞留する

（2）引火点が低く、常温で引火の危険性がある。また蒸気は一定の濃度（爆発限界）になると爆発のおそれがある。（資料別表 (1) 参照）

（3）電気の不伝導体なので、静電気を発生し蓄積する

（4）人体に対する有害性

・急性症状～皮ふ刺激、麻酔等

・慢性症状～神経障害、肝機能障害等

４.許容消費量の計算

（1）第１種　$W = \dfrac{1}{15} A$

（2）第２種　$W = \dfrac{2}{5} A$

（3）第３種　$W = \dfrac{3}{2} A$

W＝許容消費量（g）

A＝作業場の気積（m³）

高さ≦４m

A≦150 m³

（4）塗料、接着剤等の有機溶剤含有物の場合は、有機溶剤以外のものを除外し算する

〔例〕ラッカーエナメルの場合

溶剤はキシレン～第２種有機溶剤

・$W = \dfrac{2}{5} A \times \dfrac{1}{B} = 2\left(\dfrac{2}{5} A \right)$

（ただしB＝0.5）

・Bの数値（含有率）～厚生労働大臣の定める数値～ P.198 参照

５．摘用除外

（1）屋内等作業の場合

１時間の消費量が許容量〔前記４.(1)～(4)〕を超えないとき

（2）タンク等内部の作業の場合

１日の消費量が許容量〔前記４.(1)～(4)〕を超えないとき

適用除外	適用
第2章　設備（5条〜13条） 第3章　換気装置の性能等（14条〜18条） 第4章　管理 19条　作業主任者の選任 19条の2　　作業主任者の職務 24条　掲示 25条　区分の表示 26条　タンク内の作業 第7章　保護具（32条〜34条） 第9章　技能講習	第4章　管理（20条〜23条、27条） 第5章　測定（28条〜28条の4） 第6章　健康診断（29条〜31条） 第8章　貯蔵及び空容器の処理 ・安則85条、86条、88条 計画の届出 ・安則594条 皮ふ障害防止用保護具 不浸透性保護衣、塗布剤 保護手袋、履物等

(3)　常態として許容消費量を超えない場合（時計修理、パンク修理等）
・一部適用除外申請書（様式1号）〜労基署長の認定
・適用条項〜第4章27条、第8章

◎有機溶剤取扱作業員に対する教育内容　　S59.6.29　基発337

科目	範囲	時間
疾病及び健康管理	種類、性状、業務 健康障害、予防方法、応急措置	1
作業環境管理	・蒸気の発散防止対策〜種類及びその概要 ・発散防止設備換気設備の保守点検 ・作業環境状態の把握 ・区分表示、注意事項の掲示 ・貯蔵及び容器の処理	2
保護具の使用方法	種類、性能、使用方法、保守管理	1
関係法令	法令則中の関係条項	0.5

○設備及び保護具（有機溶剤中毒予防規則）

有機溶剤業務			設備				保護具		関連条項
業務の内容		種類	発散源密閉	局所排気	全体換気	プッシュプル	送気マスク	防毒マスク	
屋内作業場等	第1条第2項該当場所を含む（船舶、車両、ピット、杭、隧道、暗渠、マンホール、ダクト等内部）	第1種 第2種	○	○					5条
タンク等の内部	有機溶剤を入れたことのあるタンク内部						○		32条
	全般	第3種			◎		○	○	6条－1 33条
	吹き付け作業	第3種	○	○					6条－2
	臨時の作業				◎		○	○	8条－2 33条
	短時間の作業（概ね時間以内）						○		9条－2 32条
タンク等の内部以外の場所	短時間の作業	第1種 第2種			○				9条－1
	同上吹き付け作業				◎		○	○	33条
設備（密閉・局排）の設置困難な場所	蒸気の発散面が広い（壁・床・天井等）				◎		○	○	10条 33条
	自動車、航空機の構体等					◎	○	○	12条 33条
隔離された作業場	常時立ち入る必要のない場所				◎		○	○	11条 33条

（注）○印〜該当のうちいずれか1つの設置
　　　◎印〜必ず行わなければならない措置

○有機溶剤等の量に乗ずべき数値

（厚生労働大臣の定める数値）
（53.8.7 労働省告示第 87 号）

区分	種類	数値	種類	数値
接着剤	ゴム系接着剤クリヤー	0.7	エポキシ樹脂接着剤	0.2
	〃　　　マスチック	0.4	ポリウレタン接着剤	0.2
	塩化ビニル樹脂接着剤	0.6	メラニン樹脂溶液	0.3
	酸化ビニル樹脂接着剤クリヤー	0.5	ニトロセルローズ接着剤	0.6
	〃　　　　　マスチック	0.4	酢酸セルローズ接着剤	0.6
	フェノール樹脂接着剤	0.4	その他の接着剤	0.8
塗料	油ワニス	0.5	フェノール樹脂ワニス	0.5
	油エナメル	0.3	〃　　　　エナメル	0.4
	油性下地塗料	0.2	アクリル樹脂ワニス	0.6
	酒精ニス	0.7	〃　　　エナメル	0.5
	クリヤラッカー	0.6	エポキシ樹脂ワニス	0.5
	ラッカーエナメル	0.5	〃　　　エナメル	0.4
	ウッドシーラー	0.8	タールエポキシ樹脂塗料	0.4
	ラッカー　プライマー	0.6	ビニル樹脂クリヤー	0.5
	〃　　　パテ	0.3	〃　　　エナメル	0.5
	〃　　　サーフェサー	0.5	ポリウレタン樹脂ワニス	0.5
	合成樹脂調合ペイント	0.2	〃　　　　エナメル	0.4
	〃　　　さび止めペイント	0.2	ステイン	0.8
	フルタ酸樹脂ワニス	0.5	水溶性樹脂塗料	0.1
	〃　　　エナメル	0.4	液状ドライヤー	0.8
	シンナー類	1.0	その他の塗料	0.6
その他	一般用絶縁ワニス	0.6	勤続表面処理用油剤	0.8
	表面加工剤	0.5	勤続コーティング剤（下塗り）	0.3
	印刷用インキ	0.5	〃　　　　　（クリヤー）	0.5

区分	点検項目	参考	関係条文
3 特定化学物質等	①特定化学物質を取り扱っていないか	1．第1類（ジクリベンゼン等8種） 2．第2類（アクルアミド等37種） 3．第3類（アンモニア等9種）	安令　別表3
	②作業主任者を選任しているか	1．特定化学物質等作業主任者 2．技能講習修了者	特化則 27
	③立入禁止措置はよいか	1．関係者以外立入禁止 （取扱場所）	特化則 24
	④保管方法は適切か	1．容器に名称、注意事項を表示 2．一定場所に集積	特化則 25
	⑤休憩所は適切か	1．取扱作業場以外の場所 2．粉状物質の場合 ・入口は水を流し、マット、ブラシ ・床は真空掃除機又は水洗で掃除（1回 / 1日）	特化則 37
	⑥洗浄設備等を設けてあるか	1．シャワー、入浴設備 2．洗眼、うがい設備 3．更衣用ロッカー 4．洗濯設備	特化則 38
	⑦掲示はよいか	1．喫煙及び飲食の禁止 2．特定管理物質の名称 3．人体に及ぼす作用 4．取扱注意事項 5．使用すべき保護具	特化則 38 の 2 　　　 38 の 3
	⑧健康診断を実施しているか	1．雇入時、定期（6カ月ごと） 2．歯科医の診断 （塩酸・硝酸等）	特化則 39
	⑨保護具の使用状況はよいか	1．呼吸用保護具 2．保護衣、保護手袋、保護長靴、塗布剤	特化則 43 　　　 44
	⑩作業記録の整備はよいか	1．1カ月以内ごと記録、30 年保存 2．記録事項 ・労働者の氏名 ・作業概要、期間 ・汚染事態及び応急措置の概要	特化則 38 の 4

区分	点検項目	参考	関係条文
3 特定化学物質等（石綿）	〔石綿取扱作業〕 ①事前調査はよいか	石綿の区分 　レベル１：石綿含有吹き付け材 　レベル２：石綿含有保温材や耐火被覆材、断 　　　　　　熱材 　レベル３：その他石綿含有建材（成型板等） １．石綿使用の有無を文書及び目視で調査 ２．調査結果を記録し３年間保存 ３．調査結果の掲示 　・作業者の見やすい場所 　・公衆の見やすい場所（Ａ３サイズ以上） ※有資格者による調査（令和５年10月〜） ※電子システムによる労基署（発注者）への報 　告（令和４年４月〜）	 石綿則　３ 大気法　18の15
	②作業計画はよいか	１．作業の方法、順序 ２．粉じんの発散防止抑制方法 ３．作業者への粉じんばく露防止方法 ４．周辺環境への対応 ５．解体廃棄物の処理方法	石綿則　４
	③届出はよいか	１．建設工事の計画届 　・工事開始14日前までに 　・レベル１及びレベル２建材 ２．作業の届出 　・工事開始前 　・レベル１及びレベル２建材 ※上記１の届をすれば不要 ３．特定粉じん排出等作業実施届 　・工事開始14日前までに 　・レベル１及びレベル２建材	安法　88 石綿則　５ 大気法　18の17
	④作業者配置はよいか	１．石綿作業主任者の選任 ２．作業者に特別教育の実施 ３．特殊健康診断の実施	石綿則　19 　　　　27 　　　　40
	⑤作業管理はよいか	１．作業場所の隔離 　・レベル１〜２建材の除去、封じ込め、囲い 　　込み作業 　・レベル３建材のうち仕上塗材のディスクグ 　　ラインダーによる除去及びケイ酸カルシウ 　　ム板第１種の切断、破砕作業 ２．立入禁止措置 ３．更衣及び洗濯設備、洗浄設備、真空掃除機 　の設備 ４．負圧除じん装置の設置 ５．作業に係る掲示 〈石綿則〉 　・石綿作業、人体への影響、注意事項、保護 　　具等 　・作業者の見やすい場所 〈大気汚染防止法〉 　・発注者名、元請名、現場責任者名、実施期間、 　　作業方法 　・公衆の見やすい場所 　・Ａ３サイズ以上 ６．呼吸用保護具、保護衣、作業衣の使用 ７．作業実施状況の写真記録（３年間保存） ８．濃度測定 ９．作業場での喫煙、飲食の禁止（掲示要） 10．作業主任者等による隔離解除前の取り残し 　確認	石綿則　６ 大気則　16の4 石綿則　14 　　　　35の2 　　　　36 　　　　33 　　　　６

○石綿使用建築物等解体等業務特別教育カリキュラム

科目	範囲	時間
石綿の有害性	(1) 石綿の性状 (2) 石綿による疾病の病理及び症状 (3) 喫煙の影響	0.5
石綿等の使用状況	(1) 石綿を含有する製品の種類及び用途 (2) 事前調査の方法	1.0
石綿等の粉じんの発散を抑制するための措置	(1) 建築物、工作物又は船舶（鋼製の船舶に限る。）の解体等の作業の方法 (2) 湿潤化の方法 (3) 作業場所の隔離の方法 (4) その他石綿等の粉じんの発散を抑制するための措置について必要な事項	1.0
保護具の使用方法	(1) 保護具の種類、性能、使用方法及び管理	1.0
その他石綿等のばく露の防止に関し必要な事項	(1) 労働安全衛生法、労働安全衛生法施行令、労働安全衛生規則及び石綿障害予防規則中の関係条項 (2) 石綿等による健康障害を防止するため当該業務について必要な事項	1.0
計		4.5

送気マスク点検チェックリスト

外部　　　　　　　　　　　　　　外観レ　なし　　○　あり　　◎　要修理

面体	前	アイピース	□くもり　□傷　□ひび割れ
		アイピース枠	□変形　□ゆるみ
		締めひも	□取付け部　□弾力　□伸び　□傷み　□切れ　□よじれ
		締めひも金具	□変形　□動き
		呼気弁	□変形　□ひび割れ　□傷み　□漏れ　□べたつき
	後	内面	□汚れ　□べたつき　□ひび割れ
		ツムジ板	□変形　□取付け部　□切れ
連結管	上	連結部金具	□変形　□ゆるみ　□方向　□さび
		ゴム部	□変形　□破れ　□ひび割れ　□べたつき
	下	連結部金具	□変形　□ゆるみ　□方向　□さび
		流量調節弁（リング）	□動き　□さび
		ろ過装置	□ゆるみ　□吸収かん
着装帯		ベルト	□切れ　□汚れ　□外れ　□金具
		空気袋	□破れ　□つまり　□汚れ
ホース		ホース	□つぶれ　□破れ　□よじれ　□つまり
		エアライン	□ひび割れ　□傷　□よじれ　□つまり
		連結金具	□変形　□ゆるみ　□さび　□ねじ山
送風機		連結金具	□変形　□ゆるみ　□カバー（くさり）　□さび　□ねじ山
		電源コード	□被覆破れ　□接続ゆるみ　□接触不良　□表示板
		フィルター	□汚れ　□破れ
空気取入口		フィルター	□さび　□つまり　よごれ　変形
		取付け金具	□変形　□表示板

動作　　　　　　　　　　　　　　レ　良　　○　不良

送風機	ベルト	□異音　□温度上昇　□風量　□風圧
コンプレッサー	ホース	□異音　□圧力計　□安全弁　□オイル

臨検監督に伴う指摘事項集計表（足場）

種別	区分	違反条文	受領書類	指導内容	元・下	場所	指摘数
足場	安全帯	法21、則518	是正勧告	高さ2m以上の箇所で作業を行っているのに安全帯を使用させる等の措置を講じていない	下請	大阪	
足場	安全帯	法14	是正勧告	足場の組立等作業主任者に安全帯の使用状況を監視させていないこと	下請	東日本	
足場	架設通路	法31、則654	是正勧告	足場の架設通路について安衛則552条に規定する基準に適合するものとしなかった	元請	茨城	
足場	壁つなぎ	法31、則655 法20、則570	是正勧告	請負人の労働者に足場を利用させるに当たり法定の間隔以内毎に壁つなぎを設けていない	元請 下請	札幌	
足場	脚部措置	法31、則655 法20、則570	是正勧告	鋼管内部足場について、足場の脚部には足場の滑動又は沈下を防止するため、敷板等を用い、根がらみ等の措置を設けていなかったこと	元請 下請	東京	
足場	計画届	法88、則85	是正勧告	架設ステージと張出足場について足場の計画変更があるのに変更届が提出されていない	下請	東京	
足場	作業床	法31、則655	是正勧告	足場の床材について、転位及び脱落を防止するため2点以上の固定を行っていない	元請	東京	
足場	下さん	法20、則563	是正勧告	足場の高さ2m以上の場所で墜落の恐れがある箇所に下さん、又は幅木を設けていない	下請	東京	
足場	下さん	法31、則655	是正勧告	足場の交差筋交いを設置しているのに下さんを設けていない	元請 下請	東京	
足場	主任者	法14、則18	是正勧告	足場の組立作業主任者の氏名を作業場の見やすい箇所に掲示することで周知していない	下請	東京	
足場	水平材	法31、則655 法20、則571	是正勧告	高さ2m以上の枠組足場について最上階に水平材を設けていないこと	元請 下請	関西	
足場	すき間	法31、則655 法20、則563	是正勧告	関係請負人の労働者が使用する足場につき作業床のすき間を3cm以下としていない	元請 下請	東京	
足場	筋かい	法21、則563	是正勧告	枠組足場で交差筋かいを講じていないこと	下請	九州	
足場	積載荷重	法31、則655	是正勧告	関係請負人の労働者が使用する足場について作業床の最大積載荷重を足場の見やすい場所に表示していないこと	元請	札幌	
足場	積載荷重	法20、則562	是正勧告	足場の構造及び材料に応じて作業床の最大積載量を周知していないこと	下請	札幌	
足場	通路	法23、則540	是正勧告	足場等を通路として使用するに際し安全な状態で有効に保持していないこと	元請 下請	東京	
足場	手すり	法31、則655	是正勧告	労働者に足場を使用させるに際し、手すり高さ85cm以上にしていない。単管足場で建地の間隔を桁方向に1.85m以下としていない。地上第一の布が2m以下に設置されていないこと	元請 下請	東京	
足場	手すり	法31、法29	是正勧告	高さ2m以上の足場に手すり等を設置すること	元請	茨城	
足場	手すり	法31、則655	是正勧告	内部足場、外部足場について、墜落により労働者に危険を及ぼす恐れのある箇所に高さ85cm以上の手すり又はこれと同等以上の機能を有する設備及び中さんを設けていない	元請	大阪	
足場	点検	法20、則567	是正勧告	足場における作業を行わせるにあたり作業開始前に足場の点検を行っていないこと	下請	東京	
足場	点検	法20、則567	是正勧告	強風後に足場の点検を行っていないこと	元請 下請	東北	

種別	区分	違反条文	受領書類	指導内容	元・下	場所	指摘数
足場	点検	法23、則544	是正勧告	作業床の床面をつまずき等のない安全な状態に保持していない	下請	東北	
足場	点検	則567	指導	足場の組立後点検記録が作成されていない。始業前点検の実施者が明確でない	元請	北海道	
足場	中さん	法31、則655 法20、則563	是正勧告	請負人の労働者に使用させている高さ2m以上の足場に中さん等が設けられていない	元請 下請	神奈川	
足場	中さん	法31、則654 法20、則552	是正勧告	6階〜7階にかけての仮設通路において中さんを適切な高さで設けていない	元請 下請	東京	
足場	中さん	法31、則655	是正勧告	労働者に使用させる足場妻面の中さんの高さが35cm以上、50cm以下となっていない	元請	札幌	
足場	幅木	法31、則655 法31、則563	是正勧告	高さ2m以上の足場で物体が落下することに対する防壁等の設備を設けていない	元請	東京	
足場	落下防止	法31、則655 法21、則563	是正勧告	外部足場について飛来落下のためのメッシュシート、幅木を設けていないこと	元請 下請	東京	
足場	渡り	法23、則544	是正勧告	躯体から足場への渡りが設置されていない	元請	東北	
足場	手すり	法31、法29	是正勧告	高さ2m以上の足場に手すり等を設置すること	元請	茨城	46
足場	脚立	法21、則526	是正勧告	端部が破損した脚立を労働者に使用させていること	元請	東京	1
足場	通路	法23、則540	是正勧告	足場等を通路として使用するに際し安全な状態で有効に保持していないこと	元請	東京	1
足場	渡り	法23、則544	是正勧告	躯体から足場への渡りが設置されていない	元請	東北	1
足場	幅木	法20、則563	是正勧告	物体の落下により危険を及ぼす恐れのある足場に幅木（幅40cm以上）、メッシュシートを設けていない	元請	東京	2
足場	選任	法29	是正勧告	高さが5m以上の足場の組立解体、変更時に足場の組立作業主任者を選任していない	元請	東京	1
足場	点検	法29	是正勧告	足場における作業を行うときその日の作業を開始する前に作業を行う箇所に設けた設備の取外し及び脱落の有無について点検し、異常を認めたときは直ちに補修をしていない	元請	北海道	1
足場	指導	法29	是正勧告	関係請負人の労働者が当該仕事に関し労働安全衛生法に違反しないよう指導していない	元請	東北	2
足場	下さん	法31、則563	是正勧告	高さ2m以上の足場に墜落防止措置（下さん）を講じること	元請	茨城	6
足場	架設通路	法31、則654	是正勧告	足場の架設通路について安衛則552条に規定する基準に適合するものとしなかった	元請	茨城	2
足場	中さん	法31、則654	是正勧告	6〜7階にかけての仮設通路において中さんを適切な高さで設けていない	元請	東京	1
足場	壁つなぎ	法31、則655	是正勧告	請負人の労働者に足場を利用させるに当たり法定の間隔以内毎に壁つなぎを設けていない	元請	札幌	1
足場	基準	法31、則655	是正勧告	足場について、安衛則653条に規定する足場の基準に適合していない	元請	横浜	1
足場	脚部措置	法31、則655	是正勧告	鋼管内部足場について、足場の脚部には足場の滑動又は沈下を防止するため、敷板等を用い、根がらみ等の措置を設けていなかったこと	元請	東京	7
足場	作業床	法31、則655	是正勧告	足場の床材について、転位及び脱落を防止するため2点以上の固定を行っていない	元請	東京	1

種別	区分	違反条文	受領書類	指導内容	元・下	場所	指摘数
足場	水平材	法31、則655	是正勧告	高さ2m以上の枠組足場について最上階に水平材を設けていないこと	元請	関西	1
足場	すき間	法31、則655	是正勧告	関係請負人の労働者が使用する足場につき作業床のすき間を3cm以下としていない	元請	東京	7
足場	積載荷重	法31、則655	是正勧告	関係請負人の労働者が使用する足場について作業床の最大積載荷重を足場の見やすい場所に表示していないこと	元請	札幌	15
足場	手すり	法31、則655	是正勧告	労働者に足場を使用させるに際し、手すり高85cm以上にしていない。単管足場で建地の間隔を桁方向に1.85m以下としていない。地上第一の布が2m以下に設置されていないこと	元請	東京	4
足場	手すり	法31、則655	是正勧告	内部足場、外部足場について、墜落により労働者に危険を及ぼす恐れのある箇所に高さ85cm以上の手すり又はこれと同等以上の機能を有する設備及び中さんを設けていない	元請	大阪	1
足場	中さん	法31、則655	是正勧告	請負人の労働者に使用させている高さ2m以上の足場に中さん等が設けられていない	元請	神奈川	1
足場	中さん	法31、則655	是正勧告	労働者に使用させる足場妻面の中さんの高さが35cm以上、50cm以下となっていない	元請	札幌	2
足場	幅木	法31、則655	是正勧告	高さ2m以上の足場で物体が落下することに対する防護等の設備を設けていない	元請	東京	2
足場	落下防止	法31、則655	是正勧告	外部足場について飛来落下防止措置を行っていないこと	元請	東京	4
足場	主任者	法14、則18	是正勧告	足場の組立作業主任者の氏名を作業場の見やすい箇所に掲示することで周知していない	下請	東京	1
足場	計画届	法88、則85	是正勧告	架設ステージと張出足場について足場の計画変更があるのに変更届が提出されていない	下請	東京	1
足場	安全帯	法21、則518	是正勧告	高さ2m以上の箇所で作業を行なっているのに安全帯を使用させる等の措置を講じていない	下請	大阪	1
足場	安全帯	法20	是正勧告	足場の組立において、足場材の受渡し等の作業を行うにあたり労働者に安全帯を使用させる等の墜落防止措置を講じていないこと	下請	東日本	2
足場	安全帯	法21、則521	是正勧告	足場を組立の際に安全帯を取り付ける設備を有していないこと	下請	大阪	1
足場	はしご	法20、則527	是正勧告	移動はしごについて、転移防止措置を講じていない	下請	東京	1
足場	通路	法23、則540	是正勧告	足場等を通路として使用するに際し安全な状態で有効に保持していないこと	下請	東京	5
足場	点検	法23、則544	是正勧告	作業床の床面をつまずき等のない安全な状態に保持していない	下請	東北	4
足場	中さん	法20、則552	是正勧告	6階～7階にかけての仮設通路において中さんを適切な高さで設けていない	下請	東京	1
足場	積載荷重	法20、則562	是正勧告	足場の構造及び材料に応じて定めた作業床の最大積載量を周知していないこと	下請	札幌	12
足場	積載荷重	法20、則562	是正勧告	定めた枠組足場の最大積載荷重（250kg）を超えて単管等を積載していたこと	下請	大阪	1
足場	落下防止	法21、則563	是正勧告	外部足場について飛来落下のためのメッシュシート、幅木を設けていないこと	下請	東京	4

種別	区分	違反条文	受領書類	指導内容	元・下	場所	指摘数
足場	下さん	法20、則563	是正勧告	足場の高さ2m以上の場所で墜落の恐れがある箇所に下さん中さん、又は幅木を設けていない	下請	東京	3
足場	中さん	法20、則563	是正勧告	打設用足場妻面の中さんの高さが35cm以上、50cm以下となっていない	下請	札幌	1
足場	幅木	法20、則563	是正勧告	高さ2m以上の足場で物体が落下することに対する防護等の設備を設けていない	下請	東京	5
足場	筋かい	法21、則563	是正勧告	枠組足場で交差筋かいを講じていないこと	下請	九州	2
足場	筋かい	法31	是正勧告	枠組足場の一部について交差筋かい及び下さんを設けていないこと	下請	東京	1
足場	安全帯	法14	是正勧告	足場の組立等作業主任者に安全帯の使用状況を監視させていないこと	下請	東日本	4
足場	点検	法14、則566	是正勧告	事業者として足場の組立作業主任者に材料の欠点の有無を点検させ、不良品を取り除かせていなかったこと	下請	東日本	1
足場	点検	法20、則567	是正勧告	足場における作業を行わせるにあたり作業開始前に足場の点検を行っていないこと	下請	東京	2
足場	点検	法20、則567	是正勧告	強風後に足場の点検を行っていないこと	下請	東北	2
足場	点検	法20、則567	是正勧告	足場における作業を行うときその日の作業を開始する前に作業を行う箇所に設けた設備の取外し及び脱落の有無について点検し、異常を認めたときは直ちに補修をしていない	下請	北海道	1
足場	壁つなぎ	法20、則570	是正勧告	請負人の労働者に足場を利用させるに当たり法定の間隔以内毎に壁つなぎを設けていない	下請	札幌	1
足場	脚部措置	法20、則570	是正勧告	鋼管内部足場について、足場の脚部には足場の滑動又は沈下を防止するため、敷板等を用い、根がらみ等の措置を設けていなかったこと	下請	東京	6
足場	水平材	法20、則571	是正勧告	高さ2m以上の枠組足場について最上階に水平材を設けていないこと	下請	関西	1
足場	選任	法14、則517の4	是正勧告	高さが5m以上の足場の組立解体、変更時に足場の組立作業主任者を選任していない	下請	東京	1
足場	すき間	法20、則563	是正勧告	関係請負人の労働者が使用する足場につき作業床のすき間を3cm以下としていない	下請	東京	9
足場	手すり	法20、則655	是正勧告	労働者に足場を使用させるに際し、手すり高85cm以上にしていない。単管足場で建地の間隔を桁方向に1.85m以下としていない。地上第一の布が2m以下に設置されていないこと	下請	東京	3
足場	手すり	法31、則655	使用停止	柱主筋建て込み足場に手すり等が設置されていない	元請	東京	1
足場	手すり	法31、則655	使用停止	柱主筋建て込み足場に手すり等が設置されていない	下請	東京	1

臨検監督に伴う指摘事項集計表 （型枠支保工）

種別	区分	違反条文	受領書類	指導内容	元・下	場所	指摘数
型枠支保工	滑動防止	法 29、31-1、則 646	是正勧告	請負人の労働者に型枠支保工を使用させるときに、型枠支保工の支柱の脚部の固定、根がらみの取付等支柱の脚部の滑動を防止するための措置を講じていないこと	元請		
型枠支保工	滑動防止	法 20、則 242	是正勧告	型枠支保工に支柱について、脚部を釘で固定する等滑動を防止するための措置を講じていないこと	協力会社		
型枠支保工	滑動防止	法 20-1、則 242-1-2	是正勧告	支柱端部の固定等、型枠支保工について、支柱の端部の滑動を防止するための措置を講じていないこと	協力会社		
型枠支保工	基準	法 31、則 646	是正勧告	請負人の労働者に使用させる型枠支保工の材料について、著しい損傷、変形があり、安衛則 237 条の基準に適合していないこと	元請		
型枠支保工	基準	法 20、則 237	是正勧告	型枠支保工の材料について、著しい損傷、変形があるものを使用していること	協力会社		
型枠支保工	基準	法 31、則 646	是正勧告	請負人の労働者に型枠支保工を使用させるときに、法に規定する基準に適合するものとしていないこと	元請		
型枠支保工	組立図	法 20、則 240	是正勧告	型枠支保工を組建時に、組立図により組み立てていなかったこと	協力会社		
型枠支保工	周知	法 14、則 18	是正勧告	型枠支保工組立及び解体作業主任者の氏名及び職務について作業場の見やすい箇所に掲示する等の方法により周知していないこと	協力会社		
型枠支保工	諸届け	法 88	是正勧告	型枠支保工の設置に際し、その計画を当該工事の開始日の 30 日前までに所轄労働基準監督署長に届け出ていないこと	元請		
型枠支保工	立入禁止	法 20-1-1、則 245-1-1	是正勧告	型枠支保工の解体作業を行うときは、関係請負人以外の労働者の立入を禁止する措置を講ずる必要があるのに行わなかった	協力会社		
型枠支保工	点検	法 20-1-1、則 244-1-1	是正勧告	コンクリート打設の作業を開始する前に、当該作業に係る型枠支保工について点検をしていないこと	協力会社		

臨検監督に伴う指摘事項集計表（高所・作業床）

種別	区分	違反条文	受領書類	指導内容	元・下	場所	指摘数
高所・作業床	安全帯	法20	是正勧告	高所作業車の作業床上の労働者に安全帯を使用させていない	下請		
高所・作業床	安全帯	法21	是正勧告	高さ2m以上で、労働者が墜落するおそれがある場所にもかかわらず、安全帯を使用させていない	下請		
高所・作業床	安全帯	法21	是正勧告	高さ2m以上の箇所で労働者に安全帯を使用させる作業において、安全帯取付設備を設けていない	下請		
高所・作業床	安全帯	法21	是正勧告	足場の設置が困難な場合に、安全帯を使用させる等墜落災害防止措置を講じていない	元請 下請		
高所・作業床	安全帯	法21	指導票	高さ2m以上で、労働者が墜落するおそれがある場所にもかかわらず、安全帯を使用させていない	元請 下請		
高所・作業床	安全帯	法21	指導票	安全帯使用場所における安全帯使用表示の増設等、適切な掲示に努めること	元請 下請		
高所・作業床	安全帯	法21	指導票	手すり等の設置が困難な場合は安全帯を使用させ、安全帯取付設備を確認すること	元請		
高所・作業床	親綱	法21	指導票	労働者が墜落するおそれがある場所では、親綱設置など安全帯取付設備を設けること	元請		
高所・作業床	親綱	法21	指導票	親綱の設置高さが低い	元請		
高所・作業床	親綱	法21	指導票	屋根端部に設置した親綱のゆるみを是正すること	下請		
高所・作業床	開口部養生	法21	使用停止命令	開口部に墜落を防止するための覆いを設けていない	元請		
高所・作業床	開口部養生	法21、31	是正勧告	開口部に墜落を防止するための覆いを設けていない	元請 下請		
高所・作業床	開口部養生	法21、31	使用停止命令	高さ2m以上の開口部の墜落防止措置	元請 下請		
高所・作業床	開口部養生	法21、31	是正勧告	高さ2m以上の開口部の墜落防止措置	元請 下請		
高所・作業床	開口部養生	法21、31	指導票	開口部付近の作業では、墜落防止措置が常に先行するようにすること	元請		
高所・作業床	開口部養生	法21、31	指導票	開口部には立入禁止の表示等、労働者が当該箇所に接近しないよう措置をすること	元請		
高所・作業床	開口部養生	法21、31	指導票	開口部養生の不十分な箇所がある	元請		
高所・作業床	脚立	法21、31	指導票	脚立の天板で作業をさせないこと	元請		
高所・作業床	作業床	法20	是正勧告	足場の床材について、転位及び脱落を防止するため2点以上の固定をしていない	下請		
高所・作業床	作業床	法21、31	使用停止命令	高さ2m以上の作業床・足場作業床端部の墜落防止措置未実施	元請		
高所・作業床	作業床	法21	是正勧告	高さ2m以上の作業床・足場作業床端部の墜落防止措置未実施	下請		
高所・作業床	作業床	法21	是正勧告	高さ2m以上の箇所に作業床を設けていない	下請		

種別	区分	違反条文	受領書類	指導内容	元・下	場所	指摘数
高所・作業床	作業床	法31	使用停止命令	高さ2m以上の作業床・足場作業床端部の物品揚卸口等について、墜落防止措置未実施	元請 下請		
高所・作業床	作業床	法31	指導票	作業床のすき間について、コンパネ等で養生を行うこと	元請		
高所・作業床	作業床	法31	指導票	クレーンのレール上で作業を行う場合は、足場板を敷く等作業床を設けること	下請		
高所・作業床	周知	法31	指導票	高所作業では、墜落災害防止措置を講じるよう関係労働者に周知徹底すること	元請		
高所・作業床	使用制限	法31	指導票	ローリングタワーを傾斜のあるところで使用しないこと	元請		
高所・作業床	すき間	法21、31	是正勧告	足場のすき間を3cm以下とすること	元請 下請		
高所・作業床	筋かい	法20	是正勧告	高さ2m以上の枠組足場で、交差筋かい及び下さんを設けていない	下請		
高所・作業床	積載荷重	法20	指導票	作業構台の最大積載荷重を掲示し、労働者に周知すること	元請		
高所・作業床	立入禁止	法21、31	使用停止命令	掘削溝の法肩で立入禁止措置がなされていない	元請 下請		
高所・作業床	立入禁止	法21	是正勧告	作業のため物体が落下するおそれがある所に立入禁止等の危険防止措置が講じられていない	下請		
高所・作業床	立入禁止	法21	指導票	高さ2m以上の作業部端部、開口部は立入禁止場所を明確にし、立入禁止表示や当該端部に手すりを設置すること	元請		
高所・作業床	墜落防止	法21	指導票	開口部付近の作業では、墜落防止措置が常に先行するようにすること	元請		
高所・作業床	墜落防止	法21	指導票	出来上がった躯体の階段周辺は、充分な墜落防止措置を講ずること	元請		
高所・作業床	墜落防止	法21	指導票	屋上の資材を撤去する際は、墜落防止措置を徹底すること	元請		
高所・作業床	墜落防止	法21	指導票	高さが2m未満であっても、労働者に危険が及ばぬよう墜落防止措置を徹底させること	下請		
高所・作業床	通路	法23	是正勧告	仮設跨線ステージについて、通路上1.8m以内に障害物があること	元請		
高所・作業床	通路	法23	指導票	通路部に型枠支保工の部材が突出している	元請		
高所・作業床	手すり	法20、21	是正勧告	深さ2m以上の掘削周囲に手すり等を設置すること。掘削周囲に幅木を設置すること	元請 下請		
高所・作業床	手すり	法29、31	是正勧告	深さ2m以上の掘削周囲に手すり等を設置すること。掘削周囲に幅木を設置すること	元請		
高所・作業床	手すり	法20	是正勧告	高さ85cm以上の手すり又はこれと同等以上の設備及び中さん等を設置していない	下請		
高所・作業床	手すり	法20、31	是正勧告	高さ2m以上の箇所、足場で墜落を防止する手すり等を設けていない	元請 下請		
高所・作業床	手すり	法20、31	是正勧告	躯体床面・天端端部、内部階段・エレベーターピット周囲に手すり等を設けていない	元請 下請		

種別	区分	違反条文	受領書類	指導内容	元・下	場所	指摘数
高所・作業床	手すり	法31	使用停止命令	作業床の端部に手すり等墜落防止措置を講じていない	元請下請		
高所・作業床	手すり	法31	使用停止命令	高さ2ｍ以上の箇所、昇降階段に手すりを設けていない	元請		
高所・作業床	手すり	法31	指導票	高さ2ｍ以上の作業床端部については立入禁止場所を明確にし、当該端部に手すりを設置すること	元請		
高所・作業床	手すり	法31	指導票	手すりが一部設置されていない箇所について、作業開始前までに墜落防止措置を行うこと	元請		
高所・作業床	手すり	法31	指導票	コンクリート橋の両端部に転落防止措置を講ずること	元請		
高所・作業床	点検	法20	是正勧告	安全帯が有効な状態で使用されるように、点検及び整備が行われていない	下請		
高所・作業床	転倒防止	法20	指導票	高所作業車を用いて作業を行う際、転倒等を防止するアウトリガーを確実に張り出すこと	元請		
高所・作業床	中さん	法20、31	使用停止命令	鋼管足場作業床の端に墜落防止策の中さんを設けること	元請下請		
高所・作業床	中さん	法20	是正勧告	高さ2ｍ以上の足場について、中さんの未設置及びメッシュシート等物体落下防止措置を講じていない	元請		
高所・作業床	ネット	法21	是正勧告	エレベーターシャフト周囲のブラケット足場について、物体落下防止の養生ネットが設けられていない	元請		
高所・作業床	ネット	法21	是正勧告	物体が落下することにより労働者に危険を及ぼす恐れのある時、防網の設置等危険防止措置なし	下請		
高所・作業床	ネット	法21	指導票	水平ネットが確実に固定されていない	元請		
高所・作業床	幅木	法20、31	是正勧告	足場に高さ10cm以上の幅木、メッシュシート若しくは防網又はこれらと同等以上の設備を設けること	元請下請		
高所・作業床	幅木	法20	是正勧告	外部足場で幅木を取外し後、当該幅木を復旧しないで作業を行なったこと	下請		
高所・作業床	幅木	法20	指導票	幅木がない、作業床と幅木の間隔が10cm以上の箇所があるので、再点検し確実に実施する	元請下請		
高所・作業床	吹流し	法20	指導票	吹流しの設置位置等の見直し	元請		
高所・作業床	方杖	法20	指導票	足場の梁枠部の方杖がない	元請		
高所・作業床	渡り	法31	是正勧告	建物からのステージへの渡りについて、手すり等を設けること	元請		

臨検監督に伴う指摘事項集計表（昇降設備・通路）

種別	区分	違反条文	受領書類	指導内容	元・下	場所	指摘数
移動はしご	転位防止	法20、則527	是正勧告	移動はしごに転位防止する措置をしていないこと	元請	東北	1
移動はしご	転位防止	法20、則527	是正勧告	移動はしごを使用する際に、すべり止め装置の取付けその他転位を防止するために必要な措置を講じていないこと	協力会社	横浜	1
移動はしご	転位防止	法20、則527	是正勧告	移動はしごについて転位を防止するための必要な措置を講じていない	協力会社	名古屋	1
移動はしご	転位防止	法20、則527	是正勧告	移動はしごについて、転位防止措置を講じていないこと	協力会社	東北	1
移動はしご	転位防止	法20、則527	是正勧告	移動はしごについて、転位を防止するための必要な措置を講じていないこと	協力会社	東北	6
移動はしご	突出し	法20、則556	是正勧告	作業場所までの移動経路に設けたはしご道について、はしごの上端を床から60cm以上突出させていないこと	元請	東北	2
移動はしご	転位防止	法20、則556	是正勧告	はしご道について転位防止措置を講じていないこと	協力業者	東京	1
移動はしご	突出し転位防止	法20、則556	是正勧告	はしご道について、転位防止のための措置をとっておらず、はしごの上端を床から60cm以上突出させていないこと	協力会社	中国	2
作業床	保持	法23、則544	是正勧告	作業床の床面について、つまずき、すべり等の危険のない安全な状態に保持していないこと	協力業者	東京	14
昇降設備	設置	法20、則526	是正勧告	高さ1.5mを超える箇所であるにもかかわらず、外部足場から躯体に渡るための昇降階段を設けていないこと	元請	東京	1
昇降設備	設置	法21、則526	是正勧告	鉄筋組立加工時に使用する作業用足場について高さ1.5mを超えるのに安全な昇降設備を設けていないこと	元請	東北	3
手すり	設置	法21、則526	是正勧告	高さが1.5mを超える箇所で作業を行うとき、労働者が安全に昇降するための設備等を設けなければならないにもかかわらず、手すりを設けていないこと	協力会社	東京	1
昇降設備	設置	法21、則526	是正勧告	高さ1.5mを超える箇所で作業を行っているにもかかわらず、当該作業に従事する労働者が安全に昇降するための設備を設けていないこと	協力会社	関西	1
昇降設備	設置	法21、則526	是正勧告	高さ1.5mを超える箇所で作業を行うときに、当該作業に従事する労働者が安全に昇降するための設備を設けていないこと	協力会社	東京	1
昇降設備	設置	法21、則526	是正勧告	高さ1.5mを超える箇所で作業を行うときに、当該作業に従事する労働者が安全に昇降するための設備を設けていないこと	協力会社	東北	1
昇降設備	設置	法31、則653	是正勧告	作業床で高さ1.5mを超える箇所にあるものについて、労働者が安全に昇降するための設備等を設けていないこと	元請	関西	1
昇降設備	設置	法23、則151の67	是正勧告	5t以上の車に荷の積み下ろし作業を行うときは、床面と荷の上面との間に昇降設備を設けること	協力会社	東京	2
通路	保持	法23、則540	是正勧告	通路について、安全に通行できるよう常時有効に保持していないこと	元請	名古屋	1

種別	区分	違反条文	受領書類	指導内容	元・下	場所	指摘数
通路	保持	法23、則540	是正勧告	作業場に通ずる場所及び作業場内に設けてある労働者が使用するための安全通路についてこれを常時有効に保持していないこと	元請	大阪	1
通路	設置	法23、則540	是正勧告	労働者が使用するための安全な通路を設けていない（主要な通路には通路であることを示す表示を行うこと）	元請	大阪	1
通路	保持	法23、則540	是正勧告	作業場内の安全通路について常時有効に保持していないこと	元請	東京	1
通路	表示	法23、則540	是正勧告	通路について安全な通路であることを示す表示を行っていないこと	元請	東北	1
通路	設置保持	法23、則540	是正勧告	作業に通じる場所及び作業場内に、労働者が使用するための安全な通路を設け、かつ、これを常時有効に保持していないこと（通路で主要なものには、これを保持するため、通路であることを示す表示をすること）	元請	東北	1
通路	保持	法23、則540	是正勧告	坑内安全通路が資材により確保されていない	元請	東北	1
通路	表示	法23、則540	是正勧告	工事現場躯体階段の通路について、通路表示していないこと	元請	東京	1
通路	保持表示	法23、則540	是正勧告	作業場に通じる場所及び作業内において、安全な通路を有効に保持していないこと、また表示を行い、常時これを保持すること	元請	東京	1
通路	保持	法26、則540	是正勧告	足場上に鉄筋材等の資材を置いてあり安全通路となっていないことから、安全な通路として常時有効に保持していないこと	元請	東北	11
通路	設置	法23、則540	是正勧告	作業場内に安全通路を設置していないこと	協力会社	東日本	1
通路	保持	法23、則540	是正勧告	通路について、安全に通行できるよう常時有効に保持していないこと	協力会社	名古屋	1
通路	設置	法23、則540	是正勧告	作業場に通ずる場所に労働者が安全に使用するための通路を設けていない	協力会社	名古屋	1
通路	設置保持	法23、則540	是正勧告	作業場に通ずる場所及び作業場内に安全な通路を設け、常時有効に保持していないこと（3社）	協力業者	名古屋	1
通路	設置保持	法23、則540	是正勧告	本トンネルの作業場に通ずる場所に安全な通路を設け随時有効に保持していないこと	協力会社	大阪	1
通路	設置	法23、則540	是正勧告	現場作業場内に、労働者が作業場所に移動するために使用する安全な通路を設けていなかったこと（安全な作業通路を設けた際にはこれを保持し明確にするため「通路」であることを示す表示を行うこと）	協力業者	神奈川	1
通路	設置	法23、則540	是正勧告	型枠建込み作業場所へ通じる安全通路が設けられていないこと	協力会社	中部	1
通路	保持表示	法23、則540	是正勧告	作業場に通じる場所及び作業場内において、安全な通路を有効に保持していないこと、また表示を行い、常時これを保持すること	協力会社	東北	1
通路	保持	法23、則540	是正勧告	作業場に通じる場所及び作業場内において、安全な通路を有効に保持していないこと	協力会社	東北	1
通路	設置保持	法23、則540	是正勧告	作業場に通じる場所に、労働者が使用するための安全な通路を設け、かつ、これを常時有効に保持していないこと	協力会社	関越	1
手すり	設置	法20、則552	使用停止	昇降階段に手すりを設けていないこと	元請	名古屋	1

種別	区分	違反条文	受領書類	指導内容	元・下	場所	指摘数
手すり	設置	法20、則552	是正勧告	足場にかかわる架設通路について、高さ85cm以上の手すりを設けていないこと	協力会社	北海道	1
手すり	設置	法20、則552	是正勧告	床版への昇降渡り盛替えについて、手すりを設けていないこと	協力会社	大阪	7
手すり	設置	法31、則653	是正勧告	高さが1.5mを超える箇所で作業を行うとき、労働者が安全に昇降するための設備等を設けなければならないにもかかわらず、手すりを設けていないこと	元請	東京	2
手すり	設置	法31、則654	是正勧告	関係請負人の労働者に使用させる足場にかかる架設通路について、高さ85cm以上の手すりを設けていないこと	元請	北海道	1
中さん	設置	法20、則552	是正勧告	架設通路について、墜落防止のため中さん等（高さ35cm以上50cm以下のさん又はこれと同等以上の機能を有する設備）を設けていないこと	協力会社	東京	1
中さん	設置	法20、則552	是正勧告	請負人の労働者に対し、枠組足場の昇降階段を使用させるに際し、高さ35cm以上50cm以下のさんを設けていないこと	協力会社	大阪	1
手すり	設置	法20、則552	是正勧告	枠組足場の昇降階段について、高さ85cm以上の手すり及び高さ35cm以上50cnm以下のさんを設けていないこと	協力会社	大阪	1

種別	区分	違反条文	受領書類	指導内容	元・下	場所	指摘数
昇降設備通路	移動はしご	法20、則527	是正勧告	移動はしごについて、転位を防止するための必要な措置を講じていないこと	元請	東北	
昇降設備通路	移動はしご	法20、則556	是正勧告	はしご道について、はしごの上端を床から60cm以上突出させていないこと	元請	東北東京	
昇降設備通路	移動はしご	法20、則556	是正勧告	はしご道について、転位防止のための措置をとっていない。また、はしごの上端を床から60cm以上突出させていないこと	下請	東京中国	
昇降設備通路	作業床	法23、則544	是正勧告	作業床の床面について、つまずき、すべり等の危険のない安全な状態に保持していないこと	下請	東京	
昇降設備通路	昇降設備	法21、則526	是正勧告	高さ1.5mを超える箇所で作業を行うときに、当該作業に従事する労働者が安全に昇降するための設備を設けていないこと	元請	東北東京名古屋	
昇降設備通路	昇降設備	法23、則151の67	是正勧告	5t以上の車に荷の積み下ろし作業を行うときは、床面と荷の上面との間に昇降設備を設けること	下請	東京	
昇降設備通路	通路	法23、則540	是正勧告	作業場に通じる場所及び作業場内において、安全な通路を有効に保持していないこと、また表示を行い、常時これを保持すること	元請	東北東京名古屋大阪	
昇降設備通路	手すり	法20、則552	使用停止	昇降階段に手すりを設けていないこと	元請	名古屋九州	
昇降設備通路	手すり	法20、則552	是正勧告	足場にかかわる架設通路及び床版への渡り通路について、高さ85cm以上の手すりを設けていないこと	下請	北海道大阪	
昇降設備通路	手すり	法31、則653、654	是正勧告	高さが1.5mを超える箇所で作業を行うとき、労働者が安全に昇降するための設備等を設けなければならないにもかかわらず、手すりを設けていないこと	元請	北海道東京	
昇降設備通路	中さん	法20、則552	是正勧告	架設通路について、墜落防止のため中さん等（高さ35cm以上50cm以下のさん又はこれと同等以上の機能を有する設備）を設けていないこと	下請	札幌東京大阪	

臨検監督に伴う指摘事項集計表（クレーン建設機械等）

種別	区分	違反条文	受領書類	指導内容	元・下	場所	指摘数
クレーン	安全帯	法 20、則 194 の 22	是正勧告	高所作業車を用いて作業を行わせる時に、当該高所作業車の作業床の労働者に安全帯を使用させていなかったこと	下請	東日本	1
クレーン	緩和装置	法 42、令 13-3、工構 30	是正勧告	工事用ロングスパンエレベーター（積載荷重 0.9 t）について、機器が昇降路の底部に衝突した場合の衝撃を緩和する装置を備えていないこと	元請	未記載	1
クレーン	作業計画	法 30-1-5、則 638 の 3	是正勧告	建設機械等を用いた作業を行わせるに際し、作業計画を定めていない	元請	東日本	1
クレーン	作業計画	法 30、則 151 の 3、クレーン則 66 の 2	指導票	クレーン作業計画において、作業半径と定格荷重明記なし、監視者の位置不明。明記を	元請	北海道	1
クレーン	作業計画	法 29	是正勧告	車両系建設機械による集積作業について、運行経路、作業方法等に係る作業計画を定めていないこと	元請	東北	1
クレーン	作業計画	法 29	是正勧告	高所作業車を用いての作業を行うにあたり、あらかじめ作業計画を作成していないこと	元請	東北	1
クレーン	作業計画	法 20、クレーン則 66 の 2	是正勧告	移動式クレーンの作業方法、人員配置等の不備	下請	北海道 未記載 2 件	3
クレーン	作業計画	法 30-1、則 638 の 4	是正勧告	下請負人にブレーカーを用いた作業を行わせているのに、あらかじめ、当該作業に係る作業計画を定めていなかったことなど、特定元方事業者の計画に適合するよう指導していない	元請	東北	1
クレーン	作業中止	法 20、クレーン則 74 の 3	是正勧告	強風のため、移動式クレーン（4 t ユニック）に係わる作業の実施について危険が予想されるにもかかわらず、当該作業を中止していないこと	下請	東北	1
クレーン	資格	法 61-3	是正勧告	建設機械等の運転に従事するも、資格を証する書面の携帯なし	下請	茨城	1
クレーン	資格	クレーン則 221	指導票	定格荷重が 2.9 t の移動式クレーンの玉掛作業を行うものは、玉掛技能講習修了者とすること	下請	東京	1
クレーン	資格	法 61、則 22	是正勧告	ドラグショベルの技能講習修了証を携帯していないこと	下請	東北	1
クレーン	資格	法 61、クレーン則 221	是正勧告	クレーンの資格証を携帯していないこと	下請	九州	1
クレーン	資格	法 59、則 36	是正勧告	クレーン運転の特別教育を修了していない労働者をつり上げ荷重が 5 t 未満のクレーンの運転業務に従事させていること	下請	東京 九州	2
クレーン	資格	法 61、令 20-1-12	是正勧告	機体重量 3 t 以上の車両系建設機械であるブレーカー（KOMATU 社製 PC350-10）運転業務に当該技能講習を修了してない労働者を就かせていること	下請	伊丹	1
クレーン	資格	法 61-1、令 20-1-16	是正勧告	つり上げ荷重 1 t 以上の移動式クレーンによるクレーン作業を行うにあたり、玉掛技能講習を修了していない労働者を玉掛の業務（荷はずし）に就かせたこと	下請	東北	1
クレーン	周知	法 29	是正勧告	地山の掘削作業主任者を選任したにもかかわらず、作業所の見やすい箇所に掲示する等により関係労働者に周知させていないこと	元請	東北	1
クレーン	周知	法 20、クレーン則 151	是正勧告	エレベーターの運転方法の周知を行っていないこと	元請	仙台	1

種別	区分	違反条文	受領書類	指導内容	元・下	場所	指摘数
クレーン	周知	法 20-1、　則 166 の 4	是正勧告	車両系建設機械のアタッチメントの交換時、運転者の見やすい位置にアタッチメント重量を表示し、又は当該機械に運転者がアタッチメントの重量を容易に確認できる書面を備え付けていない	下請	九州東北	2
クレーン	昇降設備	法 21、則 526	是正勧告	積込み車両系建設機械への昇降するための設備を設けること	下請	東北	1
クレーン	制限速度	法 20-1、　則 156-1	是正勧告	車両系建設機械を用いる作業場内において、地形・地質の状態に応じた適正な制限速度を定めていない	元請	大阪	1
クレーン	整備不良	法 20、則 153	是正勧告	ドラグシャベルにヘッドガードが備えていないこと	下請	未記載	1
クレーン	整備不良	法 29	是正勧告	ユニックの整備不良	元請	茨城	1
クレーン	立入禁止	クレーン則 74	指導票	【立入禁止措置】クレーン作業を行わせる場合は、確実に上部旋回体との接触を防止するため、立入禁止の表示等を行ってください	元請	中国	1
クレーン	立入禁止	法 20、クレーン則 74	是正勧告	移動式クレーンに係る作業を行うに際し、当該クレーンの上部旋回体と接触することにより労働者に危険が生ずるおそれのある箇所に労働者を立ち入らせていること	下請	未記載	1
クレーン	立入禁止	法 29	是正勧告	誘導者が配置されていないにもかかわらず、ドラグショベルを用いて行う作業に対し、労働者に危険が生ずるおそれのある箇所に労働者を立ち入らせていること	元請	東北	1
クレーン	立入禁止	法 20、　則 158-1	是正勧告	労働者に危険が生ずるおそれのある箇所に労働者を立ち入らせていること	下請		11
クレーン	立入禁止	法 20、クレーン 則 74 の 2-1-4	是正勧告	移動式クレーンに係る作業で、複数の荷が一度につり上げられている場合であっても、当該複数の荷が結束され固定されていなかったにもかかわらず、つり上げられている荷の下に労働者を立ち入らせていたこと	下請	東北	1
クレーン	定格荷重	法 29	是正勧告	クレーンの定格荷重の表示がされていないこと	元請	東北	1
クレーン	点検	法 29	是正勧告	クレーン作業で使用する玉掛用具について作業開始前等に点検を行っていないこと	元請	東北	1
クレーン	点検	法 29	是正勧告	1 年以内に 1 回特定自主検査を実施していないこと	元請	東京	1
クレーン	点検	法 20、クレーン則 220-1	是正勧告	用具について、作業開始前に点検を行っていないこと	下請	九州大阪	2
クレーン	点検	法 40、クレーン則 63	是正勧告	移動式クレーンを用いて作業を行うときに、その移動式クレーン検査証を備え付けていないこと	下請	関西未記載1 件	2
クレーン	点検	法 20、クレーン則 220	是正勧告	玉掛用具であるワイヤロープについて、作業開始前に異常の有無を点検し、異常について直ちに補修していないこと	下請	九州	1
クレーン	点検	法 45、則 169 の 2-8	是正勧告	特定自主検査標章貼付なし	下請	北陸九州	2
クレーン	点検	法 20、則 151 の 25	是正勧告	フォークリフトの方向指示器の点検未実施	下請	関西	1
クレーン	点検	法 20、クレーン則 78	是正勧告	クレーンを用いて作業を行うときに作業開始前点検を行っていないこと（2 社）	下請	仙台	2
クレーン	点検	法 20-1、クレーン則 78	是正勧告	移動式クレーンを用いて作業を行うときは、作業を開始する前に過巻防止装置・過負荷警報装置その他の警報装置の機能について点検を行っていない	下請	九州	1

種別	区分	違反条文	受領書類	指導内容	元・下	場所	指摘数
クレーン	点検	法45、クレーン則77	是正勧告	移動式クレーンについて、1カ月以内毎に1回、定期に自主検査を実施していないこと	下請	東日本	1
クレーン	点検	法45、クレーン則78	是正勧告	移動式クレーンを用いて作業を行うときに、その日の作業を開始する前に、作業開始前の点検を行っていないこと	下請	東日本東京	2
クレーン	点検	法45、クレーン則76	是正勧告	移動式クレーンについて1年以内毎に1回、定期に、法律の定める事項について自主点検を実施していないこと	下請	東北	1
クレーン	点検	法45、則169の2	是正勧告	ドラグショベルについて、特定自主点検を行った年月を明らかにすることができる検査標章を張り付けていないこと	下請	大阪	1
クレーン	搭乗制限	法20、則162	是正勧告	車両系建設機械の乗車席以外の箇所に労働者を乗せないこと	元請	名古屋	1
クレーン	フック	法20、則28	是正勧告	クレーンのフック外れ止め不備	下請	大阪九州	2
クレーン	フック	法20、クレーン則66の3	是正勧告	移動式クレーンを使用して荷をつり上げる際に、外れ止め装置を使用していないこと	下請	東北	1
クレーン	防護設備	法20、則101	是正勧告	コンクリートポンプ車の撹拌部に覆いを設けていないこと	下請	名古屋	1
クレーン	法令順守	法29-1	是正勧告	関係請負人及び関係請負人の労務者が、この法律又は、これに基づく命令の規定に違反しないよう必要な指導を行っていないこと	元請	茨城東北2件	3
クレーン	用途外使用	法20、則164	是正勧告	用途外使用	下請		9
クレーン	留置措置	法20、則160	是正勧告	運転席から離れる場合の措置不備（作業装置、エンジン停止）	下請	中国横浜九州	3
クレーン	作業計画	法20、29、30、則151、155、194の9等	是正勧告	高所作業車、車両系建設機械、移動式クレーン等を用いた作業を行わせるに際し、作業計画を定めていない	元請下請	北海道東北他	
クレーン	資格	法59、61、則36、クレーン則221等	是正勧告	建設機械等の運転、玉掛等の資格を証する書面の携帯なし	下請	東京東北関西九州	
クレーン	立入禁止	法20、29、則158、クレーン則74等	是正勧告	車両系建設機械、移動式クレーン等を用いた作業に際し、労働者に危険のおそれのある箇所に労働者を立ち入らせている	元請下請	東北・中国他	
クレーン	定期点検	法29、40、45、則168、169、クレーン則63、76、77等	是正勧告	特定自主検査をしていない	下請	東京東北関西北陸九州	
クレーン	始業点検	法20、45、則170、クレーン則78、220等	是正勧告	始業点検をしていない	下請	東京東北関西九州	
クレーン	フック外れ止め	法20、45、則164、クレーン則20の2、66の3等	是正勧告	外れ止め装置を使用していない	下請	東北関西九州	

種別	区分	違反条文	受領書類	指導内容	元・下	場所	指摘数
クレーン	用途外使用	法20、則164	是正勧告	用途外使用をしている	下請	東京 東北	
クレーン	留置措置	法20、則160	是正勧告	運転席から離れる場合の措置不備（作業装置、エンジン停止）	下請	中国 横浜 九州	
クレーン	整備不良	法20、29、則153、クレーン則64等	是正勧告	ヘッドガード、覆い等なし	下請	関東 中部	
クレーン	周知	法20-1、則166の4	是正勧告	車両系建設機械のアタッチメントの交換時、運転者の見やすい位置にアタッチメント重量を表示し、又は当該機械に運転者がアタッチメントの重量を容易に確認できる書面を備え付けていない	下請	東北 九州	

臨検監督に伴う指摘事項集計表（電気）

種別	区分	違反条文	受領書類	指導内容	元・下	場所	指摘数
電機	感電	法20、則329	是正勧告	屋外で使用する電工ドラムのコンセントに感電防止用絶縁カバーのないものを使用していること（屋内用電工ドラム）	下請	東北他	
電機	感電	法20、則330	是正勧告	移動電線に接続する手持型の電燈、仮設の電線又は移動電線に接続する架空つり下げ電燈等にガードを取り付けていないこと	元請 下請	東京他	
電機	感電	法20、則331	是正勧告	アーク溶接等に使用する溶接棒のホルダーについて、感電の危険を防止するための絶縁効力を有するものを使用していないこと	元請 下請	東京他	
電機	感電	法20、則338	是正勧告	仮設の配線又は移動電線を通路面において使用していること	元請 下請	大阪他	
電機	管理	法20、則263	是正勧告	ガス溶接等の業務に使用するガス等の容器について、法令で定める方法により取り扱っていないこと	下請	関西	
電機	管理	法22、則578	是正勧告	自然換気が不十分なところにおいて内燃機関を有する機械を使用していること	下請	東北	
電機	資格	法59-3、則36-3	是正勧告	特別教育を実施していない労働者にアーク溶接機を用いて行う金属の溶接、溶断の業務に就かせていること	下請	北海道	
電機	資格	法59-3、則36-19	是正勧告	特別教育を実施していない労働者につり上げ荷重1t未満のベビーホイストで行う玉外しの業務を行わせていること	下請	東京	
電機	点検	法20、則352	是正勧告	アーク溶接の絶縁ホルダー、自動電撃防止装置等の使用開始前点検を行っていないこと	下請	東北	
電機	点検	法29	是正勧告	回転中の研削砥石が労働者に危険を及ぼす恐れがあるにもかかわらず、覆いを設けていないこと	元請	東京	
電機	点検	法20、則28	是正勧告	携帯用丸のこの刃の接触防止装置が有効な状態で使用されるよう点検・整備を行っていないこと	下請	長野他	
電機	点検	法20、則28	是正勧告	手持ち式グラインダーのカバーについて有効な状態で使用されるよう点検・整備を行っていないこと	下請	大阪	
電機	点検	法20-1-1、クレーン則149	是正勧告	設置した工事用エレベーターのリミットスイッチについて安全装置が有効に作動するよう調整していないこと	元請	東日本	
電機	転倒防止	法20、則263	是正勧告	ガス溶接装置のボンベについて転倒のおそれがないよう保持しておくこと	下請	仙台	
電機	分電盤	法20-1-3、則329	使用停止	分電盤の充電路端子に感電防止のための絶縁覆い等を設けること	元請	関西	

臨検監督に伴う指摘事項集計表（坑内）

種別	区分	違反条文	受領書類	指導内容	元・下	場所	指摘数
坑内	教育	法 103、　　則 389 の 11	是正勧告	避難訓練を受けた者の氏名を記録していないこと	下請	東北	
坑内	教育	法 59、則 36-1-30	是正勧告	ずい道等の掘削作業において、鉱物等を動力を用いて掘削する作業に関する特別教育を実施していない労働者を当該作業に従事させていること	下請	関東	
坑内	設備	法 22-1、　　則 582	是正勧告	ずい道等の掘削作業において、鉱物等を動力を用いて掘削する作業箇所に湿潤状態に保つための設備を設置していないこと	下請	関東	
坑内	保護具	法 22-1、粉則 27-2	是正勧告	ずい道等の掘削作業において、鉱物等を動力を用いて掘削する作業に従事する労働者に電動ファン付呼吸用保護具を使用させていないこと	元請	札幌他	
坑内	資格	法 14、則 383 の 2	是正勧告	ずい道等の掘削等作業主任者を番方ごとに選任していないこと	下請	東北	
坑内	識別	法 25 の 2-1、則 24 の 6	是正勧告	ずい道等の内部において作業を行う労働者の人数及び氏名を常時確認することができる措置を講じていないこと	下請	関東	
坑内	周知	法 29	是正勧告	トンネル掘削作業主任者の掲示がなされず、関係事業場及び関係事業場の労働者が当該仕事に関し労働安全衛生法の規定に違反しないよう必要な指導を行っていないこと	元請	中部	
坑内	測定	法 103-1、　　則 592-1	是正勧告	坑内の作業場において１月以内毎に１回、定期的に炭酸ガス濃度を測定し、その記録を３年間保存していないこと	元請	九州	
坑内	測定	法 20-2、　　則 381	是正勧告	ずい道等の掘削の作業を行うときは毎日、可燃性ガスの有無を測定していないこと	元請	関東	

臨検監督に伴う指摘事項集計表（管理）

種別	区分	違反条文	受領書類	指導内容	元・下	場所	指摘数
管理	安全管理者の選任	法 11-1	是正勧告	常時 50 人以上の労働者を使用しているにもかかわらず厚生労働省令で定める資格を有する者のうちから安全管理者を選任していない	下請	東北	
管理	衛生管理者の選任	法 12-1	是正勧告	常時 50 人以上の労働者を使用しているにもかかわらず厚生労働省令で定める資格を有する者のうちから衛生管理者を選任していない	下請	東北	
管理	産業医の選任	法 13-1	是正勧告	常時 50 人以上の労働者を使用しているにもかかわらず産業医を選任していない	下請	東北	
管理	作業主任者の周知	法 14	是正勧告	作業主任者を関係者に周知していないこと	元請 下請	全国	
管理	安全委員会の開催	法 17-1	是正勧告	常時 50 人以上の労働者を使用しているにもかかわらず安全委員会を設けていない	下請	東北	
管理	衛生委員会の開催	法 18-1	是正勧告	常時 50 人以上の労働者を使用しているにもかかわらず衛生委員会を設けていない	下請	東北	
管理	最大積載荷重の表示	法 20、則 575 の 4	是正勧告	足場資材を一部仮置きしていた作業構台について最大積載荷重を表示することにより労働者に周知をしていないこと	下請	神奈川	
管理	地山の危険防止	法 21	是正勧告	明り掘削を行うに際し、地山の崩壊、土石の落下による危険防止のため、地山の点検を行うこと	下請	東北	
管理	健康障害防止	法 22	是正勧告	リプラスの携帯用グラインダー加工作業時に保護眼鏡を備えていないこと	下請	東北	
管理	作業環境	法 23	是正勧告	安全通路の確保、明示がないこと	元請 下請	全国	
管理	法令に違反しないよう必要な指導	法 29	是正勧告	関係請負人及びその労働者が、労働安全衛生法等に違反しないよう必要な指導を行っていないこと	元請	神奈川	
管理	協議組織の設置	法 30	是正勧告	特定元方事業者及びすべての関係請負人が参加する協議組織を設置していないこと	元請	東北	
管理	時間外労働	労基法 32	是正勧告	時間外労働に関する協定がないにもかかわらず、時間外労働を行わせている	元請	東京	
管理	職長・安全衛生責任者教育	法 60、則 40	是正勧告	作業中の労働者を直接指導又は監督する者に対し、法令で定めるところによる安全又は衛生のための教育を実施していないこと（職長・安全衛生責任者教育）	下請	東京	
管理	雇用時の健康診断	法 66	是正勧告	常時使用する労働者に対して、雇用時の健康診断を行っていないこと	下請	東北	
管理	88 条申請	法 88	是正勧告	足場及び高さ 3.5 ｍ以上の支保工を組み立てる際、作業開始の 30 日前に届出を行っていないこと	元請	東北 名古屋	
管理	化学物質	法 101、則 98 の 2	是正勧告	安全データシートにより通知された事項について、化学物質、化学物質を含有する製剤その他の物で当該通知された事項に係るものを取り扱う各作業場に常時掲示し、又は備え付けることその他の厚生労働省令で定める方法により、当該物を取り扱う労働者に通知されていないこと	下請	関西	
管理	じん肺健康診断	じん肺 7	是正勧告	新たに常時粉じん作業に従事することとなった労働者に対して、就業の際、じん肺健康診断を行っていないこと	下請	東北	

種別	区分	違反条文	受領書類	指導内容	元・下	場所	指摘数
管理	アーク溶接作業じん肺健康診断	じん肺 8	是正勧告	常時粉じん作業（アーク溶接作業）に従事する労働者に対し一定期間毎に1回、定期的に、じん肺健康診断を行っていないこと	下請	東北	
管理	労働契約	労基法 15	是正勧告	労働契約の締結（更新）に際し、労働契約の期間に関する事項等を書面の交付により明示していないこと	下請	東北	
管理	賃金の支払	労基法 24-1	是正勧告	書面による協定がないにもかかわらず親睦会費を賃金から控除して支払っている	下請	東北	
管理	時間外労働の協定	労基法 36-1	是正勧告	時間外労働に関する協定の限度を超えて時間外労働を行わせていること	下請	東北	
管理	年少者の証明書	労基法 57	是正勧告	満18歳に満たないものについて、その年齢を証明するための戸籍証明書（住民票記載事項証明書）を事業場に備え付けていないこと	下請	関西	
管理	就業規則の作成届出変更の義務	労基法 89	是正勧告	常時10名以上の労働者を使用しているにもかかわらず、就業規則を作成し、これを労働基準監督署に届け出ていないこと	下請	東北	
管理	寄宿舎の設備及び安全衛生	労基法 96	是正勧告	建設業附属寄宿舎を設置するときに当該設置届を、工事着手14日前までに所轄監督署長に届け出ていないこと	元請	東北	
管理	労働者に対する周知義務、掲示	労基法 106	是正勧告	時間外労働、休日労働に関する協定届を掲示等により労働者に周知していないこと	元請下請	名古屋東北	
管理	労働者名簿の記入	労基法 107	是正勧告	労働者名簿に従事する業務の種類を記入していないこと	下請	東北	
管理	賃金台帳労働時間数の記入	労基法 108、労基則 54	是正勧告	賃金台帳に労働時間数を労働者各人に記入していない	下請	東北	

臨検監督に伴う指摘事項集計表（工事計画）

種別	区分	違反条文	受領書類	指導内容	元・下	場所	指摘数
工事計画	建設工事計画届の提出	法 88	是正勧告	機械等で厚生労働省令で定めるものを設置し、若しくは移転し、又はこれらの主要構造部分を変更するときは、当該工事の開始の 30 日前まで労働基準監督署に届けていないこと	元請		6
工事計画	建設工事計画届の提出	法 88-2、88-3	是正勧告	建設工事計画届が工事開始の所定日前に厚生労働大臣又は労働基準監督署長に届出がされていないこと	元請		2
工事計画	建設工事計画届の提出	法 88-4	計画変更指導	建設工事計画書を作成するときは、当該作業から生じる労働災害を防止するため、省令で定める資格を有する者を参画させ氏名を明示すること	元請		2
工事計画	変更届	法 20-1、則 563	計画変更勧告	〈計画変更〉足場・通路及び構台に関するもの。足場については丈夫な構造としていないこと。構造計画を実施すること	元請		6
工事計画	変更届	法 20-1、則 158	計画変更勧告	〈計画変更〉車両系建設機械立入禁止の措置に関するもの（労働者に危険が生ずるおそれのある箇所への立入禁止措置を講じていないこと）	元請		3
工事計画	変更届	法 20-1-1、則 242-1-7	計画変更命令	〈計画変更〉型枠支保工計画パイプサポートを支柱に用いる型枠支保工について、水平つなぎの変位防止措置を講じていないこと	元請		2
工事計画	変更届	法 20-1、則 370	計画変更勧告	〈計画変更〉土留支保工の腹おこし、切梁等の部材の材質並びに取付時期及び順序が示された組立図を作成していないこと	元請		1
工事計画	変更届	クレーン則 5、11	計画変更指導	〈計画変更〉クレーン設置届に関するもの（機械配置平面図における設置するクレーンの位置を明確にすること）	元請		5
工事計画	計画との不一致		安全衛生指導票	〈計画どおりに設置されない〉型枠支保工に係る機械等設置届に基づき、計画書どおり設置していないこと	元請		1
工事計画	酸欠		計画変更指導	酸欠対策について計画すること。地中の有毒ガス等の有無について調査結果を添付すること	元請		2
工事計画	明示		計画変更指導	〈土留支保工等〉山留杭打設、山留計画、構台計画について、打設順序、取付け方法等具体的に明示すること	元請		2
工事計画	明示		計画変更指導	〈足場に関するもの〉階段部詳細図の斜め手すり高さ、渡り部詳細図の手すり高さを明示すること。建物〜足場間の落下防止対策を明示すること	元請		2
工事計画	明示		計画変更指導	〈型枠支保工〉組立・解体作業時の作業床を含めた危険防止対策を明示すること	元請		2

臨検監督に伴う指摘事項集計表（その他）

種別	区分	違反条文	受領書類	指導内容	元・下	場所	指摘数
その他	はいの崩壊防止	則 432	指導票	はいの崩壊又は荷の落下により労働者に危険を及ぼすおそれのあるときは、当該はいについてロープで縛り、網を張り、くい止めを行わなければならない	元請		1
その他	衛生管理者の選任	則 7	安全衛生指導票	事業規模（常時使用する労働者数）に応じて衛生管理者を選任しなければならない	元請		1
その他	安全衛生委員会	法 19	指導票	安全衛生委員会の構成メンバーについて、「事業者が指名した者」以外の委員は、その半数は、労働者の過半数で組織する労働組合の推薦に基づくことが必要であること	元請		1
その他	寄宿舎の避難訓練	建寄規 12 の 2	指導票	寄宿舎の使用開始後、遅滞なく 1 回、その後 6 カ月いないごとに 1 回避難訓練及び消火訓練を行っていないこと	元請		1

資料Ⅱ　安全衛生関連早見表

■安全担当者の職務と資格

職名	選任基準	職務内容	資格	関係条文
総括安全衛生管理者	常時100人以上の労働者を使用する事業場	1．安全管理者、衛生管理者の指揮 2．以下の業務を適切かつ円滑に実施するための措置及び実施状況の確認と責任あるとりまとめ (1) 労働者の危険又は健康障害を防止するための措置 (2) 労働者の安全又は衛生のための教育の実施 (3) 健康診断の実施とその他の健康管理 (4) 労働災害の原因の調査及び再発防止対策 (5) 安全衛生に関する方針の表明に関すること (6) 法第28条の2第1項の危険性又は有害性等の調査及びその結果に基づき講ずる措置に関すること (7) 安全衛生に関する計画の作成、実施、評価及び改善に関すること	当該事業場で、その事業の実施を統括管理する者	安法10 安令2 安則2・3の2
安全管理者	常時50人以上の労働者を使用する事業場	1．総括安全衛生管理者の2の（1）～（7）までの安全に係る技術的事項の管理 2．作業場等を巡視し、設備、作業方法等に危険のおそれがある場合の必要な措置 3．安全に関する次の措置 (1) 建設物、設備、作業場所、作業方法に危険がある場合の応急措置、防止措置 (2) 安全装置、保護具その他危険防止のための設備・器具の定期点検、整備 (3) 作業の安全についての教育、訓練 (4) 発生した災害の原因調査、対策の検討 (5) 消防及び避難の訓練 (6) 作業主任者その他安全の補助者の監督 (7) 安全に関する資料の作成、収集及び重要事項の記録 (8) 労働者が行う作業が他の事業の労働者が行う作業と同一場所で行われる場合の安全に関し必要な措置	厚生労働大臣が定める研修を修了し、大学、高専理科系卒2年以上、高校理科系卒後4年以上安全の実務経験者（又は、平成18年10月1日現在で、安全管理者の経験が2年以上ある者）、労働安全コンサルタント、厚生労働大臣の定める者（当該事業の実施を実質的に統括管理する者）	安法11 安令3 安則4・5・6
衛生管理者	常時50人以上の労働者を使用する事業場	1．総括安全衛生管理者の2の（1）～（7）までの衛生に係る技術的事項の管理 2．毎週1回以上作業場等を巡視し、設備、作業方法衛生状態に有害なおそれがある場合の必要な措置 3．衛生に関する次の措置 (1) 健康に異常のある者の発見、措置 (2) 作業環境の衛生上の調査 (3) 作業条件、施設等の衛生上の改善 (4) 労働衛生保護具、救急用具等の点検、整備 (5) 衛生教育、健康相談その他労働者の健康保持に必要な措置 (6) 労働者の負傷、疾病、死亡、欠勤、移動に関する統計の作成 (7) 労働者が行う作業が他の事業の労働者が行う作業と同一場所で行われる場合の衛生に関し必要な措置 (8) その他衛生日誌記載等の職務上の記録の整備	（衛生管理者のうち）都道府県労働局長の免許を受けた者、医師、歯科医師、労働衛生コンサルタント、厚生労働大臣の定める者	安法12 安令4 安則7・10・11

職名	選任基準	職務内容	資格	関係条文
安全衛生推進者	常時10人以上50人未満の労働者を使用する事業場	事業主等の安全衛生業務の権限と責任を有する者の指揮を受け次の業務を担当する 1．労働者の危険、健康障害を防止するための措置 2．労働者の安全、衛生のための教育の実施 3．健康診断の実施とその他の健康管理 4．労働災害の原因調査、再発防止	所定の指定講習修了者ほか	安法12の2 安則12の2・12の3・12の4
産業医	常時50人以上の労働者を使用する事業場	1．健康診断の実施、労働者の健康保持のための措置、及び面接指導等 2．作業環境の維持管理 3．作業の管理に関すること 4．1～3の他、労働者の健康管理に関すること 5．健康教育、健康相談等 6．衛生教育に関すること 7．健康障害の原因調査、再発防止措置 8．毎月1回（事業者が毎月1回所定情報を提供する等の手続きをとれば2カ月以内ごとに1回）の作業場巡視	医師免許者で厚生労働大臣が定める研修（日本医師会、産業医科大学等）の修了者等。ただし、法人の代表者・個人事業主・事業の統括管理者は選任できない	安法13 安令5 安則13・14・15
統括安全衛生責任者	関係請負人の労働者を含め常時50人以上となる事業場（ずい道、圧気工法、一定の橋梁工事は30人以上）	次の事項の統括管理 1．元方安全衛生管理者の指揮 2．協議組織の設置及び運営 3．作業間の連絡及び調整 4．作業場所の巡視 5．関係請負人が行う労働者の安全、衛生教育に対する指導及び援助 6．仕事の工程の計画、作業場所の機械、設備等の配置計画の作成 7．前各号の他、労働災害を防止に必要な事項	当該事業の実施を統括管理する者、教育修了者	安法15 安令7 元方指針
元方安全衛生管理者	統括安全衛生責任者を選任した事業場	統括安全衛生責任者が統括管理すべき事項のうち技術的事項の管理	大学、高専理科系卒後3年、高校理科系卒後5年以上安全衛生の実務経験者、厚生労働大臣の定める者	安法15の2 安則18の3・18の4・18の5
店社安全衛生管理者	労働者数が20人以上の事業場で統括安全衛生責任者の選任しない一定の事業場	現場の統括安全衛生管理を担当する者に対する指導のほか 1．現場を少なくとも毎月1回以上巡視 2．現場で行われる工事の状況を把握 3．現場の協議組織に随時参加 4．仕事の工程の計画、作業場所の機械、設備等の配置計画を確認 （注）店社安全衛生管理者の選任を要する現場であっても、統括安全衛生責任者の職務を行う者、元方安全衛生管理者の職務を行う者を選任し、その者に職務を行わせている現場は、店社安全衛生管理者の選任は要しない	大学、高専卒後3年、高校卒後5年以上、他8年以上安全衛生の実務経験者、厚生労働大臣の定める者	安法15の3 安則18の6・18の7・18の8

職名	選任基準	職務内容	資格	関係条文
安全衛生責任者	統括安全衛生責任者が選任される事業場の下請事業場	1．統括安全衛生責任者との連絡 2．統括安全衛生責任者から連絡を受けた事項の関係者への連絡 3．統括安全衛生責任者からの連絡事項の実施と管理 4．請負人が作成する作業計画等の統括安全衛生責任者との調整 5．混在作業による危険の有無の確認 6．請負人が後次の請負人に請負わせる場合は、その請負人の安全衛生責任者との連絡、調整		安法16 安則19
産業医	常時50人以上の労働者を使用する事業場	1．健康診断の実施、労働者の健康保持のための措置、及び面接指導等 2．作業環境の維持管理 3．作業の管理に関すること 4．1〜3の他、労働者の健康管理に関すること 5．健康教育、健康相談等 6．衛生教育に関すること 7．健康障害の原因調査、再発防止措置 8．毎月1回（事業者が毎月1回所定情報を提供する等の手続きをとれば2カ月以内ごとに1回）の作業場巡視	医師免許者で厚生労働大臣が定める研修（日本医師会、産業医科大学等）の修了者等。ただし、法人の代表者・個人事業主・事業の統括管理者は選任できない	安法13 安令5 安則13・14・15
安全衛生委員会	常時50人以上の労働者を使用する事業場	1．安全関係で次の調査審議と事業者への意見具申 (1)労働者の危険を防止するための基本対策 (2)労働災害の原因調査、再発防止対策 (3)その他労働者の危険防止の重要事項 2．衛生関係で次の調査審議と事業者への意見具申 (1)労働者の健康傷害防止のための基本対策 (2)労働者の健康保持、増進のための基本対策 (3)労働災害の調査原因、再発防止対策 (4)その他労働者の健康障害の防止と健康保持		安法17・18・19 安令8・9 安則21・22
救護技術管理者	1,000m以上のずい道、50m以上の立坑、0.1Mpa以上の圧気工事を行う事業場	次の措置がとられる場合の技術的事項の管理 1．労働者の救護に関し必要な機械等の備付け、管理 2．労働者の救護に関し必要な事項の訓練の実施 3．1〜2のほか爆発、火災に備えて労働者の救護に関し必要な事項	3年以上建設の仕事に従事した経験者で建設業労働災害防止協会での一定の研修を受けた者	安法25の2 安令9の2 安則24の3・24の4・24の8
作業主任者	安令第6条で定める業務	当該作業に係る労働者の指揮、その他必要な業務	当該作業の免許者、技能講習修了者	安法14 安令6 安則16・17

■届出早見表

	書類の名称	届出義務者	届出先	提出期限	様式	関係条文
工事開始時	適用事業報告	事業者	所轄労働基準監督署長	適用事業場になったとき遅延なく	第 23 号の 2	労基法別表 1 労基則 57
	時間外労働、休日労働に関する協定届			事前に、労働者代表との協定書添付	第 9 号	労基法 36 労基則 16・17
	労働に関する協定届（1 年単位の変形）（事業場外労働）			事前に、労働者代表との協定書添付	第 4 号 第 12 号	労基法 32 の 4・38 の 2 労基則 12 の 4・24 の 2
	就業規則届			常時 10 人以上の労働者を使用するとき労働者代表の意見書を添付		労基法 89・90 労基則 49
	寄宿舎設置届			寄宿舎設置時工事開始の 14 日前	第 1 号	労基法 96 の 2 建寄規 5 の 2
	寄宿舎規則届			労働者代表の同意書を添付		労基法 95 建寄規 2
	工事計画届（厚生労働大臣届出）	特定元方事業者	厚生労働省	作業開始の 30 日前	第 21 号	安法 88 安則 89・91・92 の 2
	工事計画届（労基署長届出）		所轄労働基準監督署長	作業開始の 14 日前		安法 88 安則 90・91・92 の 2
	土石採取計画届			作業開始の 14 日前		安法 88 安則 90・92
	建設物・機械等設置届			設置の 30 日前届出の免除については P.229 ※印参照	第 20 号	安法 88 安則 85
	特定元方事業者の事業開始報告			作業開始後遅延なく	参考様式	安法 30 安則 664
	統括安全衛生責任者選任報告					安法 15 安令 7 安則 664
	元方安全衛生管理者選任報告					安法 15 の 2 安則 664
	店社安全衛生管理者選任報告					安法 15 の 3 安則 664
	安全衛生責任者選任報告	下請事業者	特定元方事業者			安法 16
	共同企業体代表者届	共同企業体	所轄労働基準監督署長を経て労働局長	作業開始の 14 日前	第 1 号	安法 5 安則 1
	総括安全衛生管理者・安全管理者選任報告	事業者	所轄労働基準監督署長	事由発生から 14 日以内に選任し、遅滞なく	第 3 号	安法 10・11 安則 2・4
	衛生管理者・産業医選任報告					安法 12・13 安則 7・13
	労働保険・保険関係成立届			工事開始後 10 日以内	第 1 号甲、乙	徴法 4 の 2 徴則 4

工事開始時	労働保険下請負人を事業主とする許可申請書	元請負人下請負人	所轄労働基準監督署長	元請の保険関係成立後10日以内	第4号	徴法8 徴則8
	労働者災害補償保険代理人選任届	事業者		代理人を選任したとき遅滞なく	第23号	徴則73
	雇用保険適用事業所設置届		所轄公共職業安定所長	設置から10日以内		雇保則141
	雇用保険被保険者資格取得届			雇用月の翌月10日まで	第2号	雇保法7 雇保則6
工事中随時	設置届 　クレーン 　デリック 　エレベーター 　建設用リフト 　ゴンドラ	事業者	所轄労働基準監督署長	工事開始の30日前 届出の免除についてはP.229 ※印参照	第2号 第23号 第26号 第30号 第10号	安法88 クレーン則5・96・140・174 ゴンドラ則10
	設置報告 　クレーン 　移動式クレーン 　デリック 　エレベーター 　簡易リフト			あらかじめ 届出の免除についてはP.229 ※印参照	第9号 第9号 第25号 第29号 第29号	安法100 クレーン則11・61・101・145・202
	事故報告書			事故発生後遅滞なく	第22号	安法100 安則96
	労働者死傷病報告			（休業4日以上） 遅滞なく	第23号	安法100 安則97
				（休業4日未満） 1月～3月、4月～6月、7月～9月、10月～12月までの期間の報告をそれぞれの期間の翌月末日までに	第24号	安法100 安則97の2
	定期健康診断結果報告書			定期健康診断を実施したとき遅滞なく	第6号	安法100 安則52
	じん肺健康管理実施状況報告			12月31日の実施状況を翌年2月末日までに	第8号	じん肺法44 じん肺法施行規則37
	就業規則変更届			届出済の就業規則を変更した時		労基法89・90 労基則49
	寄宿舎規則変更届			届出済の寄宿舎規則を変更した時		労基法95 建寄規2
工事終了時	労働保険確定保険料申告書・納付書	事業者	所轄労働基準監督署長	事業終了後50日以内	第6号	徴法19・21 徴則33・38
	雇用保険適用事業所廃止届		所轄公共職業安定所長	廃止の日の翌日から起算して10日以内		雇保則141
	給与支払事務所等の廃止届出書		所轄税務署長	廃止後1カ月以内		所得税法230 所得税則99
	事業所工事終了（中止）届		土建国保組合	終了又は中止したとき、速やかに		土建国保規定11

■工事計画届が必要な建設工事

1．厚生労働大臣届〈安法 88-2、安則 89・91-1〉

対象作業	1．高さが 300 m 以上の塔の建設
	2．堤高（基礎地盤から堤頂までの高さ）が 150 m 以上のダムの建設
	3．最大支間 500 m（つり橋は 1,000 m）以上の橋梁の建設
	4．長さが 3,000 m 以上のずい道等の建設
	5．長さが 1,000 m 以上 3,000 m 未満のずい道等の建設で深さが 50 m 以上のたて坑の掘削を伴うもの
	6．ゲージ圧力が 0.3Mpa 以上の圧気工法
届出期限	工事開始の 30 日前
届出義務者	自ら仕事を行う発注者、その者がいない場合は元請負人
届出先	厚生労働大臣（窓口：厚生労働省労働基準局安全衛生部建設安全対策室）
様式	21 号（圧気工事は 21 号の 2 を添付）
届出部数	3 部
届出事項等〈安則 91〉	1．周囲の状況、四隣との関係図 2．建設物等の概要図（平面、立面、断面等） 3．工事用機械、設備、建設物等の配置図 4．工法の概要を示す書面又は図面 5．労働災害を防止するための方法及び設備の概要を示す書面又は図面 6．工程表 7．圧気工法作業摘要書（様式 21 号の 2）（圧気工法のみ）

2．労働基準監督署長届〈安法 88-3、安則 90・91-2〉

対象作業	1．高さ 31 m を超える建築物又は工作物（橋梁を除く）の建設、改造、解体又は破壊
	2－1．最大支間 50 m 以上の橋梁の建設、改造、解体又は破壊
	2－2．最大支間 30 m 以上 50 m 未満の橋梁の上部構造の建設、改造、解体又は破壊（人口集中地域で道路・軌道上又は隣接した場所に限る）
	3．ずい道等（斜坑を含む）の建設、改造、解体又は破壊（ずい道等内部に労働者が立ち入らないものを除く）
	4．掘削の高さ又は深さが 10 m 以上の地山の掘削（たて坑を含む）
	5．圧気工法
	6．吹付け石綿等の除去作業
	7．掘削の高さ又は深さが 10 m 以上の土石の採取のための掘削
	8．坑内掘りの土石の採取のための掘削
	9．廃棄物焼却炉（焼却能力 200kg/ 時間以上又は火格子面積 2 m^2 以上のもの）、集じん機等の設備の解体等
届出期限	工事開始の 14 日前
届出義務者	自ら仕事を行う発注者、その者がいない場合は元請負人
届出先	所轄労働基準監督署長
様式	21 号（圧気工事は 21 号の 2 を添付）
届出部数	2 部
届出事項等〈安則 91〉	1．周囲の状況、四隣との関係図 2．建設物等の概要図（平面、立面、断面等） 3．工事用機械、設備、建設物等の配置図 4．工法の概要を示す書面又は図面 5．労働災害を防止するための方法及び設備の概要を示す書面又は図面 6．工程表 7．圧気工法作業摘要書（様式 21 号の 2）（圧気工法のみ）

（※）計画の届出が不要な場合（安法 88-1 但し書き）
労働者の危険又は健康障害を防止するため必要な措置を講じていると、労基署長が認定した場合、計画の届出は不要。必要な措置は、次のとおりである　①危険性又は有害性の調査及びその結果に基づく措置（安法 28 の 2）②労働安全衛生マネジメントシステム（安則 24 の 2）

2.のうち都道府県労働局長の審査対象となるもの〈安法89の2、安則94の2〉

1.	高さが100m以上の建築物の仕事であって、次のいずれかに該当するもの ①埋設物その他地下の工作物がふくそうする場所に近接する仕事 ②当該建築物の形状が円筒形である等特異なもの
2.	堤高が100m以上のダムの建設の仕事であって、車両系建設機械が転倒、転落のおそれのある急斜面で作業が行われるもの
3.	最大支間300m以上の橋梁の建設の仕事であって、次のいずれかに該当するもの ①橋梁の桁が曲線桁であるもの ②橋梁の桁下の高さが30m以上のもの
4.	長さが1,000m以上のずい道等の仕事であって、落盤、出水、ガス爆発等による労働者の危険があると認められる場所で行われるもの
5.	掘削土量が20万m³を超える掘削作業で、次のいずれかに該当するもの ①地質が軟弱な場所で行われるもの ②狭隘な場所で車両系建設機械を用いて作業が行われるもの
6.	ゲージ圧力が0.2Mpa以上の圧気工法で、次のいずれかに該当するもの ①地質が軟弱な場所で行われるもの ②当該仕事に近接した場所で、同時期に別の掘削作業が行われるもの

工事計画届に必要な計画参画者の資格〈安法88-4、安則92の2・92の3、別表第9〉

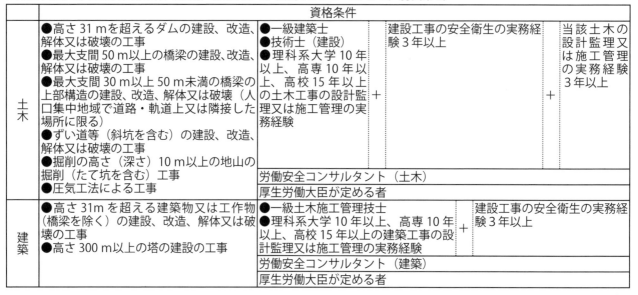

		資格条件		
土木	●高さ31mを超えるダムの建設、改造、解体又は破壊の工事 ●最大支間50m以上の橋梁の建設、改造、解体又は破壊の工事 ●最大支間30m以上50m未満の橋梁の上部構造の建設、改造、解体又は破壊（人口集中地域で道路・軌道上又は隣接した場所に限る） ●ずい道等（斜坑を含む）の建設、改造、解体又は破壊の工事 ●掘削の高さ（深さ）10m以上の地山の掘削（たて坑を含む）工事 ●圧気工法による工事	●一級建築士 ●技術士（建設） ●理科系大学10年以上、高専10年以上、高校15年以上の土木工事の設計監理又は施工管理の実務経験 ＋	建設工事の安全衛生の実務経験3年以上 ＋	当該土木の設計監理又は施工管理の実務経験3年以上
		労働安全コンサルタント（土木）		
		厚生労働大臣が定める者		
建築	●高さ31mを超える建築物又は工作物（橋梁を除く）の建設、改造、解体又は破壊の工事 ●高さ300m以上の塔の建設の工事	●一級土木施工管理技士 ●理科系大学10年以上、高専10年以上、高校15年以上の建築工事の設計監理又は施工管理の実務経験 ＋	建設工事の安全衛生の実務経験3年以上	
		労働安全コンサルタント（建築）		
		厚生労働大臣が定める者		

■工事計画届の流れ

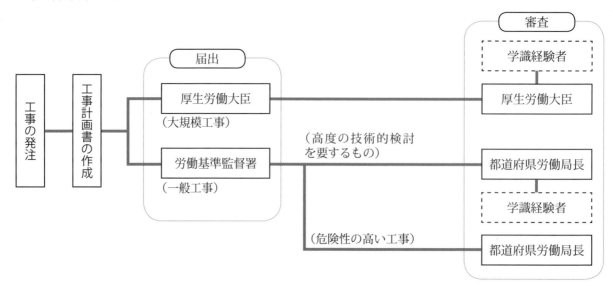

■工事計画届が必要な機械等 〈安法88〉

届出の免除については P.229 ※印参照

機械設備等	届出が必要な能力等	様式	関係条文
クレーン設置（変更）	つり上げ荷重 3 t 以上（スタッカ式は 1 t 以上）	第 2 号、第 12 号	クレーン則 5・44
移動式クレーン変更	つり上げ荷重 3 t 以上	第 12 号	クレーン則 85
デリック設置（変更）	つり上げ荷重 2 t 以上	第 12 号、第 23 号	クレーン則 96・129
工事用エレベーター設置（変更）	積載荷重 1 t 以上	第 12 号、第 26 号	クレーン則 140・163
建設用リフト設置（変更）	積載荷重 0.25 t 以上でガイドレールの高さ 18 m 以上	第 12 号、第 30 号	クレーン則 174・197
ゴンドラ設置（変更）	すべての機種	第 10 号、第 12 号	ゴンドラ則 10・28
有機溶剤設備等	安全衛生関係の特別規則に定める設備		有機則
特定化学設備等			特化則
放射線装置室等		第 6 号	電離則 61
粉じん作業設備等			粉じん則

届出期限……クレーン等設置工事開始の 30 日前まで
届出義務者…建設物・機械等を設置・移転・変更しようとする事業者
届出先………所轄労働基準監督署長
様式……各規則で定める様式
届出部数… 2 部

■建設物・機械等設置届が必要な工事 〈安法88条〉

届出の免除については P.229 ※印参照

工事・作業の種類	規模	届出事項	計画参画者の資格	図面等	関係条文
足場（組立から解体までの期間が 60 日未満は除外）	つり足場、張出し足場以外の足場は高さ 10 m 以上のもの	1．設置期間 2．種類及び用途 3．構造、材質及び主要寸法	※ ① 又は ② 又は ③	組立図 配置図	安則 85・86・87・88・別表 7
型枠支保工	支柱の高さが 3.5 m 以上のもの	1．設置期間 2．コンクリート構造物の概要 3．構造、材質及び主要寸法	※ ① 又は ② 又は ③	組立図 配置図	
架設通路（組立から解体までの期間が 60 日未満は除外）	高さ及び長さが 10 m 以上のもの	1．設置期間 2．設置場所 3．構造、材質及び主要寸法	－	平面図 側面図 断面図	
軌道装置（設置期間 6 カ月未満は除外）		1．使用目的 2．起点、終点の位置 3．高低差（平均勾配） 4．軌道の長さ 5．動力車の種類 6．その他	－	場合により、平面図・断面図等	
特定化学物質・附属設備	希硫酸を使用した PH 中和装置、地盤改良装置等	1．設置期間 2．設置場所 3．構造、材質及び主要寸法 4．その他	－		

届出期限……工事開始の 30 日前
届出義務者…機械設備を設置、変更しようとする事業者
届出先…所轄労働基準監督署長
様式…20 号
※①当該工事設計管理又は施工管理の実務経験 3 年以上、一級建築士、一級土木（建築）施工管理技士、かつ、建設工事の安全衛生の実務経験 3 年以上の者、②労働安全コンサルタント（土木又は建築）、③厚生労働大臣が定める者

■作業に必要な資格等

資格の必要な作業を行うときは免許証や資格証を携帯すること〈安法 61-3〉

工種	作業内容（適用範囲）	配置する担当者・有資格者	関係条文	必要な資格			事業者による指名・選任等
				免許	技能講習	特別教育	
足場	つり足場、張出足場又は高さ 5 m 以上の足場の組立、解体、変更の作業	足場の組立等作業主任者	安則 565		○		
	足場の組立、解体又は変更の作業に係る作業（地上又は堅固な床上における補助作業除く）	足場の組立等作業者	安則 36-1-39			○	
	建築物、橋梁、足場等の組立、解体、変更の作業（墜落により危険）	作業指揮者	安則 529				○
	高さ 3 m 以上から物を落とす作業	監視人	安則 536				○
高所	高さが 2 m 以上の箇所において、作業床を設けることが困難な場合で、フルハーネス型を使用して行う作業（ロープ高所作業を除く）が対象	作業員	安則 36-1-40			○	
型枠	型枠支保工の組立、解体の作業	型枠支保工の組立等作業主任者	安則 246		○		
明り掘削作業	掘削面の高さが 2 m 以上となる地山の掘削作業	地山の掘削作業主任者	安則 359		○		
	土止め支保工の切りばり又は腹起こしの組立、解体作業	土止め支保工作業主任者	安則 374		○		
	明り掘削作業でのガス導管の防護作業	作業指揮者	安則 362-3				○
	粉じん発生場所での作業（設備による注水又は注油をしながら行う粉じん則 3 条作業は除く）	特定粉じん作業者	安則 36-1-29 粉じん則 22			○	
	土止め支保工の点検	点検者	安則 373				○
	浮石、き裂、湧水凍結の点検		安則 358				○
	路上作業の交通制限区間	交通誘導警備員	公（土）24				○
	覆工板を取り外して行う作業		公（土）57				○
	運搬機械の後退、接近、危険箇所での走行	誘導者	安則 365				○
	可燃性ガス発生のおそれの場合	測定者	安則 322				○
コンクリートの破壊	高さ 5 m 以上のコンクリート造の工作物の解体、破壊の作業	コンクリート造工作物の解体等作業主任者	安則 517 の 17		○		
	コンクリート破砕器の作業	コンクリート破砕器作業主任者	安則 321 の 3		○		
橋梁架設	上部構造が鋼製の橋梁の架設、解体、変更の作業（高さ 5 m 以上又は上部構造のうち支間が 30 m 以上のもの）	鋼橋架設等作業主任者	安則 517 の 8		○		
	上部構造がコンクリート造の橋梁の架設、変更の作業（高さ 5 m 以上又は上部構造のうち支間が 30 m 以上のもの）	コンクリート橋架設等作業主任者	安則 517 の 22		○		
建築物の組立・解体	建築物の骨組み又は塔であって金属製の部材により構成されるもの（高さ 5 m 以上）の組立、解体又は変更の作業	建築物等の鉄骨の組立て等作業主任者	安則 517 の 4		○		
	高さ 5 m 以上の木造の建築物の軸組、小屋組の組立の作業	木造建築物の組立て等作業主任者	安則 517 の 12		○		
	廃棄物焼却施設の解体等の作業	解体作業者	安則 36-1-36・592 の 7			○	
		作業指揮者	安則 592 の 6				○

工種	作業内容（適用範囲）	配置する担当者・有資格者	関係条文	必要な資格			事業者による指名・選任等
				免許	技能講習	特別教育	
有機溶剤等取扱作業	屋内作業又はタンク、船倉若しくは坑の内部その他の場所で有機溶剤とそれ以外のものとの混合物で有機溶剤を当該混合物の重量の5％以上を超えて含有するものを取扱う作業	有機溶剤作業主任者	安令 6-22 有機則 19		○		
	特定化学物質を製造、取扱う作業	特定化学物質作業主任者	安令 6-18 特化則 27		○		
	石綿等を取扱う作業	石綿作業主任者	安令 6-23 石綿則 19		○		
		作業者	石綿則 27			○	
	鉛ライニング作業、含鉛塗料が塗布された鋼材の溶接、溶断又は含鉛塗料のかきおとし作業	鉛作業主任者	安令 6-19 鉛則 33		○		
	有機溶剤を製造し取扱う作業	有機溶剤業務従業者	基発 337 (S59.6.29)			○	
酸素欠乏危険作業	酸素欠乏症のみが発生するおそれのある作業（第一種）	酸素欠乏危険作業主任者	安令 6-21 酸欠則 11		○		
	酸素欠乏症及び硫化水素中毒が発生するおそれのある作業（第二種）	酸素欠乏・硫化水素危険作業主任者			○		
	し尿、腐泥等を入れた設備の改造等の作業等、硫化水素中毒のおそれのある作業	特定化学物質作業主任者又は酸素欠乏・硫化水素危険作業主任者	酸欠則 25 の 2		○		
	酸素欠乏症、硫化水素中毒が発生するおそれのある作業	作業者	安則 36-1-26 酸欠則 12			○	
	作業状況の監視、異常の通報	監視人	酸欠則 13				○
防火管理	寄宿舎、事業場など当該建物の収容人員が 50 人以上の事業所等	防火管理者	消法 8 消則 1				○※
	建築物等の火気を取扱う場所	火元責任者	消令 3 の 2				○
	すべての種類の危険物（甲類）、免状に指定する危険物（乙類）、ガソリン・灯油・軽油・第 4 石油類及び動植物油類（丙類）	危険物取扱者	消法 13 危令 9	○			
	危険物を製造し取扱う作業	作業指揮者	安則 257				○
クレーン等の設置等	クレーンの組立又は解体作業	作業指揮者	クレーン則 33				○
	移動式クレーンのジブの組立、解体		クレーン則 75 の 2				○
	デリックの組立又は解体作業		クレーン則 118				○
	エレベーターの昇降路塔又はガイドレール支持塔の組立又は解体作業		クレーン則 153				○
	建設用リフトの組立又は解体作業		クレーン則 191				○
	並置クレーンの修理等の作業	監視人	クレーン則 30				○
	特例によりクレーンで過荷重作業をする時（注）	作業指揮者	クレーン則 23				○
	特例によりデリックで過荷重作業をする時（注）		クレーン則 109				○

※講習修了者又は一定の実務経験のある者
（注）あらかじめ、クレーン（デリック）特例報告書を所轄労働基準監督署に提出すること

工種	作業内容（適用範囲）	配置する担当者・有資格者	関係条文	必要な資格			事業者による指名・選任等
				免許	技能講習	特別教育	
クレーン等の運転	つり上げ荷重5t以上の揚貨装置の運転	揚貨装置運転士	安令20-2 安則41	○			
	つり上げ荷重5t以上のクレーンの運転	クレーン・デリック運転士（旧クレーン運転士及びクレーン限定含む）	安令20-6 則22	○			
	〃の床上運転式クレーンの運転※1		クレーン則224の4	○			
	〃の床上操作式クレーンの運転※2	床上操作式クレーン	安令20-6 クレーン則22		○		
	〃の跨線テルハ	跨線テルハ	安則36-1-15 クレーン則21			○	
	つり上げ荷重5t未満のクレーンの運転	クレーン	安則36-1-15 クレーン則21			○	
	つり上げ荷重5t以上の移動式クレーンの運転	移動式クレーン運転士	安令20-7 クレーン則68	○			
	つり上げ荷重1t以上5t未満の移動式クレーンの運転	移動式クレーン	安令20-7 クレーン則68		○		
	つり上げ荷重1t未満の移動式クレーンの運転		安則36-1-16			○	
	つり上げ荷重5t以上のデリックの運転	クレーン・デリック運転士（旧デリック運転士含む）	安令20-8 クレーン則108	○			
	つり上げ荷重5t未満のデリックの運転	デリック	安則36-1-17			○	
	積載荷重250kg以上、ガイドレールの高さ10m以上の建設用リフトの運転	建設用リフト	安則36-1-18			○	
	エレベーターの運転	エレベーター	クレーン則151				○
	クレーン等運転のための合図	合図者	クレーン則25				○
玉掛け作業	つり上げ荷重1t以上のクレーン、移動式クレーン、デリックの玉掛け※	玉掛け者	安令20-16 クレーン則221		○		
	つり上げ荷重1t未満のクレーン、移動式クレーン、デリックの玉掛け		安則36-1-19 クレーン則222			○	
機械関係	動力駆動の巻上機の運転（電気ホイスト及びこれ以外の巻上機でゴンドラに係るものを除く）	運転者	安則36-1-11			○	
	研削といしの取替え、試運転の作業	作業者	安則36-1-1			○	
	丸のこ盤、帯のこ盤等を5台以上有する事業場における当該機械による業務	木材加工用機械作業主任者	安令6 安則129		○		
	丸のこ等を使用する作業	丸のこ等取扱作業従事者（特別教育に準ずる教育）	基安発0714-1 (H22.7.14)			○	
	機械の運転開始等の合図	合図者	安則104				○
ゴンドラ	ゴンドラの操作	操作者	安則36-1-20			○	
	ゴンドラ操作の合図	合図者	ゴンドラ則16				○
高所作業車	作業床の高さ10m以上の高所作業車	運転者	安令20 安則41		○		
	作業床の高さ10m未満の高所作業車		安則36-1-10の5			○	
	高所作業車を用いる作業	作業指揮者	安則194の10				○
	高所作業車の修理又は作業床の取外し作業		安則194の18				○
	高所作業車で作業を行う時の合図	合図者	安則194の12				○
	高所作業車の作業床で運転する走行の作業	誘導者	安則194の20				○

※1 床上運転式クレーンとは、床上で運転し、つり荷と離れて運転するクレーンをいう
※2 床上操作式クレーンとは、床上で運転し、かつ、運転者がつり荷の移動と共に移動するクレーンをいう
※3 クレーン・デリック、移動式クレーン運転士のうち、昭和53年10月1日以降の運転免許取得者は運転免許試験と別途の玉掛技能講習の修了者でなければ玉掛の作業はできない

工種		作業内容（適用範囲）	配置する担当者・有資格者	関係条文	必要な資格			事業者による指名・選任等
					免許	技能講習	特別教育	
車両系建設機械	機体重量3t以上	整地、運搬、積込み用機械の運転	運転者	安令20-12 安則41		○		
		掘削用機械の運転		安令20-12		○		
		基礎工事用機械の運転		安令20-12		○		
		解体用機械の運転		安令20-12		○		
	機体重量3t未満	整地、運搬、積込み用機械の運転		安則36-1-9			○	
		掘削用機械の運転		安則36-1-9			○	
		基礎工事用機械の運転		安則36-1-9			○	
		解体用機械の運転		安則36-1-9			○	
		締固め用機械の運転（ローラー）		安則36-1-10			○	
		基礎工事用機械の作業装置の操作		安則36-1-9の3			○	
		コンクリート打設用機械（ポンプ車）の作業装置の操作		安則36-1-10の2			○	
		修理又はアタッチメントの装着及び取外し作業	作業指揮者	安則165				○
		コンクリートポンプ車の輸送管等の組立、解体作業		安則171の3				○
		路肩、傾斜地等で転倒、接触等のおそれのある作業	誘導者	安則157-2・158				○
車両系荷役運搬機械		最大荷重1t以上のフォークリフト、ショベルローダー、フォークローダーの運転	運転者	安令20-13 安則41		○		
		最大荷重1t未満のフォークリフト、ショベルローダー、フォークローダーの運転		安則36-1-5・36-1-5の2			○	
		最大積載量1t以上の不整地運搬車の運転		安令20-14		○		
		最大積載量1t未満の不整地運搬車の運転		安則36-1-5の3			○	
		車両系荷役運搬機械等を用いる作業、修理、アタッチメントの装着等の作業（一人で行う簡易な作業は除く）	作業指揮者	安則151の4・151の15				○
		一つの荷が100kg以上のものを不整地運搬車、構内運搬車、貨物自動車へ積卸す作業		安則151の48・151の62・151の70				○
		路肩、傾斜地等で転倒、接触等のおそれのある作業	誘導者	安則151の6・151の7				○
		自動車（2輪を除く）用タイヤの組立時、空気圧縮機を用いて当該タイヤに空気を充填する作業	空気充填作業者	安則36-1-33			○	

工種	作業内容（適用範囲）	配置する担当者・有資格者	関係条文	免許	技能講習	特別教育	事業者による指名・選任等
その他の機械	ボーリングマシンの運転者	運転者	安則 36-1-10 の 3			○	
	車両系建設機械以外の基礎工事用機械の運転者		安則 36-1-9 の 2			○	
	軌道装置の動力車の運転者（動力車でレールにより人又は荷を運搬する装置の運転〔巻上装置を除く〕）		安則 36-1-13			○	
	小型ボイラーの取扱作業	作業者	安則 36-1-14			○	
	産業用ロボットの教示、検査等作業者		安則 36-1-31・36-1-32			○	
	ジャッキ式つり上げ機械の調整又は運転	運転者	安則 36-1-10 の 4			○	
	動力を用いて、原木を運搬する機械集材装置の運転		安則 36-1-7			○	
	胸高直径 70cm 以上の立木の伐木、かかり木でかかっている木の胸高直径 20cm 以上のものの処理等の作業	作業者	安則 36-1-8			○	
	チェーンソーを用いて行う立木の伐木又はかかり木の処理又は造材の作業		安則 36-1-8			○	
	一つの荷の重さが 100kg 以上のものの荷台等への積卸し作業	作業指揮者	安則 420				○
	くい打機、くい抜機、ボーリングマシンの運転の合図	合図者	安則 189				○
	くい打機、くい抜機、ボーリングマシンの組立等の作業	作業指揮者	安則 190				○
溶接作業	アセチレン溶接装置又はガス集合溶接装置を用いて行う金属の溶接、溶断又は加熱の業務の作業	ガス溶接作業主任者	安令 6-2 安則 314	○			
	可燃性ガス及び酸素を用いて行う金属の溶接、溶断等の作業	ガス溶接作業者	安令 20-10		○		
	アーク溶接、溶断等の作業	アーク溶接作業者	安則 36-1-3			○	
電気工事	自家用電気工作物の工事、保安業務	電気主任技術者	電事法 43	○			
	電気工事を行う作業	電気工事士	電工法 3	○			
	充電電路又はその支持物の敷設の点検、修理、充電部分が露出した開閉器の操作等の作業	取扱者	安則 36-1-4			○	
	停電作業又は高圧、特別高圧の電路の活線、活線近接作業	作業指揮者	安則 350			○	○※1
	架空電線等近接の工作物の建設、解体の作業、くい打（抜）機、移動式クレーン等を使用する作業	監視人	安則 349				○
	停電作業を行う場合の作業		安則 339				○
	特別高圧活線近接作業		安則 345				○
ロープ高所作業	高さ 2 m 以上で作業床設置が困難な所で、ブランコ等の昇降器具で身体を保持しつつ行う作業	作業者	安則 36-1-40			○	
		作業指揮者	安則 539 の 6				○

※1 電気工事作業指揮者は、低・高圧電気特別教育修了者で安全教育（S63.12.28 基発 782）を受講した者から選任する

工種	作業内容（適用範囲）	配置する担当者・有資格者	関係条文	必要な資格			事業者による指名・選任等
				免許	技能講習	特別教育	
ずい道工事	ずい道等の掘削等の作業	ずい道等の掘削等作業主任者	安則 383 の 2		○		
	ずい道等の覆工の作業	ずい道等の覆工作業主任者	安則 383 の 4		○		
	ずい道等で出入口から 1,000 m 以上、50 m 以上の立坑、0.1Mpa 以上の圧気工事	救護技術管理者	安法 25 の 2 安令 9 の 2 安則 24 の 7・24 の 8		△		
	ずい道等の掘削、覆工等の作業	ずい道等内作業者	安則 36-1-30			○	
	ずい道内で行う可燃性ガス及び酸素を用いる金属の溶接、溶断又は加熱の作業	作業指揮者	安則 257・389 の 3				○
	坑内の火気、アークの使用状況の監視及び防火管理	防火担当者	安則 389 の 4				○
	ずい道内の浮石、き裂等の点検	点検者	安則 382				○
	ずい道内部で、車両と側壁との間隔が 60cm 以上確保できない場合	監視人	安則 205				○
	軌道接近作業、通路と交わる軌道で車両を使用する作業		安則 550・554				○
	動力車の後押し運転の作業	誘導者	安則 224				○
	ずい道建設において運搬機械等が後進して作業箇所に接近するとき、又は転落のおそれのある作業		安則 388				○
	可燃性ガス濃度の測定	測定者	安則 382 の 2				○
採石作業	採石のための掘削作業（高さ 2 m 以上）	採石のための掘削作業主任者	安則 403		○		
	浮石、き裂、湧水等の点検	点検者	安則 401				○
	採石作業において運搬機械等の運行経路の補修、保持の作業	監視人	安則 413				○
	採石作業において運搬機械等の運行経路上での岩石の小割又は加工の作業		安則 414				○
	運搬機械等が後退又は転落するおそれのあるもの	誘導者	安則 416				○
火薬取扱い	火薬庫　年間 20 t 以上（甲種）消費　月間 1 t 以上（甲種）	火薬類取扱保安責任者	火薬法 30 火取則 69	○			
	導火線、電気発破の作業指揮者	作業指揮者	安則 319・320	○			
	導火線、電気を用いて行う発破の作業（せん孔、装てん、結線、点火、不発の装薬又は残薬の点検及び処理）	発破技士	安令 20-1 安則 318	○			
	取扱所及び火工所での火薬類の出納、記帳	出納責任者	火取則 52・52 の 2	○			
高圧室内の作業	高圧室内の作業（大気圧を超える気圧下の作業室又はシャフトの内部）	高圧室内作業主任者	安令 6-1 高圧則 10	○			
	高圧室内で行う作業員（全員）	作業員	安則 36-1-24 の 2 高圧則 11-1-6			○	
	高圧室内作業者にかかる作業室への送気（気こう室への送排気）の調節を行うためのバルブ、コックの操作	加減圧係員	安則 36-1-21・36-1-22 高圧則 11-1-3			○	
	作業室（又は潜水作業者）への送気の調節を行うバルブ、コックの操作	送気調節係員	安則 36-1-23 高圧則 11-1-2・11-1-4			○	
	作業室、気こう室へ送気のための空気圧縮機の運転	空気圧縮機運転員	安則 36-1-20 の 2 高圧則 11-1-1			○	
	潜水器を用い空気圧縮機、手押しポンプによる送気又はボンベからの給気を受ける水中作業	潜水士	安令 20-9 高圧則 12	○			
	再圧室を操作する作業	再圧室操作係員	安則 36-1-24 高圧則 11-1-5			○	
	高圧室内作業者と空気圧縮機の運転者の間に常時配置	連絡員	高圧則 21				○
	潜水作業者との連絡作業（2 人以下毎に 1 人配置）		高圧則 36				○

△：建災防の所定の研修を修了した者

工種	作業内容（適用範囲）	配置する担当者・有資格者	関係条文	必要な資格			事業者による指名・選任等
				免許	技能講習	特別教育	
その他	高さ2m以上のはい付け、はいくずしの作業（小麦、大豆、鉱石等のばら物を除く）	はい作業主任者	安令6 安則428		○		
	機械集材装置、運材索道の組立、解体等の業務	林業架線作業主任者	安則513	○			
	放射線照射装置を用いて行う透過写真の撮影作業	エックス線作業主任者	電離則46	○			
	ガンマ線照射装置を用いて行う透過写真の撮影作業	ガンマ線透過写真撮影作業主任者	電離則52の2	○			
	除染等業務	※1作業指揮者	除染電離則9条			○	○※2
		作業員	除染電離則19			○	
		放射線管理担当者	除染等業務ガイドライン				○
	特定線量下業務	作業員	除染電離則25の8			○	
		放射線管理担当者	特定線量下業務ガイドライン				○
自動車	乗車定員が11人以上の自動車にあっては1台、その他の自動車にあっては5台以上所有の場合	安全運転管理者	道交法74の3				○
	自家用車20台以上所有の場合（20台単位毎に1名）	副安全運転管理者	道交法74の3 道交則9の8				○
	乗車定員11人以上、8t積以上の自動車5台以上使用の場合	整備管理者	道車法50				○
	公道を走行する自動車の運転（普通、大型、大型特殊）	運転者	道交法84	○			

※1　特定汚染土壌等取扱業務については、作業場所の平均空間線量率が2.5マイクロシーベルト/時を超える場合に限る

※2　除染等作業に類似する作業に従事した経験を有する者又は除染等作業指揮者教育を受講した者であって特別教育を修了したものとする

■点検が必要な設備と項目

設備（作業）名	点検項目と措置	関係条文	点検時期
型枠支保工	1．コンクリートの打設の作業を開始する前に、当該作業に係る型枠支保工を点検し異状を認めた時は補修すること 2．作業中に型枠支保工に異状を認めたときの作業中止の措置を講じておくこと	安則 244	●コンクリート打設の作業開始前 ●コンクリート打設中
土止め支保工	1．部材の損傷、変形、腐食、変位及び脱落の有無 2．切りばりの緊圧の度合 3．部材の接続部、取付け部及び交差部の状態	安則 373	●7日を超えない期間毎 ●中震以上の地震の後 ●大雨等の後
明り掘削（点検者を指名）	1．浮石及びき裂の有無及び状態 2．含水、湧水及び凍結の状態 3．発破を行った後の周辺の浮石、き裂の有無及び状態	安則 358	●作業開始前 ●中震以上の地震の後 ●大雨の後 ●発破を行った後
露出した埋設物の防護	1．つりワイヤの張力点検及び是正 2．つりワイヤの油塗布 3．曲管部の防護工点検 4．継手部の点検 5．つり鋼材等のボルトの締付点検及び是正 6．地震発生後の防護工点検	公（土）44	常時
路面覆工	1．覆工板のばたつき、損傷、すき間、ずれ、表面段差 2．取付け部の沈下、陥没、段差、舗装の剥離 3．取付けボルトのゆるみ及び欠落、桁受材及び補強部材の異常 4．予備の覆工板の用意	公（土）58	常時
作業構台	1．支柱の滑動及び沈下の状態 2．各部材の損傷及び腐食の状態 3．各部材の緊結部、取付け部等のゆるみの状態 4．手すり等の取外し及び脱落の有無	安則 575 の 8	●作業開始前 ●組立、一部解体、変更後 ●大雨等の悪天候の後 ●中震以上の地震の後
足場	1．脚部の滑動及び沈下の状態 2．各部材の損傷及び腐食の状態 3．各部材の緊結部、取付け部等のゆるみの状態 4．手すり等の取外し及び脱落の有無	安則 567	●作業開始前 ●組立、一部解体、変更後 ●大雨等の悪天候の後 ●中震以上の地震の後
ずい道等の建設（点検者を指名）	1．浮石及びき裂の有無及び状態 2．含水及び湧水の状態 3．発破を行った後の周辺の浮石、き裂の有無及び状態	安則 382	●毎日●中震以上の地震の後 ●発破を行った後
	4．可燃性ガスの濃度測定 5．ガス警報装置等の異常の有無	安則 382 の 2	上記のほかに ●可燃性ガスが発生した時
ずい道支保工	1．部材の損傷、変形、腐食、変位、脱落の状態 2．部材の緊圧の度合 3．部材の接続部、交差部の状態 4．脚部の沈下の有無及び状態	安則 396	●毎日 ●中震以上の地震の後
軌道装置	1．ブレーキ、連結装置、警報装置、集電装置、前照燈、制御装置及び安全装置等の機能 2．空気等の配管からの漏れの有無 3．軌道の軌条及び路面の状態	安則 232	●作業開始前

■作業環境の測定が必要な場所

（注）1．○数字の作業場は指定作業場であり、測定は作業環境測定士が行われなければならない
2．測定結果の評価は作業環境測定基準により行う

	測定場所		測定項目	関連条文	測定間隔						記録の保存期間
					作業前	半月以内	1カ月以内	2カ月以内	6カ月以内	1年以内	
①	土石、岩石、鉱物、金属又は炭素の粉じんを著しく発散する屋内作業場		空気中の粉じん濃度、遊離けい酸含有率	粉じん則26					○		7年
2	暑熱、寒冷又は多湿の屋内作業場		気温、湿度、ふく射熱	安則607		○					3年
3	著しい騒音を発する屋内作業場		等価騒音レベル	安則590・591					○		3年
4	業坑内現場の作	炭酸ガスが停滞する作業場	空気中の炭酸ガス	安則592			○				3年
		28℃を超える作業場	気温	安則612		○					
		通気設備のある作業場	通気量	安則603		○					
5	中央管理方式の空気調和設備を設けている建設物の室で事務所の用に供しているもの		一酸化炭素濃度及び炭酸ガスの含有量室温及び外気温相対湿度	事務所則7				○			3年
6	放射線作業場	放射線業務を行う管理区域	外部放射線による線量当量率	電離則54・55			○		△※2		5年
		放射性物質取扱作業室	空気中の放射線物質濃度				○				
		坑内の核原料物質の掘採を行う作業場					○				
⑦	特定化学物質を製造又は取扱う屋内作業場		空気中の第1類又は第2類物質の濃度	特化則36					○		3～30年
⑧	石綿等を取扱う作業場		空気中の石綿濃度	石綿則36					○		40年
⑨	一定の鉛業務を行う屋内作業場		空気中の鉛濃度	鉛則52						○	3年
10	酸素欠乏危険場所において作業を行う作業場※1		空気中の酸素濃度、硫化水素濃度	酸欠則3	○						3年
⑪	次の有機溶剤業務を行う屋内作業場・第1種、第2種有機溶剤		空気中の有機溶剤濃度	有機則28					○		3年
12	焼却炉等	保守点検場所	空気中のダイオキシン濃度	安則592の2					○		(30年)
		解体作業場所	ダイオキシン類の含有率		○						

※1　第2種酸素欠乏危険作業に係る作業場にあっては、酸素濃度及び硫化水素濃度
※2　放射線装置を固定して使用する場合において、使用の方法が一定しているとき等は6カ月以内ごとに1回
〈参考〉作業環境測定そのものではありませんが、ずい道内の粉じん濃度についても測定する義務が課せられています。

	測定場所	測定項目	関連条文	作業前	半月以内	1カ月以内	2カ月以内	6カ月以内	1年以内	記録の保存期間
―	粉じん作業を行う坑内事業場（ずい道内部の建設に限る）	空気中の粉じん濃度	粉じん則6の3		○					(7年)
―	可燃性ガスが発生するおそれのある地下作業場又はガス管からガスが発生するおそれのある明り掘削作業場所	可燃性ガスの濃度	安則322	○※3						
―	有害な業務を行う屋外作業場（上記①粉じん、⑦特定化学物質、⑧石綿等、⑨鉛、⑪有機溶剤の業務に限る）	上記の当該測定項目	屋外作業場等における作業環境管理に関するガイドライン						○	上記の当該保存期間

（　）内の年数は「ずい道等建設工事における粉じん対策に関するガイドライン」より
※3　毎日作業開始する前及び当該ガスに関し異常を認めたとき

■悪天候時に規制のある作業

作業の規制等	強風	大雨	大雪	関係条文
型枠支保工の組立等の作業の禁止	○	○	○	安則 245
造林等の作業の禁止	○	○	○	安則 483
木馬又は雪ソリによる運材の作業の禁止	○	○	○	安則 496
林業架線作業の禁止	○	○	○	安則 510
鉄骨の組立等の作業の中止	○	○	○	安則 517 の 3
木造建築物の組立等の作業の中止	○	○	○	安則 517 の 11
鋼橋の架設等の作業の中止	○	○	○	安則 517 の 7
コンクリート橋の架設等の作業の中止	○	○	○	安則 517 の 21
コンクリート造の工作物の解体等の作業の中止	○	○	○	安則 517 の 15
高さ 2 m 以上の箇所での作業の禁止	○	○	○	安則 522 条
足場の組立等の作業の中止	○	○	○	安則 564 条
作業構台の組立等の作業の中止	○	○	○	安則 575 の 7
クレーン作業の中止	○			クレーン則 31 の 2
クレーンの組立等の作業の禁止	○	○	○	クレーン則 33 条
移動式クレーン作業の中止	○			クレーン則 74 の 3
デリック作業の中止	○			クレーン則 116 の 2
デリックの組立等の作業の禁止	○	○	○	クレーン則 118
屋外エレベーターの組立等の作業の禁止	○	○	○	クレーン則 153
建設用リフトの組立等の作業の禁止	○	○	○	クレーン則 191
ゴンドラを使用する作業の禁止	○	○	○	ゴンドラ則 19

強風とは？　10 分間の平均風速が毎秒 10 m 以上の風

大雨とは？　1 回の降雨量が 50mm 以上の雨

大雪とは？　1 回の降雪量が 25cm 以上の雪

暴風とは？　瞬間風速が毎秒 30 m を超える風

中震以上の地震とは？　震度 4 以上の地

■悪天候時・天災後に点検等が必要な作業

作業の措置・規制等	強風	大雨	大雪	暴風	地震	関係条文
土止め支保工の点検		○			○	安則 373
明り掘削における地山の点検		○			○	安則 358
作業構台の点検	○	○	○		○	安則 575 の 8
足場の点検	○	○	○		○	安則 567
ずい道等の建設の作業における地山の点検					○	安則 382
ずい道等の作業における可燃性ガスの濃度測定					○	安則 382 の 2
ずい道支保工の点検					○	安衛則 396
ジブクレーンのジブの固定等の措置	○					クレーン則 31 の 3
屋外のクレーンの点検				○	○	クレーン則 37
移動式クレーンのジブの固定等の措置	○					クレーン則 74 の 4
デリックの破損防止等の措置				○		クレーン則 116
デリックの点検				○	○	クレーン則 122
屋外エレベーターの倒壊防止措置（瞬間風速 35m/sec 以上）				○		クレーン則 152
屋外のエレベーターの点検				○	○	クレーン則 156
建設用リフト倒壊防止措置（瞬間風速 35m/sec 以上）				○		クレーン則 189
建設用リフトの点検				○		クレーン則 194
ゴンドラの点検	○	○	○			ゴンドラ則 22
採石作業前の地山等の点検		○			○	安則 401
林業架線設備の点検	○	○	○		○	安則 511

■作業場所の照度

作業場所	照度	関係条文	解釈例規
常に作業している場所 ・精密な作業 ・普通の作業 ・粗な作業	300 ルクス以上 150 ルクス以上 70 ルクス以上	安則 604	
電気機械器具の操作	必要な照度	安則 335	S35.11.22 基発 990
明り掘削作業	必要な照度	安則 367	
採石作業	必要な照度	安則 406	
はい作業	必要な照度	安則 434	S43.1.13 安発 2 ・はい付け、はい崩し作業 20 ルクス以上 ・倉庫内の通路 8 ルクス以上 ・屋外の通路 5 ルクス以上
港湾荷役作業	必要な照度	安則 454	S36.11.24 基発 1002 ・岸壁又は船内作業 20 ルクス以上 ・船内の通路 8 ルクス以上 ・岸壁上の通路 5 ルクス以上
高所作業	必要な照度	安則 523	
通路	必要な照度	安則 541	
保線作業	必要な照度	安則 555	S48.12.21 基発 715 ・軌道の道床面上 20 ルクス以上 ・通路 5 ルクス以上

■年少者・女性の就業制限業務 （建設業関係抜粋）

作業の内容	就業制限の内容			
	年少者	妊婦	産婦	その他の女性
1．重量物を取扱う作業〈労基法 64 の 3、年少者労働基準規則 8 条、女性労働基準規則〉	▲ 左表の重量未満は取扱可能	×	×	▲ 左表の重量未満は取扱可能
2．坑内の作業〈労基法 63・64 の 2〉	×	×	×	▲注
3．クレーン、デリック、揚貨装置の運転（女性は 5 t 以上のもの）		×	△	○
4．クレーン、デリック、揚貨装置の玉掛け作業（2 人以上で行う補助作業は除く）		×	△	○
5．運転中の原動機、原動機から中間軸までの動力伝導装置の掃除、給油、検査、修理、又はベルトの掛換えの作業		×	△	○
6．最大積載荷重 2 t 以上の人荷共用若しくは荷物用エレベーター、又は高さ 15 m 以上のコンクリート用エレベーターの運転		－	－	－
7．動力により駆動される巻上機（電気ホイスト、エアーホイストを除く）、運搬機、索道の運転		－	－	－
8．動力により駆動される土木建築用機械、船舶荷扱用機械の運転		×	△	○
9．動力により駆動される軌条運輸機関、乗合自動車、2 t 以上の貨物自動車の運転		－	－	－
10．直径 25cm 以上の丸のこ盤、75cm 以上の帯のこ盤の木材供給作業		×	△	○
11．操車場の構内における軌道車両の入換え、連結、解放の作業		×	△	○
12．岩石又は鉱物の破砕機、粉砕機に材料を供給する作業		×	△	○
13．土砂が崩壊のおそれのある場所、深さ 5 m 以上の地穴での作業		×	○	○
14．高さ 5 m 以上で墜落の危害を受けるおそれのある場所での作業		×	○	○
15．足場の組立、解体、変更作業 (地上、床上での補助作業は除く)		×	△	○
16．胸高 35cm 以上の立木の伐採の作業		×	△	○
17．機械集材装置、運材索道等を用いて行う木材の搬出作業		×	△	○
18．火薬その他危険物を取扱う作業 (爆発、発火、又は引火のおそれのあるもの)		－	－	－
19．PCB、クロム酸塩、水銀、鉛などの有害物（限定列挙）が発散される場所における「送気マスク等の着用が義務付けられている業務」「作業環境測定で第 3 管理区分とされた屋内作業場の業務」		×	×	×
20．多量の高熱物体の取扱い、又は著しく暑熱な場所での作業		×	△	○
21．多量の低温物体の取扱い、又は著しく寒冷な場所での作業		×	△	○
22．異常気圧下での作業		×	△	○
23．削岩機、鋲打機等身体に著しい振動を与える機械器具での作業		×	×	○
24．強烈な騒音を発する場所での作業		－	－	－
25．深夜労働	▲	△	△	○

×……就業させてはならない作業　　　　　　　　妊婦……妊娠中の女性
△……申し出た場合、就業させてはならない作業　　産婦……産後 1 年以内の女性
○……就業させてもさしつかえない作業　　　　　年少者…満 18 歳未満の者
▲……条件付きで就業可能な作業　　　　　　　　－……条文がないもの

重量物を取扱う作業の表：

年令	断続作業の場合		継続作業の場合	
	男	女	男	女
満 16 歳未満	15kg 以上	12kg 以上	10kg 以上	8kg 以上
満 16 歳以上満 18 歳未満	30kg 以上	25kg 以上	20kg 以上	15kg 以上
満 18 歳以上	－	30kg 以上	－	20kg 以上

上表で準拠条項を記していない作業は、「年少者労働基準規則」又は「女性労働基準規則」に就業制限の規定がある
注）人力で行う掘削の業務等（女性則 1 条）は不可

■表示が必要な場所

（注）立入禁止による表示が必要な場所は P.247 ～ P.248 を参照

区分	表示の名称	該当箇所	関係条文
機械・電気関係	重量トン	一つの貨物で重量1t以上のものを発送する時に （一見してその重量が明らかなものはこの限りでない）	安法35
	運転停止	機械の掃除、給油、修理、検査等を行うため運転を停止しているとき当該機械のスイッチ等に	安則107
	運転禁止	天井クレーン等の点検作業等を行うとき、操作部分に	クレーン則30の2
	最高使用圧力	第2種圧力容器の圧力計の目盛の最高使用圧力を示す位置に	ボイラ87
	巻過防止標識	巻過防止装置を具備しないクレーン、デリック、建設用リフトの巻上用ワイヤロープに	クレーン則19・106・182
	検査標章	車両系建設機械等の特定自主検査実施の標章を貼付	安則151の24・169の2
	火気厳禁	アセチレン溶接装置・ガス集合溶接装置から5m以内に	安則312・313
	作業中	産業用ロボットの運転状態を切替えるスイッチ等に「作業中」の表示を	安則150の5
	通電禁止	停電作業中、開閉器に	安則339
	接近限界距離	特別高圧活線近接作業の際に、接近限界距離を	安則345
土木工事	運行注意標識	採石作業における運搬機械等の運行経路の必要な箇所に	安則413
	作業中	採石作業の運搬経路上で岩石の小割又は加工の作業を行う箇所に「作業中」を表示	安則414
	連絡方法	作業室と圧縮機運転者との通話装置が故障したときの連絡方法を両室及び気こう室付近に	高圧則21
	持込禁止（マッチ、ライター等発火のおそれのあるもの）	気こう室の外部の見やすい箇所に	高圧則25の2
		再圧室の入口に（発火、爆発物等点火源となるもの）	高圧則46
		可燃性ガスが存在するとき、ずい道出入口に	安則389
	消火設備の設置場所	ずい道坑内で、可燃性ガス、酸素で金属の溶接、溶断又は加熱を行う作業場所に	安則389の3
		ずい道坑内で、火気若しくはアークを使用する場所又は配電盤、変圧器、遮断器を設置する場所に	安則389の5
	消火設備の使用方法	上記の設置場所に	安則389の3
	可燃性ガス危険立入禁止	ずい道建設作業で、可燃性ガスの濃度が爆発下限界の値の30％以上であるときに	安則389の8
	警報設備の設置場所	ずい道坑内で、切羽までの距離が100mに達したとき	安則389の9
	通話装置の設置場所	ずい道坑内で、切羽までの距離が500mに達したとき	安則389の9
	避難用器具の設置場所	ずい道坑内で、切羽までの距離が100mに達したとき	安則389の10
	避難用器具の使用方法	上記の設置場所に	安則389の10
	信号装置の表示方法	軌道装置の信号装置を設けたとき表示方法を定め周知	安則219

区分	表示の名称		該当箇所	関係条文
土木・建築共通工事	安全衛生推進者等氏名		安全衛生推進者等氏名を作業場の見やすい箇所に	安則 12 の 4
	作業主任者氏名等		作業主任者の氏名及びその者に行わせる事項を作業場の見やすい箇所に	安則 18
	火気使用禁止		火災又は爆発の危険場所に	安則 288
	ガスの名称等		ガス集合溶接装置で使用するガスの名称及び最大ガス貯蔵量をガス装置室の見やすい箇所に	安則 313
	安全通路		作業場に通ずる場所及び作業場内の主要通路に	安則 540
	避難用出入口		常時使用しない避難用の出入口、通路に	安則 549
	避難用器具		避難用器具の設置場所を見やすい場所に	安則 549
	最大積載荷重		足場の作業床に	安則 562
			足場の見やすい場所に	安則 655
			作業構台の作業床に	安則 575 の 4・655 の 2
	名称・成分等		危険物及び有害物の含有量等の表示事項を容器又は包装に	安法 57 安則 31
	有害物集積箇所		有害物、病原体等の集積場所に	安則 586
	事故現場		有機溶剤、高圧作業室、酸素欠乏危険箇所等による事故現場があるとき、その現場に	安則 640
	有機溶剤	取扱上の注意事項	業務を行う場所の見やすい箇所に	有機則 24
		区分表示	溶剤の区分を ｛第 1 種 (赤)、第 2 種 (黄)、第 3 種 (青)｝	有機則 25
	消火器又は消火設備で炭酸ガスを使用するものをみだりに作動させない旨を		地下室その他通風が不十分な場所に	酸欠則 19
	騒音発生場所		強烈な騒音を発する屋内作業場にその旨を	安則 583 の 2
			耳栓等の保護具を使用すべき旨を見やすい場所に	安則 595

■立入禁止措置が必要な場所

区分	作業名	該当箇所	必要な措置	関係条文
土木・建築共通工事	架設通路	作業の必要上、臨時に手すり・中さん等を取外した場合等	関係者以外立入禁止	安則 552
	作業床			安則 563
	作業構台			安則 575 の 6
	足場の組立	組立、解体、変更作業の区域内		安則 564
	高所作業	墜落の危険箇所		安則 530
	物体落下のおそれがある作業	物体落下の危険箇所	立入禁止	安則 537
	粉じん、有害物を取扱う作業	粉じん、有害物取扱場所等	関係者以外立入禁止	安則 585
	型枠支保工組立て	組立、解体作業の区域内		安則 245
	明り掘削	地山の崩壊、土石の落下のおそれのある箇所	立入禁止、防護網の設置	安則 361
	土止め支保工	切りばり、腹起こしの取付け、取外しの作業区域	関係者以外立入禁止	安則 372
	貨物取扱作業	一つの荷の重さが 100kg 以上の物の積卸し作業箇所		安則 420
	コンクリート工作物の解体等	コンクリート造の工作物の解体等の作業区域		安 則 517 の 15
	はい付け、はい崩し	はいの崩壊、荷の落下の危険箇所	立入禁止	安則 433
	危険物及び火気取扱い	爆発、火災の危険がある箇所		安則 288
	酸素欠乏危険のおそれのある作業	酸素欠乏危険場所	指名者以外立入禁止	酸欠則 14
		酸素欠乏危険場所及び隣接する作業場所	関係者以外立入禁止	酸欠則 9
	有機溶剤の取扱い	換気装置の故障や汚染される事態が生じたときの有機溶剤による中毒のおそれのある場所	立入禁止	有機則 27
	石綿等が使用された建築物、工作物の解体作業	石綿等の粉じんを発散するおそれのある保温材、耐火被覆材等を除去する作業場所等	関係者以外立入禁止	石綿則 7-1
土木工事	採石作業	土石落下の危険箇所	立入禁止	安則 411
		運転中の機械等への接触危険箇所		安則 415
	伐木作業	伐木、倒木等による危険箇所		安則 481
	ずい道等の掘削	浮石落し（こそく）作業の箇所及びその下方	関係者以外立入禁止	安則 386
	ずい道等の支保工	補修作業箇所で落盤、肌落ちの危険箇所		安則 386
	ずい道等の建設	可燃性ガス濃度が爆発下限界の 30％以上あるとき		安則 389 の 8
	圧気工法	酸欠空気の漏出している井戸等の作業場所	立入禁止	酸欠則 24
	軌道装置を使用する作業	坑内の動力車による後押運転区間		安則 224
	橋梁工事	鋼橋の架設等工事の作業区域内	関係者以外立入禁止	安則 517 の 7・517 の 21
		コンクリート橋の架設等工事の作業区域内		
	高圧室内作業	気こう室及び作業室		高圧則 13
		再圧室設置場所、操作場所		高圧則 43

区分	作業名	該当箇所	必要な措置	関係条文
建築工事	建築物の工事	鉄骨の組立等の作業区域	関係者以外立入禁止	安則 517 の 3・517 の 11
		木造建築物の組立等の作業区域		
機械・電気関係	車両系荷役運搬機械等	フォーク、ショベル、アーム等により支持されている荷の下	立入禁止	安則 151 の 9
	不整地運搬車	一つの荷の重さが 100kg 以上の積卸しの作業箇所	関係者以外立入禁止	安則 151 の 48
	構内運搬車	一つの荷の重さが 100kg 以上の積卸しの作業箇所		安則 151 の 62
	貨物自動車	一つの荷の重さが 100kg 以上の積卸しの作業箇所		安則 151 の 70
	車両系建設機械	運転中の機械等への接触危険箇所	立入禁止	安則 158
		主たる用途以外の作業箇所		安則 164
	コンクリートポンプ車	コンクリート等吹出の危険箇所		安則 171 の 2
	くい打、くい抜機、ボーリングマシン	巻上用ワイヤロープの屈曲部の内側		安則 187
	解体用機械	物体の飛来等により労働者に危険が生じるおそれのある箇所	関係者以外立入禁止	安則 171 の 6
	産業用ロボット	運転時の接触防止	柵又は囲い等の設置	安則 150 の 4
	ガス集合溶接装置	ガス装置室	係員以外立入禁止	安則 313
	電気取扱業務	配電盤室、変電室	電気取扱者以外立入禁止	安則 329
クレーン等	クレーン	ケーブルクレーンのワイヤロープの内角側	立入禁止	クレーン則 28
		ハッカー等を用いて玉掛けした荷の下		クレーン則 29
		組立、解体の作業区域	関係者以外立入禁止	クレーン則 33
	移動式クレーン	上部旋回体との接触危険箇所	立入禁止	クレーン則 74
		ハッカー等を用いて玉掛けした荷の下		クレーン則 74 の 2
		ジブの組立、解体の作業区域	関係者以外立入禁止	クレーン則 75 の 2
	デリック	ワイヤロープの内角側	立入禁止	クレーン則 114
		ハッカー等を用いて玉掛けした荷の下		クレーン則 115
		組立、解体の作業区域	関係者以外立入禁止	クレーン則 118
	エレベーター	昇降路又はガイドレール支持塔の組立、解体の作業区域		クレーン則 153
	建設用リフト	搬器の昇降で危険のある箇所	立入禁止	クレーン則 187
		ワイヤロープの内角側		クレーン則 187
		組立、解体の作業区域	関係者以外立入禁止	クレーン則 191
	ゴンドラ	作業箇所の下方		ゴンドラ則 18

■合図・信号等の必要な作業

合図・信号等	該当項目	関係条文
運転開始の合図	機械の運転を開始する場合	安則 104
誘導の合図	車両系荷役運搬機械等の運転で誘導者を置いた場合	安則 151 の 8
	車両系建設機械の運転で誘導者を置いた場合	安則 159
運転の合図	車両系建設機械（掘削用）を使用した一定条件下での荷のつり上げ作業の場合	安則 164
	コンクリートポンプ車の作業装置を操作する場合	安則 171 の 2
	くい打（抜）機、ボーリングマシンを運転する場合	安則 189
	高所作業車で作業床以外の箇所で作業床を操作する場合	安則 194 の 12
	高所作業車の作業床に労働者を乗せて走行させる場合	安則 194 の 20
	軌道装置を運転する場合	安則 220
	クレーンを運転する場合	クレーン則 25
	天井クレーン等の点検等の作業時に運転する場合	クレーン則 30 の 2
	移動式クレーンを運転する場合	クレーン則 71
	デリックを運転する場合	クレーン則 111
	建設用リフトを運転する場合	クレーン則 185
	簡易リフトを運転する場合	クレーン則 206
	ゴンドラを操作する場合	ゴンドラ則 16
発破の合図	導火線発破作業の点火、退避	安則 319
	電気発破作業の点火、退避	安則 320
	コンクリート破砕器の点火	安則 321 の 4
引倒し等の合図	コンクリート造の工作物解体又は破壊作業引倒し等の作業	安則 517 の 16
信号、警報の装置設備等	コンクリートポンプ車の作業装置の操作者とホースの先端部の保持者間（電話、電鈴等の装置）	安則 171 の 2
	軌道装置の状況に応じて（信号装置）	安則 207
	動力車（汽笛、警鈴等の設置）	安則 209
	掘下げの深さが 20 m を超える潜函等の内部と外部との連絡（電話、電鈴等の設備）	安則 377
	ずい道等の建設作業を行う場合、可燃性ガスの異常な上昇を知らせる自動警報装置	安則 382 の 3
	ずい道等の掘削が 100 m に達したとき、サイレン、非常ベル等警報設備、500 m に達したとき警報設備及び通話装置	安則 389 の 9
	常時 50 人以上就業する屋内作業場（非常ベル等の設備、携帯用拡声器、サイレン等の器具）	安則 548
	通路と軌道の交わる場合（警報装置）	安則 550
	送気温度が異常に上昇した場合の自動警報装置	高圧則 7 の 2
	作業室及び気こう室と外部との連絡（通話装置）	高圧則 21

資料Ⅲ　別表（1）　建設工事における主な有害物

区分	種類及び名称		発生場所、作業種別、用途等	有　害　物
粉じん	遊離けい酸含有物（岩石、粘土、土砂等）		削岩、掘削、積込み等の作業、骨材プラント、グラインダー	・ けい肺
	金属ヒューム（鉄、亜鉛等）		アーク溶接作業、溶融作業	・ 鉄…じん肺 ・ 亜鉛…金属熱
	そ　の　他		木材加工、粉状物質の取扱い	・ ぜんそく ・ 気管支炎
有害ガス	単純窒息性	酸欠空気	地下工事（地下室、トンネル、坑穴等） 圧気工事（シールド、ケーソン）	・ 酸素欠乏症
		炭酸ガス	密閉した室内	
			トンネル、シールド等	
		メタン	埋立地、下水道～マンホール、暗渠等	
		プロパン	燃料	
	化学的窒息性	一酸化炭素	不完全燃焼、ガソリンエンジン排気、発破跡ガス	・ 急性中毒…失神 ・ 慢性中毒…精神神
		都市ガス	燃料（一酸化炭素含有）	同　上
	刺激性	酸化窒素	エンジン排気、発破跡ガス	・ 目、のど等の刺激、 ・ 肺水腫
特定化学物質	アクリル・アミド		・ 汚水処理…沈殿促進剤 ・ 薬　　注…土壌硬化剤	・ ひふ障害 ・ 神経障害
	石　　　　綿		鉄骨、壁等への吹付け、建築材料	・ じん肺（石綿肺）
	コールタール		舗装、防水、クレオソート油の原料	・ 中枢神経障害 ・ ひふがん
	塩化ビニル（モノマー）		塗料（ワニス中の残留モノマー）	・ めまい、頭痛 ・ 肝臓がん（血管肉
	エポキシ樹脂硬化剤		・ さび止め ・ 接着剤（コンクリート、金属等）	・ 血尿 ・ ひふがん、肝臓が
	ベ　ン　ゼ　ン		有機顔料、溶剤	・ 頭痛、めまい ・ 造血機能障害
	ニトログリコール		ダイナマイト	・ 頭痛、けいれん ・ 狭心症発作
	硫　　　　酸		排出水の中和（汚水処理プラント等）	・ 火傷 ・ 歯牙酸蝕症
	硫　化　水　素		下水道、マンホール、暗渠等～有機物の腐敗	・ 頭痛、貧血 ・ 呼吸障害
	溶接ヒューム		アーク溶接作業	・ 発がん性 ・ 神経機能障害
有機溶剤	ガ　ソ　リ　ン		燃料、洗浄	・ 頭痛、めまい ・ 血液障害
	ノルマルヘキサン		接着剤、機械洗浄用	・ めまい ・ 多発性神経炎
	シ　ン　ナ　ー		塗料溶剤、プラスチック溶剤	・ 頭痛、めまい ・ 麻酔状態
	ト　ル　エ　ン		同　上	同　上
	スチレンモノマー		同　上	・ 末梢神経障害 ・ 視覚障害
	テトラヒドロフラン		同　上	・ ひふ障害 ・ めまい、頭痛

（人体への影響）	許容濃度		爆発限界 下限%〜上限%	備考
	ppm	mg/㎥		
（溶接工肺）	［吸入性 粉じん］（総粉じん） 第1種 0.5mg/㎥ 2mg/㎥ 第2種 1.0 〃 4 〃 第3種 2.0 〃 8 〃			第1種…滑石、ろう石、硅藻土、硫化鉱、ベントナイト等 第2種…遊離けい酸10%未満の鉱物性粉じん、酸化鉄、石炭、石灰石、ポルトランドセメント、木粉等 第3種…その他の無機及び有機粉じん
	18%			
	5,000			
	1.5%			
			5.3〜14.0	
			2.4〜9.5	
経症状	50		12.5〜74.0	
			6.0〜35.0	
めまい、頭痛	5			
		0.3		
		2繊維/cm³		時間加重平均
		0.2		
腫）	2			・残留モノマー500ppm以下のものを使用する
ん				・3・3ーシクロロー4・4ージタミノジヒュニルメタン
	10		（蒸気）1.4〜7.6	
	0.2			
		1.0		
	10		4.3〜45.0	
		（マンガン）0.05		
	500		（蒸気）1.4〜7.6	
	100		（蒸気）1.2〜7.5	
	ラッカー…200 油性…500		（蒸気）1.0〜10.0	
	100		（蒸気）1.4〜6.7	
	50		（蒸気）1.1〜6.1	
	200		（蒸気）2.0〜11.8	

資料Ⅲ　別表 (2)　選任及び指名

区分	名称	適用事業	選任指名の基準	届出	関係法令
特別規制	統括安全衛生責任者	元請で選任　・作業員数 50 人以上のとき　・ただし、次の工事は 30 人以上　ずい道、圧気　橋梁〜安則 18 の 2 関係	所　　長	○	安法　　15
	元方安全衛生管理者	同上	主 任 等	○	〃　　15 の 2
	安 全 衛 生 責 任 者	請負系列のすべての下請ごとに	代　　人		〃　　16
	店社安全衛生管理者	統轄安全衛生責任者・元方安全衛生管理者の選任義務がない現場のうちに。・ずい道、圧気に。橋梁ー20 人〜29 人・S・SRC 建築に。ー20 人〜49 人	店者安全衛生担当	○	安法　15 の 3　安則　18 の 6　〃　　　664
一般	総括安全衛生管理者	常時 100 人以上使用する業者毎に	選　　任	○	〃　　2
	安 全 管 理 者	〃　　50 人　　〃	〃	○	〃　　4
	衛 生 管 理 者	〃　　50 人　　〃	〃	○	〃　　7
	安 全 衛 生 推 進 者	〃　10 〜 50 人未満　　〃	〃		〃　　12 の 2
	産 業 医	常時 50 人以上使用する業者毎に	医　　師	○	〃　　13
防火	防 火 管 理 者	事務所、宿舎〜居住者 50 人以上	選　　任	○	消法　　8
	危険物取扱責任者	危険物を指定数量以上貯蔵・取扱（ガソリンー 200 ℓ、軽油ー 1,000 ℓ、重油ー 2,000 ℓ）	免　　許	○	〃　　13
	作 業 指 揮 者	危険物の取扱	指　　名		安則　257
	火 元 責 任 者	建築物、火気取扱所	〃		消令　3 の 2
電気	主 任 技 術 者	契約 50KW 以上、発電機 3 KVA 以上	免　　許	○	電事法　43
	工 事 士	電気工作物の設置・変更（一般工作物）	〃		電工法　2
	取 扱 者	電気取扱業務	特別教育		安則　36-4
	ア ー ク 溶 接 士		〃		〃　36-3
	作 業 指 揮 者	停電作業、活線作業	指　　名		〃　350
	監 視 員	移設・防護困難な架空電線近接作業	〃		〃　349
足場鉄骨組立・橋梁架設等	作 業 主 任 者	足場の組立、解体、変更（高さ 5 m 以上）	技能講習		〃　565
		建築物等の鉄骨の組立、解体、変更（高さ 5 m 以上）	〃		〃 517 の 4
		鋼橋上部構造の架設、解体、変更（高さ 5 m 以上）	〃		〃 517 の 8
		コンクリート橋上部構造の架設変更（高さ 5 m 以上又は支間 30 m 以上）	〃		〃 517 の 22
		コンクリート造工作物の解体、破壊（高さ 5 m 以上）	〃		〃 517 の 17
	作 業 指 揮 者	建築物、架梁、5 m 以下の足場等（墜落危険箇所）	指　　名		〃　529
	監 視 員	高さ 3 m 以上から投下するとき	〃		〃　536
	ゴンドラ　操 作 員		特別教育		ゴンドラ則　12
	ゴンドラ　合 図 員		指　　名		〃　16
型枠	作 業 主 任 者	型枠支保工の組立、解体	技能講習		安則　246
木造	作 業 主 任 者	木造建築物の組立等（軒高 5 m 以上）	〃		〃 517 の 12
解体	作 業 主 任 者	コンクリート造工作物の解体、破壊（高さ 5 m 以上）	〃		〃 517 の 17
明り掘削	作 業 主 任 者	地山掘削（掘削面の高さ 2 m 以上）	〃		〃　359
		土止め支保工の組立、解体	〃		〃　374
	作 業 指 揮 者	ガス導管の防護	指　　名		〃　362

区分	名称	適用事業	選任指名の基準	届出	関係法令
明り掘削	監視員	土止め支保工			公（土）57
		覆工板を取外し材料搬入のとき	工事担当者		
		危険、重要な埋設物			
	誘導員	路上作業、交通制限（一車線）区間	指名		公（土）24 / 公（建）32
		運搬機械のバック接近、転落危険箇所	〃		安則 365
	点検員	浮石、き裂、湧水（毎日、中震、発破後）	〃		〃 358
	測定員	可燃性ガス発生のおそれ			〃 322
採石作業	作業主任者	採石のための掘削	技能講習		〃 403
	点検員	浮石、き裂、湧水（毎日、中震、発破後）	指名		〃 401
	誘導員	運搬機械等のバック接近、転落危険箇所	〃		〃 416
※火薬取扱	取扱保安責任者	火薬庫　正・代理（年間20ｔ以上　甲種）	免許	○	火取法 30 / 火取則 69
		消費　正・副（月間１ｔ以上　甲種）			
	出納責任者	火薬庫、取扱所の出納	指名	○	
	運搬責任者		〃	○	
	発破技士	削孔、装てん、結線、点火、不発処理	免許	○	安令 20
	作業指揮者	発破（発破技士より選任）	〃	○	安則 319 / 〃 320
	作業主任者	コンクリート破砕器の消費	技能講習		〃 321の3
酸欠作業	作業主任者（１種、２種）	○井戸、井筒、たて坑、ずい道、潜函、ピット ○暗渠、マンホール	〃		酸欠 11
	監視員	作業状況の監視、異常の通報	指名		〃 13
	作業員	全員	特別教育		〃 12
ずい道等の作業	掘削等作業主任者	掘削・ずり積み、支保工の組立、コンクリート等の吹付け	技能講習		安則 383の2
	覆工作業主任者	ずい道型枠支保工の組立・解体移動、コンクリートの打設	〃		〃 383の4
	作業員	○掘削、ずり、資材等の運搬 ○覆工コンクリート打設等	特別教育		〃 36
	ガス測定員	可燃性ガス発生のおそれのあるとき（毎日始業前、中震後、異常）	指名		〃 382の2
	立坑（含む防爆・火災） 作業指揮者	溶接、溶断、加熱、作業（可燃性ガス及び酸素使用）	〃		〃 389の3
	防火担当者	火気又はアーク使用の場所	〃		〃 389の4
	救護技術管理者（元請より選任）	○出入口より距離1,000ｍ以上 ○立杭深さ50ｍ以上	研修		〃 24の7
	点検員	浮石、き裂、湧水（毎日、中震、発破後）	指名		〃 382
	誘導員	運搬機械のバック接近、転落危険箇所	〃		〃 151の6
高圧室内作業	作業主任者	大気圧を超える作業室・シャフト内部の作業	免許		高圧則 10
	コンプレッサー運転手 ゲージマン ロックテンダー 再圧室内作業員	（P.278、P.279参照）	特別教育		〃 11
	高圧室内作業員		〃		〃 11
	連絡員	コンプレッサー運転手と高圧室内作業者との	指名		〃 21

※火薬取扱関係者は全て保安講習修了者

区分	名称	適用事業	選任指名の基準	届出	関係法令
	救 護 技 術 管 理 者	ゲージ圧0.1メガパスカル以上（元請より選任）	研　修		安則24の7
車両系建設機械等	運 転 手（操 作 員 を 含 む）	機体重量3t以上（ブレーカーを含む）	技能講習		安令20-12
		機体重量3t未満（〃）	特別教育		安則36-9
		ローラー	〃		〃36-10
		基礎工事用機械（自走式以外のもの）	〃		〃36-9の2
		基礎工事用機械（自走式の作業装置の操作）	〃		〃36-9の3
		ボーリングマシン	〃		〃36-10の3
		コンクリートポンプ車（作業装置の操作）	〃		〃36-10の2
		ジャッキ式つり上げ機械の調整運転	〃		〃36-10の4
	作 業 指 揮 者	修理、アタッチメントの着脱〜建設機械	指　名		〃165
		組立、解体、移動〜くい打くい抜機、ボーリングマシン	〃		〃190
		輸送管の組立・解体〜コンクリートポンプ車	〃		〃171の3
	合 図 員	くい打くい抜機、ボーリングマシンの運転	〃		〃189
		操作員と輸送管先端部の連絡〜コンクリートポンプ車	〃		〃171の2
		目的外使用の場合	〃		〃164
	誘 導 員	転倒、転落、接触等の危険箇所	〃		〃157
		交通流面に対する車両の出入	〃		公（土）22
		架設、構造物等への接近作業	〃		公（土）34
車両系荷役運搬機械	運 転 手	○フォークリフト ○ショベルローダー等　最大積載荷重1t以上 ○不整地運搬車	技能講習		安令20-11 13 14
		同上　　最大積載荷重1t未満	特別教育		安則36-5、36-5の2、36-5の3
	作 業 指 揮 者	荷役運搬機械を使用する作業	選　任		安則151の4
		修理、アタッチメントの着脱	〃		〃151の15
		重量物の積卸し（不整地及び構内運搬車）	〃		〃151の48 〃151の62
	誘 導 員	路肩、傾斜地等の危険箇所	指　名		〃151の6
軌道装置	運 転 手	ディーゼルロコ、バッテリロコ	特別教育		〃36
		巻上装置（インクライン等）	〃		〃
	誘 導 員	後押し運転（立入禁止区間以外の）	指　名		〃224
	監 視 人	通路との交さ点	〃		〃550
		軌道内又は軌道近接作業	〃		〃554
機械等	運 転 手	ウインチ（ホイストを除く）	特別教育		〃36
		グラインダー（試運転・砥石の取替）	〃		〃
	ガ ス 溶 接 士	ガス溶接（酸素と可燃性ガス）	技能講習		安令20-10
	合 図 員	運転開始の場合（工作機械）	指　名		安則104
クレーン等	運 転 手（操 作 員 を 含 む）	つり上げ荷重5t以上のクレーン、移動式クレーン、デリック　〃　床上式運転式クレーン	免　許（限定免許）		安令20 6〜8（クレーン則224の2）
		つり上げ荷重5t未満のクレーン、デリック	特別教育		安則36 15〜17
		床上操作式クレーン　つり上げ荷重5t以上	技能講習		安令20-6
		床上操作式クレーン　つり上げ荷重5t未満	特別教育		安則36-15
		移動式クレーン　つり上げ荷重1t以上5t未満	技能講習		安令20-7
		移動式クレーン　つり上げ荷重1t未満	特別教育		安則36-16
		建設用リフト、ゴンドラ	〃		〃36-18

区分	名称	適用事業	選任指名の基準	届出	関係法令
クレーン等	作業指揮者	○組立、解体作業 クレーン、デリック、エレベーター、建設用リフト、移動式クレーンのジブ	指 名		クレーン則 33, 75 の 2、118, 153, 191
		○過荷重～クレーン、デリック	〃		クレーン則 23, 109
	合図員	クレーン、デリック、移動式クレーン、建設用リフト	〃		クレーン則 25, 71, 111, 185
	玉掛員	つり上げ荷重 1 t 以上のクレーン等の玉掛け	技能講習		安令 20-13
		〃 1 t 未満	特別教育		安則 36-19
高所作業車	運転手	作業床高 10 m 以上	技能講習		安令 20-15
		〃 10 m 未満	特別教育		安則 36-10 の 5
	作業指揮者	高所作業車を使用する作業	指 名		〃 194 の 10
		修理、作業床の着脱	〃		〃 194 の 18
	合図員	作業床捜査員と作業員	〃		〃 194 の 12
トラック等	安全運転管理者	車両 5 台以上	免 許	○	道交法 74 の 3
	整備管理者	○定員 11 人以上の車両 ○車両重量 8 t 以上	〃	○	道車法 50
	作業指揮者	トラック積卸し作業 （1 個 100kg 以上の荷）	指 名		安則 151 の 70
	はい作業主任者	高さ 2 m 以上のはいのはい付け、はいくずしの作業	技能講習		安令 6-12
立木	伐倒作業員	φ70cm 以上、φ20cm 以上で偏心したもの、又はかかり木チェーンソー使用の伐木・造材	特別教育		安則 36-8 36-9
	合図員	伐倒の合図	指 名		〃 479
健康障害防止	有機溶剤作業主任者	塗料、接着剤等の取扱 （許容数量以上）	技能講習		安令 6-22
	特定化学物質等作業主任者	石綿、コールタール、ベンゼン、硫酸、溶接ヒューム等	〃		〃 6-18
	粉じん作業員	特定粉じん作業従事者 （岩石掘削作業等）	特別教育		安則 36-29

区 分	名 称	適用主任	資 格	有効期間
営業線近接工事保安関係	工事管理者	現場ごとに専任	工事管理者（在来線）資格認定証	3 年
	工事管理者（保）	現場ごとに専任	工事管理者（在来線）資格認定証	3 年
	工事管理者（線）	経路閉鎖工事施工時	工事管理者線資格認定証	3 年
	軌道工事管理者（特）	トロリー使用時	軌道工事監理者特資格認定証	3 年
	列車見張員	現場ごとに専任	列車見張員資格認定証	1 年
	踏切警備員	踏切保安設備停止時	踏切警備員資格認定証	1 年
	誘導員	重機械・自動車使用時	列車見張員資格認定証	1 年
	重機械運転者	重機械使用時	重機械運転者資格認定証	3 年
	特殊運転者	保守用車の運転時	特殊運転者（MC）資格認定証	3 年
	電話係員	指定された場合	心身健全で、鉄道電話の取扱いに精通	
	停電工事責任者	き電停止工事施工時	停電工事責任者（在来線）資格認定証	3 年
	停電工事作業者	き電停止工事施工時	停電工事作業者（在来線）資格認定証	3 年

※上記は、JR東日本の「営業線工事保安関係標準示方書（在来線）」による資格
※JR各社により、上記以外の資格を設定しているので、該当する各社の標準示方書で任務も含めて確認のこと
※標準示方書が「在来線」と「新幹線」になっている場合があるので確認のこと
※資格者は原則として専任となっているが、兼務については条件つきで認められる場合があるので確認のこと

資料Ⅲ 別表 (3) 機械・設備等の届出・報告

名　称	能　力	設備関係							
		該当条項	設置届	設置報告書	明細書	組立図	構造部分の強度計算書	周囲の状況図	基礎の概要
ク　レ　ー　ン	つり上げ荷重　3 t 以上	ク則 5	○ (2)		○ (3)	○	○	○	○
	0.5 t 〜 3 t 未満	ク則 11		○ (9)					
移動式クレーン	つり上げ荷重　3 t 以上	ク則 61		○ (9)	○				
デ　リ　ッ　ク	つり上げ荷重　2 t 以上	ク則 96	○ (23)		○	○	○	○	○
	0.5 t 〜 2 t 未満	ク則 101		○ (25)					
エレベーター	積載荷重　1 t 以上	ク則 140	○ (26)		○ (27)	○	○	○	
	0.25 t 〜 1 t 未満	ク則 145		○ (29)					
建設用リフト	ガイドレール高さ 18 m 以上 積載荷重 0.25 t 以上	ク則 174	○ (30)		○ (31)	○	○	○	○
ゴ　ン　ド　ラ		ゴ則 10	○		○		○	○	

◎安則 88 条第 2 項（様式 20 号）による届出

名　称	規　模	条　項	届　出
軌 道 装 置			略（則別表 7）
型 枠 支 保 工	支柱高さ 3.5 m 以上		1. コンクリート構造物の概要　2. 構造、
架 設 通 路	高さ、長さとも 10 m 以上	安則 88	1. 設置箇所　2. 構造・材質・主要寸法
足 　 場	1. 高さ 10 m 以上 2. つり足場、張出し足場		1. 設置箇所　2. 種類・用途　3. 構造・

（　）内数字は様式のNo.を示す。　　　　（設置届の提出期限－工事開始前 30 日）

その他	落成検査申請書	変更関係						備　　考
		該当条項	変更届	検査証	変更部分の図面	その他	変更検査申請書	
走行クレーンの場合は走行範囲	○(4)	ク則 45	○(12)	○	○		○(13)	構造部分 荷をつり下げるための支持部分 （ワイヤロープを含む）
検査証		ク則 85	○(12)	○	○		○(13)	
控えの固定方法	○(4)	ク則 129	○(12)	○	○		○(13)	設置…廃止 60 日未満は適用除外
屋外○基礎図　○控え固定法	○(4)	ク則 163	○(12)	○	○		○(13)	
								設置…廃止 60 日未満は適用除外
控え固定方法	○(4)	ク則 197	○(12)	○	○		○(13)	
検査証 固定方法		ゴ則 28	○(12)	○	○		○(13)	

（工事開始前 30 日～労働基準監督署長宛）

事項	添付図面	備考
	略	設置…廃止 6 カ月未満は適用除外
材質・主要寸法　3.設置期間	組立図・配置図	スラブ・はり
3.設置期間	平面図・側面図・断面図	組立…解体 60 日未満は適用除外
物質・主要寸法	組立図・配置図	

資料Ⅲ　別表 (4)　点検・自主検査

機械設備	作業開始前点検			該
	該当項目	条文		
ク　レ　ー　ン	1. 巻過防止装置、ブレーキ、クラッチ及びコントローラーの機能 2. ランウェイの上及びトロリーが横行するレールの状態 3. ワイヤロープが通っている箇所の状態 　（暴風後等の点検） 4. 30 m /sec 以上の風、中震以上の地震後…各部分の異常の有無	クレーン則36 〃　　37		1. 安全装置 2. ワイヤロ 　ブバケッ 3. 配線、集 　ラ 　（ケーブル 4. ロープ緊
移　動　式 ク　レ　ー　ン	1. 巻過防止装置、過負荷警報装置、その他の警報装置 　ブレーキ、クラッチ及びコントローラーの機能	〃　　78		1. 安全装置 2. ワイヤロ 　ブバケッ 3. 配線配電
デ　リ　ッ　ク	1. 巻過防止装置、ブレーキ、クラッチ及びコントローラーの機能 2. ワイヤロープの通過箇所 　（暴風後等の点検） 3. 30 m /sec 以上の風、中震以上の地震後…各部分	〃　　121 〃　　122		1. 安全装置 2. ウインチ 3. フック、 4. ワイヤロ 5. 配線、開
エレベーター	（暴風後等の点検） 1. 30 m /sec 以上の風、中震以上の地震後…各部分 （屋外設置のもの）	〃　　156		1. 安全装置 2. ワイヤロ 3. ガイロー
建設用リフト	1. ブレーキ及びクラッチの機能 2. ワイヤロープの通過部分 　（暴風後等の点検） 3. 30 m /sec 以上の風、中震以上の地震後…各部分	〃　　193 〃　　194		1. ブレーキ 　ドレール 2. ウインチ 3. 配線、開
玉　掛　用　具	1. ワイヤロープ、つりチェーン、繊維ロープ 2. フック、シャッフル	〃　　220		
ゴ　ン　ド　ラ	1. ワイヤロープ、緊結器具、手すり、ロープの通過箇所 2. 突りょう・昇降装置とワイヤロープの取付部、ライフラインの取付部 3. 安全装置、ブレーキ、制御装置、昇降装置の歯止め 　（暴風後等の点検） 4. 強風、大雨、大雪等の悪天候後	ゴンドラ則22		1. 安全装置 2. 突りょう 3. 昇降装置
車　両　系 建　設　機　械	1. ブレーキ及びクラッチの機能	安則　170		1. ブレーキ 2. ワイヤロ
く　い　打　機 く　い　抜　機 （組立てたとき） ボーリングマシン	1. 機体の緊結部、巻上げ用ワイヤロープ、みぞ車、滑車装置の取付 2. 巻上げ装置のブレーキ及び歯止め装置 3. ウインチの据付、控えのとり方及び固定の状況	〃　　192		
軌　道　装　置 （電気機関車等）	1. ブレーキ、連結装置、警報装置、集電装置、前照灯、制御装置 2. 空気等の配管からの洩れ、安全装置 3. 軌道及び路面…随時	安則　232		1. 電気…電 2. 内燃…ブ 3. 巻上げ装 　付金具
レ　シ　ー　バ　ー （第　2　種 圧　力　容　器）				

定期自主検査（3年間記録保存）			
1カ月以内ごとに		1年以内ごと	
当項目	条文	該当項目	条文
、警報装置、ブレーキ及びクラッチ ープ、つりチェーン、フック、グラ ト 電装置、配電盤、開閉路、コントロー クレーン） 結部分、ウインチの据付状態	クレーン則35	各部分のほか荷重試験	クレーン則34
、警報装置、ブレーキ及びクラッチ ープ、つりチェーン、フック、グラ ト 盤及びコントローラー	〃　77	各部分のほか荷重試験	〃　76
、ブレーキ及びクラッチ の据付 グラブバケット ープ、ガイロープ緊結部 閉器、コントローラー	〃　120	各部分のほか荷重試験	〃　119
、ブレーキ、制御装置 ープ、ガイドレール プの緊結箇所（屋外）	〃　155	各部分	〃　154
、クラッチ、ワイヤロープ、ガイ の据付状態、ガイロープ緊結箇所 閉器、制御装置	〃　192		
、ブレーキ、制御装置 、アーム、作業床 、配線、配電盤	ゴンドラ則21		
、クラッチ、操作装置、作業装置 ープ、チェーン、バケット、ジッパ	安則 168	各部分 検査業者又は検査員（有資格者による検査が必要）	安則　167
路、ブレーキ、連結装置 レーキ、連結装置 置…ブレーキ、ワイヤロープ、取	安則 230	1. 電気…電動機、制御装置、ブレーキ、自動しゃ 　　断器、台車、連結装置、蓄電池、避雷器、配線、 　　計器 2. 内燃…機関、動力伝達装置、台車、ブレーキ、 　　制御装置、連結装置、計器 3. 巻上げ…電動機、動力伝達装置、巻胴、ブレーキ、 　　ワイヤロープ、安全装置、計器、取付金具	安則　228 〃　　229 各部分 3年ごとに
		1. 本体の損傷、ふたの締付けボルト 2. 管及び弁の損傷	ボイラ 88

機械設備	作業開始前点検			
	該当項目	条文	該	
ボ イ ラ			1．燃焼装置 2．自動制御 3．附属装置	
高 圧 室	1．送気管、排気管、通話設備、送気調節の弁又はコック 2．排気調節の弁又はコック 3．コンプレッサー附属冷却装置 4．呼吸用保護具、避難救急用具 5．自動警報装置、空気圧縮機…1週ごと	高圧則 22 （3年 保存）	（点検→記録 1．圧力計、	
再 圧 室	1．送気設備、排気設備、通話装置、警報装置 （加圧、減圧の状況→その都度記録）	高圧則 44	（点検→記録 1．送気設備 2．電路の漏	
酸 欠 作 業	1．空気呼吸器、安全帯及び取付設備 2．人員（入場時及び退場時）	酸欠　7 〃　　8		
事 務 所	1．燃焼器具	事務所則6	（点検→2カ 1．機械換気 （点検→6カ 2．照明設備	
型 枠 支 保 工	コンクリート打設作業　1．異常の有無 　　　　　　　　　　　2．材料、器具、工具…作業主任者	安則 244		
危 険 物	（作業指揮者→措置についての記録） 1．設備、附属設備、温度、湿度、遮光、換気 2．取扱状況	安則 257		
電 気 機 械 器 具	1．溶接棒ホルダーの絶縁防護部分 2．自動電撃防止装置、漏電しゃ断装置…作動状況 3．アース…線の切断、極の浮上等 4．移動電線、接続器具…損傷の有無 5．短絡接地器具、検電器具、絶縁用保護具、絶縁用防具、活線作業用 　器具…損傷の有無	安則 352	（6カ月ごと 1．絶縁用保 　具の絶縁 （点検→毎月 2．囲い及び	
局所排気装置 （プッシュプル型 換 気 装 置）	自主検査の項目と同じ ・初めて使用するとき ・分解して改造、修理を行ったとき	粉じん則 19 有機則 22		
除 じ ん 装 置	同上	同上		
明 り 掘 削	1．浮石、き裂の有無及び状況 2．含水、湧水及び凍結の状態の変化 　（大雨・中震異常の地震後、発破後も含む） 3．器具・工具…作業主任者	安則　358 〃　　360		
土 止 め 支 保 工	1．部材の損傷、変形、腐食、変位、脱落 2．切りばりの緊圧の度合、部材の接続部、取付部交さ部 　（7日以内ごと、中震以上の地震後、発破後） 3．材料、器具工具…作業主任者	安則　373 〃　　375		

定期自主検査（3年間記録保存）			
1カ月以内ごとに		1年以内ごと	
当項目	条文	該当項目	条文
の損傷の有無 装置の異常の有無 及び附属品の損傷の有無		（小型ボイラ） 1．本体、燃焼装置、自動制御装置及び附属品の損傷・異常	ボイラ　94
3年保存） 空気清浄装置、電路の漏電	高圧則22		
3年保存） 、排気設備、通話装置、警報装置 電、電気機械器具及び配線	〃　45		
月ごとに→記録3年保存） 装置 月以内ごとに） 〈　作　業　箇　所　〉 →→→→→→→→→→	事務所則 9 〃　10 安則 605		
に1回…記録3年保存） 護具、絶縁用防具、活線用作業器 性能…低圧 300V 以上 1 回以上） 絶縁覆	安則 351 〃　353		
		1．フード、ダクト、ファン…摩耗、腐食、くぼみ等 2．ダクト、排風機…粉じんの堆積状況 3．ダクト…接続部のゆるみ 4．電動機・ベルト…作動状況 5．吸気・排気能力	粉じん則　17 有機則　20
		1．構造部分の摩耗・腐食・破損の有無及び程度 2．内部の粉人堆積状態 3．ろ過除じん装置…ろ材の破損、取付部のゆるみ 4．処理能力	同上
1カ月以内ごとに		1年以内ごと	

機械設備	作業開始前点検			該
	該当項目	条文		
採 石	1. 浮石、き裂、含水、湧水、凍結 （始業、大雨後、中震異常の地震後、発破後） 2. 材料、器具工具…作業主任者	安則　401 〃　404		
構内運搬車 貨物自動車	1. 制動装置、操縦装置、荷役装置、油圧装置の機能 2. 車輪の異常 3. 前照灯、尾灯、方向指示器・警音器の機能	安則 151 の 63 〃 151 の 75		
不整地運搬車	1. 制動装置、操縦装置、荷役装置及び油圧装置の機能 2. 履帯又は車輪の異常の有無 3. 前照灯、尾灯、方向指示器及び警報装置の機能	安則151 の 57		1. 制動装置 　　有無 2. 荷役装置
高所作業車	1. 制動装置、操作装置及び作業装置の機能	安則194 の 27		1. 制動装置 　　有無 2. 作業装置 3. 安全装置
積 卸 し （トラック）	1. 繊維ロープ（荷掛け用） 2. 器具・工具…作業指揮者	安則　419 〃　420		
フォークリフト	1. 制動装置、操縦装置、荷役装置、油圧装置の機能 2. 車輪の異常の有無 3. 前照灯、後照灯、方向指示器、警報装置の機能	安則151 の 25		1. 制動装置 　　無 2. 荷役装置 3. ヘッドガ
ショベルローダー フォークローダー	同上	安則 151 の 34		同上（バッ
コンベヤー	1. 原動機、プーリーの機能 2. 逸走防止装置、非常停止装置の機能 3. 原動機、回転軸、歯車、プーリー等の覆い、囲い	安則 151 の 82		
足 場	1. 墜落防止設備の取り外し及び脱落の有無 （強風、大雨、大雪、中震異常の地震、組立て、変更後） 1. 床材の損傷、取付部及び掛渡し、緊結部、接続部 2. 緊結材、緊結金具、手すり等、幅木 3. 脚部の沈下、滑動 4. 筋かい、控え、壁つなぎ、建地、布、腕木	安則　567		
つり足場	1. 床材の損傷、取付部及び掛渡し、緊結部、接続部 2. 緊結材、緊結金具、手すり等、幅木 3. 筋かい、控え、壁つなぎ、建地、布、腕木 4. 突りょうとつり索との取付部、つり装置の歯止めの機能	安則　568		
作業構台	1. 墜落防止設備の取り外し及び脱落の有無 （強風、大雨、大雪、中震異常の地震、組立て、変更後） 1. 支柱の滑動・沈下の状態 2. 支柱、はり、床材の損傷の有無 3. 床材の損傷、取付部及び掛渡し 4. 緊結部、接続部、取付部のゆるみ 5. 緊結材、緊結金具の損傷・腐食 6. 水平つなぎ、筋かい等の取付状態 7. 手すり等の取外し及び脱落の有無	安則575 の 8		
ず い 道	1. 浮石、き裂、含水、湧水 （毎日、中震異常の地震後、発破後）	安則　382		
ずい道支保工	1. 部材の損傷、変形、腐食、変位、脱落 2. 部材の緊圧の度合、接続部、交さ部の状態 3. 脚部の沈下	安則　396		
ガス自動警報 装 置	1. 計器の異常の有無 2. 検知部の以上の有無 3. 警報装置の作動の状態	安則382 の 3		

定期自主検査（3年間記録保存）			
1カ月以内ごとに		1年以内ごと	
当項目	条文	該当項目	条文
、クラッチ及び操縦装置の異常の 及び油圧装置の異常の有無	安則 151 の 54	各部分 2年以内ごと （特定自主検査）	安則 　151 の 53 〃 151 の 56
、クラッチ及び操作装置の異常の 及び油圧装置の異常の有無 の異常の有無	安則 194 の 24	各部分 特定自主検査	安則 　194 の 23 〃 194 の 26
、クラッチ、操縦装置の異常の有 、油圧装置の異常の有無 ード、バックレストの異常の有無	安則 151 の 22	各部門 特定自主検査（検査業者によるもの）	安則 　151 の 21 〃151 の 24
クレストを除く）	安則 151 の 32	各部分	安則 　151 の 31

資料Ⅲ　別表(5)　測　　定

当該作業等	測定事項	測定時期	記録		関係条文
			項目	保存期間	
酸素欠乏等危険作業	酸　素　濃　度 硫 化 水 素 濃 度	作 業 開 始 前	（A）	3 年	酸欠　　　3
有 機 溶 剤 取 扱 （許容量以上）	溶　剤　濃　度	6 カ 月 以 内 ご と	（A）	3 年	有機則　28
特 定 粉 じ ん 作 業 （屋　　　　内）	粉 じ ん 濃 度 （ 硅 酸 含 有 率 ）	6 カ 月 以 内 ご と	（A）	7 年	粉じん則 26
坑　　内　　作　　業	炭 酸 ガ ス 濃 度	1 カ 月 以 内 ご と	（A）	3 年	安則　　592
	通　　気　　量	半月以内ごと	（A）	3 年	〃　　　603
	気　　　　　温	半月以内ごと	（A）	3 年	〃　　　612
	粉　じ　ん　濃　度	半月以内ごと	／	／	粉じん則6の3
石 綿 を 取 扱 う 作 業	石　綿　濃　度	6 カ 月 以 内 ご と	（A）	40 年	石綿則　36
可燃性ガス発生場所	1.地下作業場 2.ガス導管からガスの発散 　するおそれのある場所	作 業 開 始 前	／	／	安則　　322
	・　ずい道等建設	作 業 開 始 前	／	／	〃　　　381 〃 382 の 2
事　　務　　所 （中央管理式空調）	1.CO、CO₂ 2.室温、外気温 3.相対湿度	2 カ 月 以 内 ご と	（A）	3 年	事務所則　7
土 石 流 危 険 河 川 に お け る 建 設 工 事	降　　雨　　量	・ 作業開始前の 　24 時間 ・ 作業開始後 1 　時間ごと	雨量	／	安則575の 11

［注］記録事項（A）
1. 測定日時
2. 〃 方法
3. 〃 箇所
4. 〃 条件
5. 〃 結果
6. 測定者の氏名
7. 測定結果に基づく措置の概要

調査・記録

該当事項	調査事項（記録）	時期	関係条項		備考
車両系建設機械による作業	地形・地質上の状態	事前に	安則	154	
明　り　掘　削	1．形状、地質、地層の状態 2．き裂、含水、湧水、凍結の状態 3．高温のガス、蒸気の有無	〃	〃	355	
採　石　作　業	地山の形状、地質、地層の状態	〃	〃	399	
ず　い　道　掘　削	地山の形状、地質、地層の状態	〃	〃	379	記録
	1．地質、地層の状態 2．含水、湧水、高温ガス・蒸気の有無 3．可燃性のガスの有無	毎日	〃	381	（観察） 記録
	・避難訓練 　1．実施年月日 　2．訓練を受けた者の氏名 　3．訓練の内容	（注1）	〃　389の11		記録 3年保存
酸　素　欠　乏　危　険　作　業	メタン、炭酸ガス、硫化水素	事前に	酸欠	18	
	圧気工法 　酸欠空気漏出のおそれのある井戸、 　配管について空気の漏出の有無、程 　度及びその空気中の酸素の濃度	随時	〃	24	
1．ずい道等 ・長さ1,000m以上 ・50m以上の立坑のあるもの 2．圧気工法 ・ゲージ圧1kg/cm²以上	・救護訓練 　1．実施年月日 　2．訓練を受けた者の氏名 　3．訓練の内容	（注2）	安則　24の4		記録 3年保存
土　石　流　危　険　河　川	上流の河川及びその周辺状況 （地形図、気象台、河川管理者等からの 情報を含む）	事前に	〃　575の9		記録 3年保存
	・避難訓練 　1．実施年月日 　2．訓練を受けた者の氏名 　3．訓練の内容	（注3）	〃　575の16		
建 築 物・工 作 物 の 解 体 作 業	石綿等の使用の有無	事前に	石綿則	3	記録

（注1）100mに達するまでに1回〔可燃性ガスの存在するもの…100m以上の場合　その他…500m以上の場合〕その後6カ月以内ごとに1回

（注2）該当事項に達するまでに1回、その後1年以内ごとに1回

（注3）工事開始後、直ちに、その後6カ月以内ごと

資料Ⅲ　別表 (6)　表示・掲示の必要事項

	該当箇所・事項	標示掲示の内容	関係法規	
一般	作業場の見やすい場所	法令の要旨 就業規則・寄宿舎規則	労基法	106
	同 上	労災保険成立票	労災則	49
寄宿舎	寄宿舎の出入口	事業主・管理者の氏名・名称	建寄規	3
	寝室の入口	定員・居住者の氏名	建寄規	16
	避難階段及び常時使用しない避難通路	避 難 用	建寄規	9
	避 難 器 具			
防火	消 火 器 具	「消火器」「消火バケツ」等	消則	9
	消 火 栓	「消火栓」「ホース格納箱」	消則 〃	12 22
	避難器具を設置、格納する場所	名称・使用方法	消則	27
	避難方向、避難口	誘 導 標 識	消令	26
危険物	屋外貯蔵所	品名、貯蔵最大数量 取扱主任者氏名 防火心得、注意標	危則 危令	18 16
	積 載 方 法	品名、数量	危令	29
	運 搬 車 両	「危」黄色発光塗料	危則	47
火薬類	火薬庫・取扱所・火工所（共通）	組織表、法規・取扱心得 立入禁止、火気厳禁、責任者名	火則 〃 五団体自主基準	52 52の2
	火 薬 庫	貯蔵量、警鳴装置点検者		
	取 扱 所	在置量、定員		
	火 工 所	定 員		
	注意事項等（第三者）	期間、発破時間、合図方法、通行制限等		
	不発のおそれがある所	警 戒 標 識	火則	55-2-4
	運搬車両の前後部、両側部	赤地に白 ㊋	総理府令	16

該当箇所・事項	標示 掲示の内容	関係法規	
運転停止中、他人の運転を防止 （起動装置に施錠しない場合）	「修理中」 「スイッチを入れるな」	安則 〃	107 108
ワイヤロープの巻き過ぎ防止 （過巻防止装置のないもの）	ワイヤロープに標識	クレーン則 〃	19 106
建設用リフト、クレーン、ウインチ等	定格荷重	クレーン則 70 の 2 〃	205
機関車（軌道装置）	制限速度（走行区間ごとに）	安則	222
開路作業（開閉器に施錠しないとき）	「通電禁止」	安則	339
特別高圧接近作業 （監視人を配置しないとき）	接近限界距離を保つ箇所に標識	安則	345
有機溶剤取扱業務	人体に及ぼす影響、取扱上の注意事項 応急措置、有機溶剤の区分（1種～3種）	有機則 〃	24 25
作業者の見やすい場所	事前調査終了年月日 調査の方法、結果の概要	石綿則	3
公衆の見やすい場所	事前調査の結果 元請業者名簿 事前調査修了年月日い 調査の方法、特定建築材料の種類	大気法 18 の 15	
作業者の見やすい場所	石綿を取扱う作業場である旨 石綿の人体に及ぼす影響 石綿の取扱い上の注意事項 使用すべき保護具	石綿則	34
公衆の見やすい場所	元請業者名簿 特定工事の届出年月日 粉じん排出作業の実施期間及び方法 元請現場責任者及び連絡場所	大気則 16 の 4	
石綿取扱い作業場	立入禁止	石綿則	15
地下室、機関室、船倉、通風不良箇所で炭酸ガスを使用する消火器、消火設備	「作動禁止」	酸欠	19
不活性ガス用配管のあるボイラ、タンク等内部の作業（バルブ、コック）	「開放禁止」	酸欠	22

機械・電気 ／ 有機溶剤 ／ 石綿 ／ 酸欠

該当箇所・事項	標示 掲示の内容	関係法規	
ガス溶接（バルブ、コックの誤操作防止）	使用者（作業者）の名札	安則	262
火災、爆発の危険ある箇所	「火気厳禁」	安則	288
作業主任者	氏名、職務内容	安則	18
トンネル内軌道装置…障害物	危険標示	安則	206
ガス溶接…ボンベ	「未使用」「使用中」「使用済」	安則	263
再圧室入口	「発火物持込禁止」 爆発物	高圧則	46
第2種圧力容器の圧力計の目盛	最高使用圧力の標示	ボイラ	87
1t以上の重量物	重　　量	安法	35
フォークリフト・車両系建設機械	特定自主検査　検査標章	安則 〃	151の24 169の2
ずい道等・高圧室の入口	作業員氏名	安則	24の6
ずい道等の入口	発火具の携帯禁止	安則	389
主要な通路	安　全　通　路	安則	540
常時使用しない{ 非常用出口 　　　　　　　 〃　階段	「非常口」 「非常階段」	安則	549
運搬機械等の運行経路	必要な標識	安則	413
同上の補修作業	「作業中」	安則	414

雑

通路

採石作業運搬路

該当箇所・事項		標示 掲示の内容	関係法規	
路上作業等	道路に接した場所の作業	保安灯（夜間視認距離 150 m以上）	公（土）	24
	作業場の出入口	一般者の立入禁止	公（土）	16
	通路上における施工箇所 （道路占用工事現場）	注意板〜「工事中」	公（土） 〃	23 24
		点滅式黄色又は赤色注意灯 （夜間視認距離 200 m以上）		
		保安灯・移動柵・セーフティコーン	公（土）	24
	一般の交通を迂回させる場合	入口、要所に標板	公（土）	25
	覆工部の出入口	囲い（彩色、照明）	公（土）	56
法令に定めていないが掲示・標示が望ましい事項	工事名称、一般者に対する注意等	工事中のお願い		
	設備の管理者、機械の運転責任者等	氏　　名		
	作業主任者、作業指揮者、火元責任者等	氏　　名		
	主要設備、主要機械等	名称、能力、注意等		
	ケーブルクレーン、建設用リフト等の機器	搭乗禁止		
	トンネル	入坑者氏名、作業状況等		
	路肩等	標示杭		
	その他の危険箇所	注意、立入禁止等		

該当箇所等		標示掲示	措置		関係法規	
			関係者以外立入禁止	禁止区域設定等		
足 場、組 立解 体、変 更	つり足場、張出し足場、5m以上の足場		○		安則	564
高 所 作 業	墜落のおそれ箇所		○		安則	530
上 下 作 業	飛来、落下の危険がある場合			○	安則 〃	537 538
杭 打、杭 抜	ワイヤロープの屈曲部内側			○	安則	187
土止め支保工	切りばり、腹おこしの取付、取外し		○		安則	372
明 り 掘 削	地山、崩壊、土石の落下	△		○	安則 建災規	361 50
	バケット、アーム等の接触			○	安則	158
型 枠 支 保 工	組立、解体		○		安則	245
トンネル掘削	浮石落し、ずい道支保工補強作業		○		安則	386
	車両、バケット、アーム等の接触			○	安則 〃	158 205
採 石 作 業	掘削箇所の下方			○	安則	411
移 動 式 ク レ ー ン	つり荷の下	△		○	クレーン則74の2 建災規 100	
	ジブの組立・解体	○	○		クレーン則75の2	
ク レ ー ン	組立、解体	○	○		クレーン則 〃	33 75の2
	ワイヤロープの内角側（ケーブルクレーン）			○	クレーン則	28
	つり荷の下			○	クレーン則	29
デ リ ッ ク	組立、解体		○		クレーン則	118
	ワイヤロープの内角側			○	クレーン則	114
	つり荷の下	△		○	クレーン則 建災規	115 100
エレベーター	組立、解体	○	○		クレーン則	153
建設用リフト	組立、解体	○	○		クレーン則	191
	機器の昇降による危険箇所			○	クレーン則	187
	ワイヤロープの内角側			○	クレーン則	187
ゴ ン ド ラ	作業箇所の下方	○	○		ゴンドラ則	18
高 気 圧	高気圧室（外部）	○	○		高圧則	13
危 険 箇 所	火災、爆発の特に危険な箇所		○		安則	288
有 害 箇 所 （衛生上）	炭酸ガス1.5%、硫化水素10PPMを超える場所、酸素18%に満たない場所	○	○		安則	585
	ガス粉じん発生箇所、有害物を取扱う場所	○	○		安則 〃	585 586

該当箇所等		標示掲示	措置		関係法規
			関係者以外立入禁止	禁止区域設定等	
酸 素 欠 乏危 険 作 業	酸素欠乏等危険作業を行う場合	○	○		酸欠　　　9
	酸素欠乏・硫化水素中毒のおそれが生じた場合	○	○指名者以外		酸欠　　14
	酸素欠乏の空気が漏出している井戸、配管を発見したとき	○			酸欠　　24
事 故 現 場	有機溶剤中毒のあった場所、事故があった高圧作業室、気こう室			○	安則 640
車両系建設機械	接触のおそれのある箇所		○		安則 158
	目的外使用のとき			○	安則 164
ボ ー リ ング マ シ ン	ワイヤロープの内角側			○	安則 187
コ ン ク リ ート ポ ン プ 車	コンクリートの吹き出しによる危険箇所			○	安則 171 の 2
ブ レ ー カ ー	解体作業を行う区域（5 m 以上のコンクリート工作物を除く）		○		安則 171 の 6
車 両 系 荷 役運 搬 機 械	接触のおそれのある箇所		○		安則 151 の 7
運 搬 機 械・小 割 機 械	〃 　　　　（採石作業）		○		安則 415
構 内 運 搬 車	積卸し（100kg 以上）		○		安則 151 の 62
不 整 地 運 搬 車	100kg 以上の荷の積卸す作業箇所		○		安則 151 の 48
貨 物 自 動 車	積卸し（100kg 以上）		○		安則 151 の 70
荷 役 作 業	貨車への積卸し（100kg 以上）		○		安則 420
	はい付け、はいくずし作業		○		安則 433
伐 木 作 業	作業を行っている下方			○	安則 481
鉄 骨 の 組 立	作業を行う区域		○		安則 517 の 3
木 造 建 築物 の 組 立	〃		○		安則 517 の 11
コ ン ク リ ート工 作 物 の 解 体	〃 　　　（高さが 5 m 以上の解体破壊作業）		○		安則 517 の 15
作 業 構 台の 組 立	〃		○		安則 575 の 7
ず い 道 等	可燃性ガス濃度が爆発下限界の 30％以上	○	○		安則 389 の 7

［注］　1．標示・掲示と措置が重複するものは、措置の方法として法規に明記されているもの
　　　　2．措置の方法としては、柵、ロープ等の設置、注意標識の掲示、監視員の配置等がある
　　　　3．△は建設業労働災害防止規定によるもの

資料Ⅲ　別表 (8)　周知義務

該当箇所等		周知の方法			関係法規
		標示掲示	全労働者に対し	関係労働者に対し	
足　　場	作業床の最大積載荷重	○	○		安則　　562
つり足場、張出し足場、高さ5ｍ以上の足場	組立、解体、変更の時期、範囲、順序			○	安則　　564
杭打、杭抜機	組立、解体、移動の作業方法、手順			○	安則　　190
明り掘削	掘削機械等の運行経路			○	安則　　364
	土石積卸し場所への出入方法			○	
採石作業	運搬機械、小割機械の運行経路、積卸し場所への出入方法			○	安則　　413
車両系建設機械	作業計画			○	安則　　155
車両系運搬機械	〃　　運行経路・作業の方法			○	安則　151の3
高所作業車	〃			○	安則　194の9
鉄骨組立等	〃			○	安則　517の2
作業構台	組立・解体等の時期、範囲、順序			○	安則　575の7
	最大積載荷重	○	○		安則　575の4
コンクリート工作物解体等	作業計画			○	安則 517の14
	引倒し等の合図			○	安則 517の16
伐木作業	一定の合図			○	安則　　479
電気工事	期間、内容、電路の系統			○	安則　　350
エレベーター	運転の方法、故障した場合の措置	○	○		クレーン則　151
高気圧	高圧下の可燃物の危険性	○		○	高圧則　　46
	通話設備故障のときの連絡方法	○		○	高圧則　　21
軌道装置	運転に関する合図			○	安則　　220
	信号装置の表示方法			○	安則　　219
	搭乗定員（人車）			○	安則　　223
橋梁建設	作業計画			○	安則　517の6〃　517の20
移動式クレーン	作業方法等			○	クレーン則66の2

該当箇所等		周知の方法			関係法規
		標示掲示	全労働者に対し	関係労働者に対し	
ず　い　道　等	消火設備の設置場所及び使用方法			○	安則　389の5
	警報設備、通話装置の設置場所			○	安則　389の9
	避難用具の備付け場所及び使用方法			○	安則 389の10
統　括　管　理	クレーン等の合図		（関係請負人に対し）		安則　　639
	有機溶剤等の容器の集積場所		（　　　〃　　　）		安則　　641
	警報 （発破、火災、土砂崩壊、出水、雪崩）		（　　　〃　　　）		安則　　642
	ずい道等 避難訓練の実施時期及び実施方法		（　　　〃　　　）		安則　642の2
	事故現場の標識 （有機溶剤、高気圧、酸欠）	○	（　　　〃　　　）		安則　　640
	新規入場者に対する周知（安全教育）の場所及び資料の提供	○	（　　　〃　　　）		安則　642の3

資料Ⅲ　別表 (9)　特別教育の内容

区分		条文	科目		範囲	時間
といしの取替業務（グラインダー）		安則 36-1	学科	研削盤といし・取付具の知識	種類・構造・取扱方法 といしの種類・構成・表示・安全度・取扱方法、取付具、覆い、保護具	2
				といしの取付方法及び試運転の方法	研削盤と研削用といしとの適合確認、外観検査、打音検査、取付具の締付方法及び締付力、バランスの取り方、試運転の方法	1
				関係法令	法・令・則の関係条項	1
			実技		といしの取付方法及び試運転の方法	2
アーク溶接		安則 36-3	学科	溶接の知識	アーク溶接の基礎理論、電気の基礎知識	1
				溶接装置の基礎知識	直流及び交流アーク溶接機、自動電撃防止装置、溶接棒、ホルダー、配線	3
				作業の方法	作業前の点検整備、溶接溶断方法、溶接部の点検、作業後の処置、災害防止	6
				関係法令	法・令・則の関係条項	1
			実技	取付及び作業方法	装置の取扱い及び作業の方法	10
電気取扱業務	高圧・特別高圧	安則 36-4	学科	高圧・特別高圧の基礎知識	電気の危険性、接近限界距離、短絡、漏電、接地、静電誘導、電気絶縁	1.5
				設備の基礎知識	発電設備、送電設備、配電設備、変電設備、電気使用設備、保守及び点検	2
				安全作業用具	絶縁保護具、絶縁防具、活線作業用器具、活線作業用装置、検電器、短絡接地器具、その他の安全作業用具管理	1.5
				活線作業及び活線近接作業の方法	充電電路の防護、作業者の絶縁保護、活性作業用器具及び作業用装置の取扱い、安全距離の確保、停電電路に対する措置、開閉装置の操作、作業管理、救急処置、災害防止	5
				関係法令	法・令・則の関係条項	1
			実技	作業の方法	活線作業及び活線近接作業の方法（充電電路の操作のみを行うもの）	15 (1)
	低圧	安則 36-4	学科	低圧の基礎知識	電気の危険性、短絡、漏電、接地、電気絶縁	1
				電気設備	配電設備、変電設備、配線、電気使用設備、保守及び点検	2
				安全作業用具	絶縁用保護具・防具、活線作業用器具、検電器・その他安全作業用具、管理	1
				活線作業及び活線近接作業の方法	充電電路の防護、作業者の絶縁保護、停電電路に対する措置、作業管理、救急処置、災害防止	2
				関係法令	法・令・則の関係条項	1
			実技	作業の方法	活線作業及び活線近接作業の方法（開閉器の操作のみを行うもの）	7 (1)
車両系荷役運搬機械	フォークリフト（最大荷重1t未満）の運転	安則 36-5	学科	走行装置の構造・取扱方法	原動機、動力伝達装置、走行装置、かじ取り装置、制動装置、走行に関する付属装置	2
				荷役装置の構造・取扱方法	荷役装置、油圧装置、ヘッドガード、バックレスト、荷役に関する付属装置	2
				運転に必要な力学	力（合成、分解、つり合い、モーメント）、重量、重心、物の安定、速度、加速度、荷重、応力、材料の強さ	1
				関係法令	法・令・則の関係条項	1
			実技	走行操作	基本走行、応用走行	4
				荷役操作	基本操作、フォークの抜き差し、荷の配列、積重ね	2

区分		条文	科目		範囲	時間
車両系荷役運搬機械	フォークローダー ショベルローダー（最大荷重1t未満）の運転	安則 36-5 の 2	学科	走行装置の構造・取扱方法	原動機、動力伝達装置、走行装置、操縦装置、制動装置、電気装置、警報装置、走行に関する付属装置	2
				荷役装置の構造・取扱方法	荷役装置、油圧装置、ヘッドガード、荷役に関する付属装置	2
				運転に必要な力学	力（合成、分解、つり合い、モーメント）、重量、重心、物の安定、速度、加速度、荷重、応力、材料の強さ	1
				関係法令	法・令・則の関係条項	1
			実技	走行操作	基本操作、一定のコースによる基本走行、応用走行	4
				荷役操作	基本操作、一定の方法による荷の移動、積重ね	2
	不整地運搬車（最大積載量1t未満）の運転	安則 36-5 の 3	学科	走行装置の構造・取扱方法	原動機、動力伝達装置、走行装置、操縦装置、制動装置、電気装置及び走行に関する付属装置の構造及び取扱方法	2
				荷の運搬に関する知識	荷役装置及び油圧装置の構造及び取扱いの方法、荷の積卸し運搬方法	2
				運転に必要な力学	力（合成、分解、つり合い、モーメント）、重量、重心、物の安定、速度、加速度、荷重	1
				関係法令	法・令・則の関係条項	1
			実技	走行操作	基本総裁、定められたコースによる基本走行、応用走行	4
				荷の運搬	基本操作、定められた方法による荷の運搬	2
立木伐倒		安則 36-8	学科	伐木作業の知識	伐倒の方法・合図、退避の方法、かかり木の種類及びその処理	3
				チェーンソーの知識	種類・構造及び取扱方法	2
				振動障害と予防	原因、症状、予防措置	2
				関係法令	法・令・則の関係条項	1
			実技	伐木の方法	大径木・偏心木の伐木方法、かかり木の処理方法	4
				チェーンソーの操作	基礎操作、応用操作、チェーンソーの点検方法	4
車両系建設機械	小型車両系建設機械（機体重量3t未満）（整地・運搬・積込み用・掘削用）の運転	安則 36-9（令別表第7第1号第2号）	学科	走行装置の構造・取扱方法	原動機、動力伝達装置、走行装置、操縦装置、ブレーキ、電気装置、警報装置、走行に関する付属装置	3
				作業装置の構造・取扱い・作業方法	作業装置、作業に関する付属装置、車両系建設機械（整地、運搬、積込み用、掘削用）による一般的作業方法	2
				運転に必要な一般的事項	運転に必要な力学・土質工学、土木施工の方法	1
				関係法令	法・令・則の関係条項	1
			実技	走行の操作	基本操作、一定のコースによる基本走行、応用走行	4
				装置の操作	基本操作、一定の方法による基本施工、応用施工	2
	小型車両系建設機械（機体重量3t未満）（基礎工事用）の運転	安則 36-9（令別表第7第3号）	学科	走行装置の構造・取扱方法	原動機、動力伝達装置、走行装置、操縦装置、ブレーキ、電気装置、警報装置、走行に関する付属装置	2
				作業装置の構造・取扱い・作業方法	作業装置、作業に関する付属装置、車両系建設機関（基礎工事用）による一般的作業方法	3
				運転に必要な一般的事項	運転に必要な力学、土質工学、土木施工の方法、ワイヤロープ及び補助具	1
				関係法令	法・令・則の関係条項	1
			実技	走行の操作	基本操作、一定のコースによる基本走行、応用走行	3
				装置の操作・合図	基本操作、一定の方法による基本施工、応用施工、手、小旗を用いて行う合図	3

区分		条文		科目	範囲	時間
車両系建設機械	小型車両系建設機械（機体重量3t未満）（解体用）の運転	安則36-9（令別表第7第6号）	学科	走行装置の構造・取扱方法	原動機、動力伝達装置、走行装置、かじ取り装置、ブレーキ、電気装置、警報装置、走行に関する付属装置	2
				作業装置の構造・取扱い・作業方法	運転に必要な力学、コンクリート造の工作物等の種類構造、土木施工の方法	1
				関係法令	法・令・則の関係条項	1
			実技	走行の操作	基本操作、一定のコースによる基本走行、応用走行	4
				装置の操作	基本操作、一定の方法による基本施工、応用施工	2
	基礎工事用機械の作業装置の操作	安則36-9の3	学科	作業装置に関する知識	種類、用途、作業装置の構造、取扱い	3
				操作に必要な知識	力学、土質工学、土木施工の方法、ワイヤロープ及び補助具	1
				関係法令	法・令・則の関係条項	1
			実技	作業装置の操作	基本操作、基本施工及び応用施工	3
				運転のための合図	手、小旗を用いて行う合図	1
	ローラーの運転	安則36-10	学科	構造・取扱方法	種類、用途、動力伝達装置、作業装置、ブレーキ、かじ取り装置、電気装置、警報装置、付属装置	4
				一般事項	運転に必要な力学、施工方法	1
				関係法令	法・令・則の関係条項	1
			実技	運転方法		4
	コンクリート打設用機械（コンクリートポンプ車）の作業装置の操作	安則36-10の2	学科	作業装置に関する知識	種類、用途、作業装置の構造、取扱い	4
				操作に必要な知識	操作のために必要な力学 コンクリートの種類、性質、コンクリート打設の方法	2
				関係法令	法・令・則の関係条項	1
			実技	作業装置の操作	基本操作・応用操作	4
				運転のための合図	手、小旗等を用いて行う合図	1
建設機械	高所作業車（作業床の高さ10m未満）の運転	安則36-10の5	学科	作業に関する装置の構造・取扱方法に関する知識	種類、用途、作業装置、付属装置の構造、取扱いの方法	3
				原動機に関する知識	内燃機関の構造、取扱いの方法、動力伝達相違及び走行装置の種類	1
				運転に必要な事項に関する知識	運転に必要な力学・感電による危険性	1
				関係法令	法・令・則の関係条項	1
			実技	作業のための装置の操作	基本操作・定められた方法による作業床の昇降等	3
	基礎工事用建設機械の運転（自走式を除く）	安則36-9の2	学科	機械の知識	種類、用途、原動機、動力伝達装置、作業装置、巻上装置、ブレーキ、電気装置、警報装置、付属装置	4
				運転に必要な一般的事項	運転に必要な力学、土質工学、土木施工の方法、ワイヤロープ及び補助具	2
				関係法令	法・令・則の関係条項	1
			実技	機械の運転	基本操作、定められた方法による基本施工及び応用施工	4
				運転のための合図	手、小旗等を用いて行う合図	1

区分		条文	科目		範囲	時間
建設機械	ボーリングマシンの運転	安則 36-10 の 3	学科	ボーリングマシンの知識	種類、用途、原動機、動力伝達装置、作業装置、巻上装置、付属装置の構造、取扱いの方法	4
				運転に必要な一般的事項	運転に必要な力学、土質工学、土木施工の方法、ワイヤロープ、補助具	2
				関係法令	法・令・則の関係条項	1
			実技	運転	基本操作、一定の方法による基本施工、応用施工	4
				運転のための合図	手、小旗を用いて行う合図	1
	巻上機運転	安則 36-11	学科	巻上機の知識	原動機・ブレーキ・クラッチ・巻胴・逆転防止装置・動力伝達装置・電気装置・信号装置・連結器材・安全装置・各種計器及び巻上げ用ワイヤロープの構造と取扱方法、巻上機の据付方法	3
				一般的事項	合図方法、荷掛方法、連結方法、点検方法	2
				関係法令	法・令・則の関係条項	1
			実技	運転	荷の巻上げ巻卸し	3
				荷掛け及び合図	荷の種類に応じた荷掛け、手・小旗による合図	1
	軌道装置（動力車運転）	安則 36-13	学科	動力車の構造	種類・用途、原動機・動力伝達装置・制御装置・ブレーキ、台車、連結装置・電気装置・安全装置・計器の構造及び取扱歩法	3
				軌道の知識	軌条、枕木、道床、分岐、てっさ、逸走防止装置	1
				運転の知識	信号質・合図及び誘導の方法、車両連結の方法	1
				関係法令	法・令・則の関係条項	1
			実技	動力車の運転	一定のコースにおける走行	3
				車両の連結及び合図	動力車と車両との連結、合図の方法	1
クレーン等の運転	クレーン（5t未満）	安則 36-15 クレーン則 21	学科	クレーンの知識	種類・型式、主要構造部分・作動装置、安全装置、ブレーキ機能、取扱方法	3
				原動機・電気	基礎知識、電動機・開閉器・コントローラー等電路の点検・補修、感電による危険性	3
				力学（クレーン運転に必要な）	力（合成・分解・つり合い・モーメント）、重心、荷重・ワイヤロープ・フック・つり具の強さ、ワイヤロープの掛け方と荷重との関係	2
				関係法令	法・令・則の関係条項	1
			実技	クレーンの運転	重量の確認、荷のつり上げ、一定の経路による運搬、荷卸し	3
				運転の合図	合図の方法	1
	移動式クレーン（1t未満）	安則 36-16 クレーン則 67	学科	移動式クレーンの知識	クレーンと同じ	3
				原動機・電気	内燃機関、蒸気機関、油圧駆動装置、感電による危険性	3
				力学	クレーンと同じ	2
				関係法令	法・令・則・クレーン則の関係条項	1
			実技		（クレーンと同じ）	4
	デリック（5t未満）	安則 36-17 クレーン則 107	学科	デリックの知識	クレーンと同じ	3
				原動機・電気		3
				力学		2
				関係法令		1
			実技	運転・重量目測・合図		4
	建設用リフト	安則 36-18 クレーン則 183	学科	建設用リフトの知識	種類・型式、昇降装置、安全装置、ブレーキ機能、取扱方法	2
				電気知識（運転に必要な）	基礎知識、電動機、開閉器、感電による危険性	2
				関係法令	法・令・則・クレーン則の関係条項	1
			実技	運転及び点検	搬器の昇降の操作、機械部分及び電路の点検	3
				運転のための合図	電鈴等による合図の方法	1

区分		条文		科目	範囲	時間
クレーン等の運転	玉掛作業（1未満）	安則 36-16 クレーン則 222	学科	クレーン・移動式クレーン、デリックの知識	種類・型式、構造・機能、安全装置・ブレーキ	1
				力学（玉掛けに必要な）	力（合成・分解・つり合い・モーメント）、簡単な図形の重心及び物の安定、摩擦、重量、荷重	1
				玉掛けの方法	玉掛用具の選定及び使用の方法 基本動作（安全作業方法を含む）、合図の方法	2
				関係法令	法・令・則・クレーン速の関係条項	1
			実技	クレーン等の玉掛け	材質・形状の異なる2つ以上の物の重量目測、玉掛用具の選定及び玉掛けの方法	3
				運転合図	手・小旗等を用いて行う合図の方法	1
	ゴンドラ操作	安則 36-20 ゴンドラ則 12	学科	ゴンドラに関する知識		2
				電気知識		2
				関係法令	建設用リフトに準ずる	1
			実技	操作及び点検		3
				操作のための合図		1
高圧室内作業	作業室及び気こう室へ送気するための空気圧縮機の運転業務	安則 36-20 の 2 高圧則 11-1	学科	圧気工法の知識	工法の概要、業務の危険性、事故発生時の措置	2
				送気設備の構造及び取扱い	送気設備の種類・構造、取扱方法・点検修理の方法、自動警報装置の構造・取扱方法	4
				高気圧障害の知識	高気圧障害の病理・症状・予防方法	2
				関係法令	労基法・安令・安則・高圧則の関係条項	2
			実技	空気圧縮機の運転	空気圧縮機の始動・停止、送気を行うバルブ又はコックの操作	2
	作業室への送気調節を行うためのバルブ又はコックを操作する業務	安則 36-21 高圧則 11-2	学科	圧気工法の知識	工法の概要、業務の危険性、事故発生時の措置	2
				送気・排気	送排気の方法、緊急時の減圧法、設備の種類、取扱方法及び修理方法	4
				高気圧障害の知識	高気圧障害の病理・症状、予防方法	2
				関係法令	労基法・安令・安則・高圧則の関係条項	2
			実技	送気の調節	送気の調節を行うバルブ又はコックの操作	2
	気こう室への送気又は気こう室からの排気の調節を行うためのバルブ又はコックを操作する業務	安則 36-22 高圧則 11-3	学科	圧気工法の知識	工法の概要、業務の危険性、事故発生時の措置	2
				加圧及び減圧の仕方	加圧及び減圧の仕方、緊急時の減圧法	3
				高気圧障害の知識	高気圧障害の病理・症状・予防方法	2
				関係法令	労基法・安法・安令・安則・高圧則の関係条項	2
			実技	加圧・減圧・換気	加圧・減圧・換気を行うための送気又は排気の調節を行うバルブ又はコックの操作	3
	潜水業務者への送気の調節を行うためのバルブ又はコックを操作する業務	安則 36-23 高圧則 11-4	学科	潜水業務の知識	潜水業務の基礎知識及び危険性・事故発生時の措置	2
				送気に関する知識	送気の方法・緊急時の減圧法・潜水業務に関する設備の種類・取扱方法及び修理の方法	3
				高気圧障害の知識	高気圧障害の病理、症状及び予防方法	2
				関係法令	労基法・安法・安則・高圧則の関係条項	2
			実技	送気の調節の実技	送気の調節を行うバルブ又はコックの操作	2
	再圧室を操作する業務	安則 36-24 高圧則 11-5	学科	高気圧障害の知識	高気圧障害の病理、症状及び予防方法	2
				救急再生法	再圧室の基礎知識、標準再圧治療法	3
				救急そ生法	人工呼吸法・人工そ生法	2
				関係法令	労基法・安法・安令・安則・高圧則の関係条項	2
			実技	再圧室の操作・救急そ生法	再生室の操作を行うバルブ又はコックの操作、人工呼吸法、人工そ生法	3

区分		条文	科目		範囲	時間
高圧室内作業	高圧室内業務	安則 36-24 の 2 高圧則 11-6	学科	圧気工法の知識	圧気工法の概要、業務の危険性	1
				圧気工法 関係設備	送気設備の種類及び機能、気こう室の機能、通話装置	1
				急激な圧力低下、火災等	異常出水、火災等の防止方法、事故発生時の措置、保護具の使用方法	3
				高気圧障害の知識	高気圧障害の病理、病状及び予防方法	1
				関係法令	労基法・安法・安則・高圧則の関係条項	1
酸素欠乏等危険作業		安則 36-26 酸欠 12 （　）時間は第 2 種	学科のみ	酸欠の原因	発生の原因、発生しやすい場所	0.5（1）
				酸欠症の症状	危険性、主な症状	0.5（1）
				空気呼吸器等の使用方法	呼吸器、ホースマスク換気装置の使用・保守・点検方法	1
				緊急退避及び救急そ生の方法	安全帯等、救出用設備、器具の使用方法、保守・点検方法、人工呼吸の方法、人工そ生器の使用方法	1
				その他の防止対策	酸欠関係条項に定める事項	1（1.5）
特定粉じん作業		安則 36-29 粉じん則 22	学科	発散防止・換気方法	発散防止対策の種類及び概要 換気の種類及び概要	1
				作業場の管理	保守点検の方法、作業環境の点検方法 清掃の方法	1
				呼吸用保護具の使用方法	種類・性能・使用方法及び管理	0.5
				粉じん関係の疾病健康管理	粉じんの有害性、疾病の病理及び症状 健康管理の方法	1
				関係法令	安法・安則・粉じん則・じん肺法	1
ずい道等掘削・履工作業		安則 36-30	学科	作業方法関係の知識	工法の概要及び作業の種類 地質の種類及び性質	1.5
				工事用設備等の知識	工事用設備等の種類及び取扱い	1.5
				労働災害防止の知識	・ 肌落ち、落盤防止のための措置 ・ 爆発、火災防止装置 ・ 工事用設備による災害防止措置 ・ 作業環境改善の方法 ・ 保護具の使用方法 ・ 事故発生時の措置	3
				関係法令	法・令・則中の関係条項	1
ジャッキ式つり上げ機械		安則 36-10 の 4	学科	機械に関する知識	機械の種類及び用途 保持機構、ワイヤロープ等、作動装置、制御装置、同時開放防止機構等の安全装置の構造及び取扱いの方法 機械の据付措置	3
				機械の調整又は運転に関する知識	ジャッキ式つり上げ機械の調整又は運転に必要な力学 調整方法 合図方法	2
				関係法令	法・令・則中の関係条項	1
			実技	ジャッキ式つり上げ機械の調整及び運転の方法について		4
石綿使用建築物等解体業務		安則 36-37 石綿則 27	学科	石綿の有害性	石綿の性状、疾病の病理及び症状	0.5
				石綿等の使用状況	石綿含有製品の種類・用途、事前調査の方法	1
				石綿等の粉じん発散を抑制させる措置	解体等の作業方法、湿潤化の方法 作業場所の隔離の方法、粉じん発散を抑制する措置	1
				保護具の使用方法	保護具の種類、性能、使用方法、管理	1
				その他必要な事項	関連法令	1

区分	条文		科目	範囲	時間
ロープ高所作業	安則 36-40	学科	ロープ高所作業の知識	ロープ高所作業の方法	1
			メインロープ等に関する知識	メインロープ等の種類、構造、強度、取扱方法、点検・整備の方法	1
			労働災害防止に関する知識	墜落防止の措置、安全帯、保護帽の使用方法及び保守点検の方法	1
			関係法令	法令の関係条項	1
		実技	作業方法、墜落防止措置、墜落制止用器具の取扱い	ロープ高所作業の方法、墜落防止措置、墜落制止用器具、保護帽の取扱い	2
			メインロープ等の点検	メインロープ等の点検及び整備の方法	1
フルハーネス型墜落制止用器具を使用する作業	安則 36-41	学科	作業に関する知識	設備の種類、構造、取扱方法、点検、整備の方法、作業方法	1
			フルハーネス型墜落制止用器具の知識	フルハーネス及びランヤードの種類、構造フルハーネスの装着方法、ランヤードの取付方法、選択方法点検、整備の方法、関連器具の使用方法	2
			労働災害防止に関する知識	墜落防止措置、落下物危険防止措置、感電防止措置、事故発生時の措置他	1
			関係法令	法令の関係条項	0.5
		実技	墜落制止用器具の使用方法	フルハーネスの装着方法、ランヤードの取付方法、墜落防止措置、点検、整備の方法	1.5

資料Ⅲ　別表(10)　安全衛生管理組織及び災害防止組織

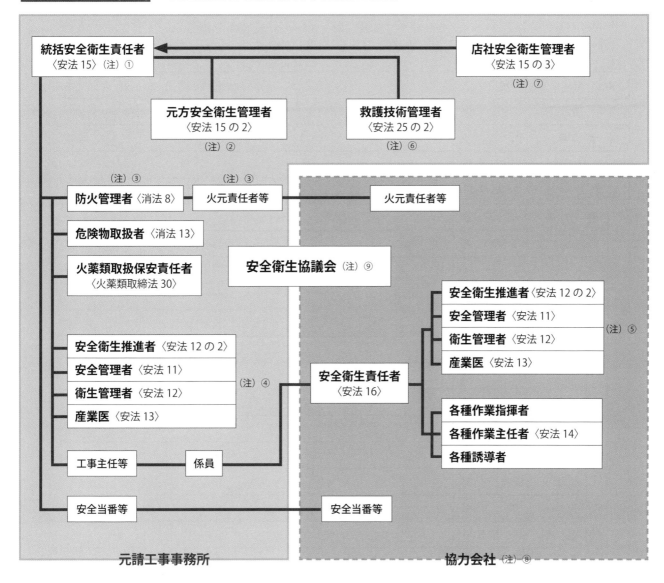

(注)
①統括安全衛生責任者が病気等で統括管理できない場合には、統括安全衛生責任者に代わる適任者を選任して常駐させる　ずい道工事等（ずい道工事、圧気工事、一定の橋梁工事）及び鉄骨造・鉄骨鉄筋コンクリート造の建築工事については専属の者とする

②元方安全衛生管理者は、統括安全衛生責任者を選出した時、元方事業者と協力会社の従業員を合わせた数が50人以上（ずい道工事等は30人以上）の時に選任する

③防火管理者は、次に定める規模以上である建築物であり、かつ、元方事業者と協力会社の従業員を合わせた数が50人以上の時に元方事業者の中から選任する
　　・地階を除く階数が11以上で、かつ、延べ面積が10,000 m^2 以上
　　・延べ面積が50,000 m^2 以上
　　・地階の床面積の合計が5,000 m^2 以上

④元方事業者の従業員数が常時10人以上50人未満の時は安全衛生推進者を選任する。常時50人以上の時は、安全管理者、衛生管理者及び産業医を選任する

⑤協力会社の従業員数が、常時10人以上50人未満の時は安全衛生推進者を選任する。常時50人以上の時は、安全管理者、衛生管理者及び産業医を選任する

⑥法令に定めるずい道工事、圧気工事を行う場合に選任する

⑦統括安全衛生責任者及び元方安全衛生管理者を選任していない場合で、ずい道工事等で元方事業者と協力会社の従業員を合わせた数が常時20人以上30人未満の場合（鉄骨造等の建築物の建設工事の場合は常時20人以上50人未満）は、店社の安全部門の従業員の中から店社安全衛生管理者を選任し、統括安全衛生管理の指導にあたらせる。定置工事事務所の出先作業所については、定置工事事務所の従業員の中から選任する

⑧協力会社及びその後継の協力会社が個々に適用となる

⑨議長には統括安全衛生責任者があたり、副議長及び委員は、当該工事事務所の従業員及び協力会社事業者又はその安全衛生責任者から議長が委嘱する。毎月1回以上、定例的に実施

様式 (第 5 条の 2)

設　置
寄 宿 舎　移　転　届
変　更

事　業　の　種　類	
事　業　の　名　称	
事　業　場　の　所　在　地	
常 時 使 用 す る 労 働 者 数	名
事 業 の 開 始 予 定 年 月 日	事業の終了予定期日

寄 宿 舎	寄 宿 舎 の 設 置 地			
	収容能力及び収容実人員	（収容能力） 名，（収容実人員）		名
	棟　　　　　数			棟
	構　　　　　造			
	延 居 住 面 積			m²
	施 設	階 段 の 構 造		
		寝　　　室		
		食　　　堂		
		炊　事　場		
		便　　　所		
		洗面所及び洗たく場		
		浴　　　場		
		避 難 階 段 等		
		警 報 設 備		
		消 火 設 備		
	工 事 開 始 予 定 年 月 日		工事終了予定年月日	

　　　　年　　月　　日

使用者　職　氏名

労働基準監督署長　殿

備考
1　表題の「設置」，「移転」及び「変更」のうち該当しない文字をまつ消すること。
2　「事業の種類」の欄には，なるべく事業の内容を詳細に記入すること。
3　「構造」の欄には，鉄筋コンクリート造，木造等の別を記入すること。
4　「階段の構造」の欄には，踏面，けあげ，こう配，手すりの高さ，幅等を記入すること。
5　「寝室」の欄には，1人当たりの居住面積，天井の高さ，照明並びに採暖及び冷房等の設備について記入すること。
6　「食堂」の欄には，面積，1回の食事人員等を記入すること。
7　「炊事場」の欄には，床の構造及び給水施設 (上水道，井戸等) を記入すること。
8　「便所」の欄には，大便所及び小便所の男女別の数並びに構造の大要 (水洗式，くみ取り式等) を記入すること。
9　「洗面所及び洗たく場」の欄には，各設備の設置箇所及び設置数を記入すること。
10　「浴場」の欄には，設置箇所及び加温方式を記入すること。
11　「避難階段」の欄には，避難階段及び避難はしご等の避難のための設備の設置箇所及び設置数を記入すること。
12　「警報設備」の欄には，警報設備の設置箇所及び設置数を記入すること。
13　「消火設備」の欄には，消火設備の設置箇所及び設置数を記入すること。

建設労務安全研究会
安全衛生委員会　グッドプラクティス部会　会員名簿

安全衛生委員会　委員長	小澤　重雄	戸田建設株式会社
部　会　長	渡辺　康史	鉄建建設株式会社
部　会　委　員	本多　雅之	飛島建設株式会社
	西垣　幹夫	株木建設株式会社
	武藤　洋	株式会社竹中土木
	中島　光夫	株式会社フジタ
	中村　佳昭	株式会社フジタ
	宮田　一秀	東急建設株式会社
	和田　伸一	東急建設株式会社
	江口　俊樹	東急建設株式会社
	井田　英樹	株式会社不動テトラ
	四戸　一夫	株式会社不動テトラ
	原田　禎久	株式会社不動テトラ
	小室　将秀	松井建設株式会社
	小川　直行	みらい建設工業株式会社
	小笠原　進	日本国土開発株式会社
	諸山　勝雄	株式会社ピーエス三菱
	田中　稔大	株式会社ピーエス三菱
	岡本　淳彦	りんかい日産建設株式会社
	小野　新一郎	株式会社長谷エコーポレーション
	三輪　政之	一般社団法人日本建設躯体工事業団体連合会

建設現場の安全点検とそのポイント

2021 年 11 月 24 日　初版
2022 年　9 月 20 日　初版 2 刷

編　　者　建設労務安全研究会

発 行 所　株式会社労働新聞社
　　　　　〒 173-0022　東京都板橋区仲町 29-9
　　　　　TEL：03-5926-6888（出版）　03-3956-3151（代表）
　　　　　FAX：03-5926-3180（出版）　03-3956-1611（代表）
　　　　　https://www.rodo.co.jp　　　　　pub@rodo.co.jp
表　　紙　尾﨑　篤史
印　　刷　株式会社ビーワイエス

ISBN 978-4-89761-875-3